吉本貞昭
Yoshimoto Sadaaki

世界史から見た

日清・日露大戦争

侵略の世界史を変えた日清・日露大戦争の真実

ハート出版

はじめに　――なぜ今、この本を書かなければならないのか

平成三十二（二〇二〇）年に、東京で第三十二回目の夏季オリンピック大会が開催されることが決まった。日本が夏季オリンピック大会に初めて出場したのは大正元（一九一二）年に、スウェーデンで開催された第五回ストックホルム大会であった。

その後、日本は、オランダの第九回アムステルダム大会（一九二八年）、アメリカの第一〇回ロサンゼルス大会（一九三二年）に出場し、三段跳び、水泳、乗馬などで金メダルを獲得したが、昭和十一（一九三六）年に、日本が最後に出場した第十一回ベルリン大会での参加国は、わずか四十九カ国に過ぎなかった。

これに対して、昭和三十九（一九六四）年に開催された第十八回夏季オリンピック東京大会は、九十三カ国もの国が参加した有色人種国家における史上初のオリンピックでもあったわけである。

戦前の夏季オリンピックは、白人国家の独占物のような存在で、有色人種の国家からの出場は、ごくわずかであったが、平成二十四（二〇一二）年に開催されたロンドン大会では二〇四の国家・地域・団体が参加したことから、今や夏季オリンピック大会の大部分は、有色人種の国家・地域・団体からの参加であることは疑う余地はないだろう。

その理由は、日本が大東亜戦争でコロンブスの時代から始まった西欧列強による植民地支配を崩壊させたことによって、次々と独立を達成していったアジア・アフリカ・アラブ諸国の参加が相次いだことに他ならないのである。

日本は、連合国に降伏してから、ちょうど今年で七十年目となるが、その前に日本人として忘れてはならないのが、白人中心の世界を叩き潰した大東亜戦争の前哨戦である「日清・日露戦争」の世界史的な意義であろう。

日本は、今から七十年前の戦争で自存自衛とアジア解放を実現するために、西欧列強に対して捨て身の一撃を与えたことによって、アジア諸国を次々と独立させていったわけであるが、そのアジアの独立に弾《はず》みをつけたのが、日清・日露戦争だったのである。

日清戦争はちょうど一二〇年前に、日露戦争はちょうど一一〇年前に起こった戦争であるが、現在の日本では、この日清・日露戦争どころか、かつて日本がアメリカと戦争をしたことも知らない大学生が増えていることは、実に嘆かわしいことである。

本書を読めば分かるように、日本は、コロンブス以来、世界が白人優位の時代だったときに、帝国主義列強に対抗するために明治維新を行い、また文明国家の一員として認められるために近代化に努めたが、その中で、朝鮮半島に触手を伸ばす世界屈指の軍事大国ロシアの脅威を跳ね除ける必要から、やむを得ず、日清・日露戦争を戦ったわけである。

だが、これらの戦争は、単に朝鮮半島をロシアから守ったという戦争ではなく、世界史を大きく転換させることに貢献した戦争だったのである。

もし、日本が日清・日露戦争に負けていたならば、あるいは日清・日露戦争がなかったならば、この白人優位の世界史の流れは変わらず、二十一世紀になっても相変わらず世界中の有色人種は、白人の植民地支配と人種差別の中で苦闘を広げているかもしれない。

世界のスポーツの祭典であるオリンピックに参加できる有色人種の国家は、今よりも遥かに少ないことは間違いないだろう。言うなれば、日清・日露戦争があったおかげで、世界の有色人種は、もはや白人の言いなりになり続けるという境遇から解放されたのである。それを実現させたのが日本であったと断言してよいのである。

中国や韓国などは、戦前の日本が行ったことに対して、相変わらず謝罪を求めてくるが、日本はアジアに謝罪するのではなくて、むしろ感謝を求めてもよいくらいである。

ところが、皮肉にも時間が経てば経つほど、誰の目にも日清・日露戦争の世界史的な意義が分からなくなっていくのである。

その記憶を風化させないためにあるのが本来、歴史教科書の役割であるはずなのだが、戦後に出版された、わが国の歴史教科書に書かれている近現代史には、どこを見ても、「歴史の経過」が書かれているだけで、日本の「言い分」が書かれていないのである。

アメリカにはアメリカの、中国には中国の言い分があるように日本には日本の「言い分」があるのだから、そのことを書いて子弟に教えるのが本当の歴史教育というものである。

もし、ローマの歴史家が、自分たちが滅ぼしたカルタゴの言い分だけを取り上げてローマ史を書いたら、それはローマ人ではないだろう。歴史を書くということは、そういうことだと思うのである。

日清・日露戦争と言うと、現在の日本人の生活とは直接関係がないような出来事のように思うかもしれないが、現代に生きる日本人は、ここに記されている事柄がどれも現代の世界システムに大きな影響を与えた出来事ばかりであることを知って、戦後、失われたわが国の歴史を自分たちの手に取り戻すことから始めなければならないのである。

明治に生きた日本人が日清・日露戦争で、挙国一致して発揮した勇気と努力、そして国民としての義務と責任感から、現代に生きる日本人は、大きな示唆を受けると思うのである。

著者記す

平成二十七年二月八日（日露戦争開戦の日に）

もくじ

第一部
西欧列強の世界支配と大日本帝国の誕生

米船渡米 旧諸藩士固之図（東洲勝月／明治22年）

第一章　世界支配を行った西欧列強の正体

第一節　西欧列強の植民地支配はなぜ始まったのか

西欧列強による新航路の開拓

今から約六〇〇年前、ヨーロッパでは中世を通じて、イタリア諸都市とアラブ（イスラム）商人が食肉の保存と調味料に欠かせない東南アジア産の香辛料（コショウ）をヨーロッパの各地で高い値段で売り、ヨーロッパの東方貿易を独占していた。

ところが、一四五三年に、ヨーロッパで百年戦争が終わると、地中海から西アジアにいたる大帝国を形成したイスラム教のオスマン帝国は、西アジアへの貿易路を遮断して、彼らの交易を妨害するようになったことから、香辛料が品不足になり、値段が高騰するようになった。

そこで、ポルトガル、スペイン、イタリアの商人は、地中海や陸路を通らなくても直接に船でヨーロッパからアジアの産地に行くことができる新しい航路を開拓して活発な植民地活動を行っていかなければならなくなった。

その中で、いち早く新航路の開拓に向けて先頭を切ったのが、イベリア半島の二つの海洋王国であるポルトガルとスペインであった。このアフリカ航路の開拓にはアフリカ大陸の近隣にあるイベリア半島という地の利を生かせるという条件が揃っていたからである。

また当時、中央集権化を推し進めていた国々では国王は軍隊や官僚への俸給を支払うための財源を貿易から求めていたこともあって、「大商人に特許状を与えたり、探検・開拓を奨励して援助」を与えたりしていた。

一方、「ルネッサンスを最も早く展開したイタリアでは、統一王権が存在しなかったために、こうした事業（海外進出）には参加できなかった」のである。

当時のポルトガルとスペインの両国は、国内のモロ人（イスラム教徒）に対して攻勢を強め、イスラム勢力からイベリア半島を取り戻す国土回復運動（レコンキスタ）の勢いに乗じて、急速な対外拡張を開始していた。

その中で、特にポルトガルは十五世紀前半に、アフリカ西岸のボジャドール岬に、中頃にはベルデ岬に到達し、いち早くヨーロッパ世界の枠を破るのである。

そして一四八八年に、ポルトガルの探検家バルトロメウ・ディアスがアフリカ南端まで到達すると、ポルトガル国王ジョアン二世は、インド航路への開拓に見通しがついたことを喜んで、このアフリカ南端の岬を「喜望峰」と名づけた。

コロンブスのアメリカ大陸到達の契機となったジパング

次に、この新航路の開拓に挑戦したのは、北イタリア・ジェノヴァ出身の航海者クリストファー・コロンブスであった。

十一世紀から十三世紀にかけて、ヨーロッパではエルサレムの聖地奪回を目指して、十字軍の遠征が行われ、その影響によって東洋に対する関心が高まっていた。「十三世紀半ばにはモンゴル人の西方進出もあって、ヨーロッパ人とモンゴル帝国との交渉も」行われるようになっていた。

また十三世紀後半に、ヨーロッパではモンゴル帝国の中国王朝、元朝に仕えていたイタリア・ヴェネツィアの商人で旅行家のマルコ・ポーロの書いた『東方見聞録』という本が広く読まれ、アジアへの関心が高まっていた。この本にはアジアにジパング（日本の意味）という黄金の島があると書かれていたため、そこには莫大な富が眠っているという噂が流れていたからである。

また当時は、イタリアの医師で天文学者のトスカネリによって「地球球体説」が唱えられていたため、コロンブスは一四七四年に、トスカネリと文通を開始し、その地理観から強い影響を受けるようになっていた。

このことからコロンブスは、今までポルトガルがやっていた東回りのコースではなく、反対の西回りのコースで行けば、黄金の島ジパングにもっと早く到達することができると信じ、スペイン女王イサベル一世を説得して援助を得ることに成功すると、一四九二年八月三日に、サンタ・マリア号など三隻の船団で南スペインのパロス港を出港した。

コロンブスは十月十二日に、現在の南アメリカにあるバハマ諸島のグアナハニ島（後にサン・サルバドルと命名）に到達するが、一五〇四年まで、その近くに黄金の島ジパングがあると思ってカリブ海諸島、中米およびベネズエラ沿岸を四回も訪れ、そこに住む原住民をインド人と間違えて、インディオ（英語でインディアンという）と呼ぶようになったのである。

ところが、コロンブスは、あてにしていた金銀や香料を発見することはできなかったため、その代わりに、現地に住んでいるインディオをヨーロッパに強制連行して奴隷とし売りさばいたのである。

その後、この新大陸（現在の南北両アメリカの呼称）の状況は、現在の「アメリカ」の語源となるイタリア人のアメリゴ・ベスプッチの航海やパナマ地峡を横断して、太平洋を発見したスペイン人のバルボアによって明らかにされていったのである。

海外領土を二分割したスペインとポルトガル

ところで、前出のコロンブスが最初の航海を終えて、リスボンに寄港し、ポルトガル国王ジョアン二世を表敬訪問すると、国王は、「コロンブスが発見した土地は、カナリア諸島に位置しているので、ポルトガル王室に帰属すべきものである」とした。

そして国王は、直ちにイサベル一世に使節を送って、この旨を通告すると同時に、ポルトガル海軍の軍艦を領有に向かわせた。

ところが、スペイン側は、国土回復運動（レコンキスタ）を終えたばかりで内政的にも多くの問題を抱えていたため、何とかこの一触即発の危機を回避したいと考えた。

そこで、スペイン女王イサベル一世は、スペイン出身のローマ教皇アレクサンドル六世に支援を求めると、教皇は一四九四年に、「トルデシリャス条約」（「大西洋上のベルデ岬諸島の西方に子午線を引いて、その西側をスペイン領、東側をポルトガル領とする」）を成立させて、海外領土の二分割案を成立させた。

これで、両国間の大西洋上の争いは何とか収まったが、今度は、太平洋上の分割で争い始めたので、両国は一五二九年に、「サラゴサ条約」を結び、東経一三四度の子午線をもって分界線とすることを決めた。

しかし、この子午線は「日本の岡山付近を通っており、岡山以東はスペイン領、以西はポルトガル領となっていた」「戦国時代の日本人はそれを知る由もなかったが、その一四年後の一五四三年、ポルトガル船が種子島に漂着していることを考えると、ポルトガル船の来航は歴史の偶然ではなく必然であることがよくわかる」だろう。

ポルトガルの「インド航路」の発見

このトルデシリャス条約に従って、ポルトガルの航海者ヴァスコ＝ダ＝ガマは一四九七年七月に、ポルトガル国王マヌエル一世の命令で首都リスボンを四隻の船団で出港し、コロンブスとは反対に喜望峰を東側に回って、アフリカ大陸東岸のマリディというところに到着した。ガマは、ここでイスラム教徒の水先案内人を雇い入れて、さらに東進し、インド洋を横断した。そして翌年の五月に、南インド西海岸にあるマラバル地方最大の貿易港カリカットに到着するのである。

この航海は、往復で二年以上もかかった上に、多くの船員が命を落とす厳しいものとなったが、そこで購入したインド産の香辛料は、航海にかかった費用の六十倍もの富をもたらしたと言われている。

このガマの発見を「インド航路の発見」と呼ぶが、この発見によって運賃が安くなり、しかも船で大量に運べるため、リスボンの香辛料の値段は、イタリアのベネチアの香辛料と比べて半額になった。こうして、アジア貿易の流れは、急激に地中海からインド航路へと移っていった。

さらに、ポルトガルは一五一〇年に、香辛料の原産地であるインドネシアのモルッカ諸島（別名、香料諸島）を手に入れるために東回りのコースで、インドのゴアを占領した。翌年にはマレー半島のマラッカを占領して、ここを東洋貿易の本拠地にした。

その後、ポルトガルは南シナ海に進出して北進し、一五五七年に清国のマカオを獲得した。

マゼラン船団の世界一周

スペインからポルトガルに帰化した探検家フェルディナンド・マゼランは一五一八年に、スペイン国王カルロス一世に対して、東洋への進出の遅れを取り戻すために、このトルデシリャス条約に従って、西回りのコースでアジアに到着できる航路を見つける案を進言した。

この頃のポルトガルは、東方進出が成功を収めていた時期で、「最大のライバルたるスペインとしては手をこまねいて傍観しているわけにはいかなかった」からである。

マゼランは同年三月に、国王と契約を結ぶと、翌年八月十日に五隻の船団を率いてサン・ルカル港を出港し、西回りのコースで西方へと進み、途中で乗組員の反乱などに悩まされながら、十一月末に南米東岸を南下、一五二〇年三月三十一日に南緯五十度に近いサン・フリアン港に到着して半年余り、冬ごもりに入った。

同年八月二十四日にマゼラン船団は再び南下を始め、十月二十八日に最南端にある海峡を通過した。後に、この海峡は、「マゼラン海峡」と呼ばれるようになった。

マゼラン船団は、この海峡を首尾よく通過すると、西方に進んで「太平洋」（この名前もマゼランがつけた）を横断し、翌年九月にフィリピン諸島に到達した。

後述するように、マゼランは、フィリピン諸島のセブ島を占領したが、セブ島の対岸にあるマクタン島という小さな島で原住民と戦って戦死した。後を引き継いだマゼランの部下たちは一五二一年十一月六日に、フィリピン諸島から香辛料の原産地であるインドネシアのモルッカ諸島のティドール島に到着して、スペインの長年の願望を達成した。

そして、マゼラン船団は十二月十八日に出港すると、インド洋から喜望峰を経て翌年九月八日に、スペインに戻って世界一周を達成した。

当時のヨーロッパで小さな国に過ぎなかったポルトガルが「大航海時代」に先がけて強国になれたのは、アフリカから東へ進む航路を選んで東方貿易を独占することができたからである。

反対に、アフリカから西へ進む道を選んだスペインの勢力は、東方貿易の独占には失敗したものの、新大陸を偶然に発見したことによって、後に巨万の富を獲得することに成功するのである。

白人の植民地獲得戦争の始まり

白人の植民地獲得戦争は、コロンブスが一四九二年に、バハマ諸島のグアナハニ島に到達したときから始まるが、その後も「白人による世界分割が終わる十九世紀末ないしは二〇世紀初頭までの約四百年間、世界各地」で植民地獲得戦争が繰り広げられるのである。

実は、この植民地獲得戦争には二つあって、一つが白色人種（侵略者）と有色人種（被侵略者）との戦争で、もう一つは、白色人種どうしの戦争であった。

最初の植民地獲得戦争は、十五世紀後半から中南米で白人と原住民（インディオ）との間で行われた戦争であったが、その特徴の第一は、彼我の軍事力の圧倒的な差であった。

中南米での戦争では剣・槍・斧のほかに、大弓・小銃・大砲などを中心とする白人たちの武器に対して、原住民の武器といえば、「棍棒の先に石や青銅の金具をつけた程度、そのほか槍投げ機や投石機もあるが、飛距離はたかだか一〇メートルから二〇メートルの幼稚なものだった」

第二の特徴は、原住民に対する人種的・宗教的な偏見であろう。言うなれば、中南米を侵略してきた白人たちは、有色人種の原住民を同じ人間とは考えていなかったということである。

中南米にやってきたスペイン人たちは、原住民の反乱を鎮圧するために、彼らを虐殺した上に、奴隷にして本国へ送った。これによって一五〇四年に、コロンブスがエスパニョーラ島に立ち寄ったときの島の人口は、最初と比べて七分の一にまで減少していた。

さらに一五二一年には、スペイン人のコルテスが、それまで中米のメキシコ高原に栄えていたアステカ帝国（現在のメキシコ）を征服して滅亡させた。

また一五三三年にはスペインの軍人フランシスコ・ピサロが南米のアンデス高原に古くから栄えていたインカ帝国（現在のペルー）を二百人あまりの兵隊で攻撃して皇帝アタワルパを処刑し、インカ帝国を滅亡させた。

この人間性を失ったスペインの侵略者ピサロのペルー遠征からインカ帝国滅亡までの過程を克明に描いたフランスの作家ジャン・フランソワ・マルモンテルの著書『インカ帝国の滅亡』（岩波文庫）は、十八世紀のヨーロッパ精神史の中で最も優れた叙事詩的歴史小説だと言われている。

コンキスタドレス（征服者）と呼ばれたスペイン人たちは、抵抗する原住民を大虐殺したほかに、彼らを強制労働に駆り立て、現地の金・銀・綿花・砂糖・タバコ・コーヒーなどを大量に本国へ送った。また虐殺した原住民の人口減少を補うために、アフリカから黒人を大量に連れてきて、奴隷として金や銀の鉱山や農園などで働かせた。

これによって、今日の南米諸国（ラテンアメリカ諸国ともいう）は、白人・インディオ・アフリカ黒人との間に混血が進み、複雑な人種構成になっている。

この『インカ帝国の滅亡』に登場するスペインの聖職者ラス・カサスは、その著書でインディオに対するスペイン人の蛮行を法と正義に基づいて告発したが、この中でスペインのコンキスタドレスは、原住民を野獣のように扱ったと述べている。

このスペイン人の偏見と差別の根源は、七一八年から一四九二年までキリスト教徒がイベリア半島からイスラム教徒を駆逐するために行った国土回復をめぐっての戦いにある。

「コロンブスが南米大陸に到着した年は、イスラム教の最後の拠点だったグラナダが陥落」した年であり、七七四年間も続いた国土回復戦争がイベリア半島でのキリスト教の勝利で終わった年でもあった。つまり、スペイン人たちは、「この年に始まるコンキスタドレスの遠征を、国土回復の延長と考えていたのである」

だから中南米に到達したスペイン人たちは、イスラム教徒と同じようにアメリカ大陸の原住民を容赦なく殺し、黄金を奪い、奴隷にすることに対して、何ら抵抗を感じなかったのである。彼らを中南米に駆り立てた最大の動機は、黄金と異教徒のキリスト教への改宗であった。

ラス・カサスの報告書を読んだスペイン国王カルロス一世は、インディオの問題に関する会議を開催して、後にインディオを保護する法律を制定した。

ところが、こうしたスペインによる新大陸の到達は、ヨーロッパ経済に対して大きな影響を与えた。十六世紀後半に、メキシコやペルーの銀山で大量の銀が発掘されると、それらがスペインに運び出され、そこからヨーロッパの各地に流出していくようになり、ヨーロッパ経済の規模が急速に拡大していったからである。

この「価格革命」によって、ヨーロッパにおける商業の中心地は、地中海沿岸から大西洋岸沿海へと移っていくのであるが、こうした経済の大きな変化を「商業革命」と呼んだ。

元々、ヨーロッパとアジアとの間には宗教や文化を通じた往来はあったが、相手の社会や生活を変えてしまうものではなかった。だが、こうした大侵略時代に価格革命と商業革命によって、世界の一体化が進むことで、それまで独自に発展してきたアジア・アフリカ・ラテンアメリカの諸文明がヨーロッパ文明に組み込まれるようになっていくのである。

実は、現在の白人中心の世界は、ここから始まっていくのであるが、この世界の一体化の過程は、ヨーロッパに住む白人がアジア・アフリカ・ラテンアメリカ諸国に住む有色人種を支配下に入れていく過程でもあった。

一方、ヨーロッパ地域以外に住む民族にとっては、白人の侵略と圧制と搾取に苦しむ世界史の流れの始まりであると同時に、これこそが彼らの苦闘の歴史の始まりでもあった。

このことは、言わば、飛躍的に経済的規模を拡大させていったヨーロッパ諸国が自分たちよりも、遅れたアジア・アフリカ・ラテンアメリカ諸国を支配するという世界システムを形成していく、最初の大きな出発点となったのである。

先述した「地理上の発見」以後、十六世紀のヨーロッパで、まず支配的な地位を占めたのは、アメリカで植民地を獲得したスペインとアジアに進出したポルトガルであったが、このような時代に行われた探検は、決して両国の国民だけで行われたわけではなく、イタリアのコロンブスのように、他のラテン民族も参加して行ったのである。

その理由は、中世後半の地中海におけるヨーロッパ人の貿易で最も尽力したのがイタリア諸都市の商人だったことにある。スペイン人やポルトガル人は、彼らが開発した先進的な航海技術や開拓した貿易ルートなどを学び、また彼ら自身も地中海や東大西洋の貿易に参加しながら、十五世紀以降の「大航海時代」の基礎を構築していったのである。

その意味で、ヨーロッパ人による大航海時代の探検は、単なる空想的な冒険によるものではなく、航海者自身の地理学的知識の所産によるものだったと言えるであろう。

またスペインとポルトガルの国王たちが彼らに対して巨額の投資を行ったのは、後から巨額の利益が得られることを期待してのことであった。また探検に乗り出した航海者たちも彼らの期待に報いるために、あらゆる手段を使って富の獲得に尽力したのである。

ところが、ヨーロッパ人が言うところの大航海時代というのは、あくまでも白人から見た歴史の呼び名であって、日本人のような有色人種から見れば大航海時代と呼べるようなものではなく、後述するように「大侵略時代」と呼んでもよい時代だったのである。

やがて、十七世紀後半になって、スペイン、ポルトガル、イタリアからオランダに覇権が移っていくと、オランダの首都アムステルダムがヨーロッパ貿易の中心地となっていった。

そして、オランダは、安い値段で船を建造するようになると、たくさんの貿易船を建造して新大陸の銀、東南アジアの香辛料、ヨーロッパ各地からも様々な製品を集積して、世界制覇を行っていく基盤を構築していくのである。

このように、十六世紀から十八世紀までの「絶対主義の時代」（国王が官僚と常備軍を支えとして強力に国家統一を進めた時代）にはヨーロッパ諸国（主にスペイン、ポルトガル、イタリア、オランダ、イギリス、フランス）の人々が貴重な製品を産出する未開の土地（アジア・アフリカ・アメリカの各大陸）を獲得するために互いに争いながら、原住民の人々を武力で征服して略奪を行ったのである。

白人の植民地獲得戦争に初めて勝利したマクタン島の戦い

ところで、わが国の歴史教科書では前出のマゼランの部下について、トスカネリの「地球球体説」を証明した人類最初の世界一周航海者ということになっているが、厳密にはこの言い方は正しくない。

というのは、マゼランたちは最初から世界周航を目的にしていたわけではないからである。

彼らの目的は、「とにかく、まず香料諸島（モルッカ諸島）へ東側から到着することだった」

のである。言うなれば、世界周航は、偶然の産物だったと言っていいだろう。またマゼランたちが行く先々でやったことといえば、他のスペイン人たちと同様に一方的な征服と略奪だけであった。

フィリピン諸島へ行く途中で、マゼランたちが寄港した土地や島々の原住民たちは、彼らに対して友好的であった。しかし、マゼランたちは「寄港した土地や島々に十字架とスペイン王室の標識を立て、勝手にスペイン領だと宣言して回ったのである。原住民のことなぞ眼中になく、とにかく先にツバをつけさえすれば、領土として公認される、というのが当時の植民地戦争の流儀だった」のである。

マゼランたちが南米の最南端を首尾よく通過した後、「太平洋を横断し、マリアナ諸島（サイパン島、テニアン島、グアム島など）にツバをつけ、南下してフィリピンのセブ島に到着した」が、この「セブ島はフィリピンの中心で、中国、インド、アラブ諸国との交易港だった」ところが、「大砲の威嚇射撃でセブ港を制圧し、さらに周辺の島の制圧にかかった」マゼラン船団（途中で二隻を失い、三隻になっていた）に対して従わない者がいた。それが「セブ島の対岸にあるマクタン島という小さな島のラプラプ王である。これはマゼランがスペインを出港して以来、初めて出会った反抗だった」

マゼランは、自分の命令に服従しない生意気な原住民を懲らしめるために、四十九名の兵士を引き連れてマクタン島に向かったが、これを迎え撃ったラプラプ隊（一五〇〇名）は、マゼラン隊を大砲の弾が届かぬ地点まで引き寄せてから一斉に攻撃した。

ラプラプ隊の放った毒矢に当たったマゼランに最後の止《とど》めをさしたのは、ラプラプ王自身であった。この「マクタン島の戦い」こそ、後述の日露戦争（一九〇四〜一九〇五）以前に行われた有色人種と白人との戦いの中で、世界で最初に有色人種が白人の植民地獲得競争に勝った唯一の記念すべき戦いだったのである。

セブ島では、白人に勝利したこの日（一五二一年四月二十七日）を記念して毎年、同じ日に「マゼラン撃退の記念式典と模擬戦闘が行われている」という。

結局、マゼランを失った部下たちは五月一日に、逃げるようにして「フィリピンをあとにし、海賊行為を続けながら、めざすスパイスの島、モルッカ諸島にたどり着いた。そこでスパイスを仕入れ、スペインに帰ってきたのはたった一隻、十八名であった。出発時の人数は二百三十二名だから、命からがらの世界一周だったことになる」だろう。

明治三十八（一九〇五）年五月二十七、二十八日に、日本海海戦で連合艦隊司令長官東郷平八郎大将（後に元帥）率いる連合艦隊が世界屈指の軍事大国ロシアのバルチック艦隊を打ち破ったのは、この戦いから数えて、実に三八四年後のことであった。

奴隷貿易で巨万の富を獲得したヨーロッパ人たち

スペインが新大陸に進出する以前に、ポルトガル人の航海者たちは一四一五年に、ポルトガル国王ジョアン一世の第三子、エンリケ航海王子の命令によって、ボジャドール岬、ブランコ岬を越えて南のアフリカ大陸西岸へと進出した。

やがて、ポルトガル人は、奴隷貿易が利益を生むことに気がつくと、アルギン湾やエルミナなどの西アフリカ各地に居住地や砦を作って、土地の権力者を相手取って黒人奴隷を買いあさり、ヨーロッパに輸出して利益を上げるようになった。新大陸が発見された後、減少した原住民のインディオに代わる労働力として、アフリカ人に注目が集まると、この奴隷貿易は、さらに繁栄を極めるのである。

絶対主義の時代になると、奴隷商人たちは、ヨーロッパで製造されたビー玉、武器、木綿などの工業製品をアフリカに運び、そこで黒人奴隷と交換した後、南アメリカのブラジルや西インド諸島まで奴隷を運んで売りさばき、さらに奴隷を売ったお金で砂糖、綿花、タバコ、コーヒーなどを現地で買い取って、ヨーロッパに戻って売りさばくようになった。

このように、四つの地点（ヨーロッパ→アフリカ→南アメリカ→西インド諸島）を一周することによって、三重の利益を生みだす貿易を「三角貿易」と呼んだ。

アジアを支配したイギリス

特に、この奴隷貿易によって巨万の富を手に入れたイギリスは、ライバルのスペインやオランダとの戦争に勝って制海権を掌握すると、今度は、フランスと北米の植民地獲得をめぐって激しい戦争を繰り広げていったが、最後に、北米の植民地を獲得することに成功する。

その後、イギリスから北米に移住した人々が一七七六年から八三年にかけて、イギリス本国との戦争に勝って独立すると、イギリスは、北米で失った利益を取り返すために、人口の多いインドの市場をめぐって、今度はフランスと植民地獲得戦争を繰り広げていくのである。

やがて、イギリスは、この戦争に勝つと、世界の制海権を掌握して、インドを中心とする広大なアジアの海外市場（パキスタン・スリランカ・ブータン・バングラデシュ・ビルマ・マレーシア・シンガポール・ブルネイ）を植民地にし、どんなヨーロッパの国よりも、多くの資源や資本を持つ国になっていくのである。

第二節　清国の衰退はなぜ始まったのか

清国の衰退はアヘン戦争から始まった

イギリスは、十七世紀末から東インド会社（一六〇〇年設立）を通じて「眠れる獅子」と呼ばれた東アジアの大国、清国（一六一六〜一九一二）と広州貿易を行っていた。

ところが、清国ではイギリスが買い付けるお茶、絹、陶器などに対して、ヨーロッパ製品への清国側の需要が少なかったため、イギリスの対清貿易の赤字は増大する一方であった。

イギリスは、この貿易赤字を解消して、銀の流失に歯止めをかけるために三億の人口を擁する巨大市場の清国に対して、本国で製造した木綿製品を売りさばくことを思いつくが、清国は、海外貿易の拠点を南方の広東だけに限定するなど様々な条件をつけて、イギリスと自由貿易を行おうとはしなかった。

そこでイギリスは、植民地化したインド北東部のベンガル地方にある綿花畑で製造されたアヘンを清国に売り込むことにしたが、これが非常に売れたため、これを売って巨万の富を獲得することを思いつくのである。

そのやり方は、イギリスの産業革命によって、安価になった自国の木綿製品をインドで売りさばき、その売ったお金でベンガル産のアヘンを密貿易で清国に売りさばき、その売ったお金で清国からお茶、絹、陶磁器を買って、イギリス本国で売りさばくというものだった。

これを「三角貿易」と呼ぶが、イギリスから見れば、濡れ手に粟の商売でも、清国では次第にアヘン患者が増えて社会がボロボロになっていったのである。「十八世紀末のアヘン輸入は、多い年でも千箱を超えなかった。ところが、一八三八年には四万箱に達した」

実に、四十倍である。これによって、イギリスに代金として支払った銀が清国で激減し、遂に金融不安を起こすようになった。

元々、アヘンは、オランダ人が台湾で薬として栽培したもので、アヘンが少しずつ清国にも入るようになると、吸引者が出てきたが、最初は大変に少ないものであった。

ところが、清国政府がアヘンの密輸を禁じていたにもかかわらず、イギリス人から賄賂《わいろ》をたっぷりもらった各港の下級官僚たちは、イギリスからのアヘンの密輸を取り締まらなかった。このため清国政府がどんなにアヘンの密輸を禁じても、アヘンは清国に流れ込んできたのである。

当時のアヘンは、お金と同じ役割をしていたことから、商人がアヘンを持ち歩いて、色々な品物と交換していた。このためアヘンは全国的に広がり、大東亜戦争（一九四一～一九四五）が終わるまで続いたのである。

このことに怒った清朝皇帝の道光帝は一八三九年に、アヘンの蔓延と銀の流出による国家財政の破綻を防ぐために、アヘンの吸引を禁止し、特命全権大使に林則徐を任命して広東に派遣した。

そして二万箱のアヘンを没収・廃棄させると同時に、イギリスの商人を国外に追放し、イギリスとの貿易を禁止した。

この強硬なアヘン禁輸をめぐって、イギリス議会では清国への軍隊派遣の声が高まったことで、一八四一年に清国との間で「アヘン戦争」が起こったが、近代化されたイギリス軍（十六隻の軍艦を含む四十数隻の遠征軍）に圧倒され、遂に清国は翌年に敗れるのである。

アヘン戦争は、当のイギリス人からも「これほど不正な、恥さらしな戦争は史上かつてない」と批判されたが、「彼我の軍事力に差がありすぎて、ほとんど戦争にならない植民地戦争の見本のような戦争だった」と言われている。

西欧列強と不平等条約を結んだ清国

イギリスは一八四二年に、領事裁判権（「在留外国人の裁判は、その本国の領事が行う権利」）や最恵国待遇（「通商条約を締結する諸国のうち最も有利な取り扱いを受ける国」）などの不平等条約（南京条約）を清国と結び、清国政府から没収されたアヘンの弁償や賠償金（二千百万ドル）、戦費（軍費）二百万ドル、行商債務三百万ドルのほかに、貿易港の開港（五港）、香港の割譲などを要求し、首尾よく「門戸開放」を達成した。

だが、清国はイギリスを「英夷《えいい》」（イギリスの野蛮人）と呼んでいたことから、イギリスを単なる朝貢国として捉え、港の貿易だけを認めたに過ぎなかった。

要するに、清国とってアヘン戦争とはあくまで地域的な戦争であって、それほど重大な事件ではなかったが、かえって、幕末の日本の方が大国の清国がイギリスに負けたことに対して強いショックを受けたのである。

第二次アヘン戦争の勃発

一八四五年に、上海に租界を設けて経済進出を始めたイギリスは、自国の製品を清国に輸出したが、イギリス製品よりも、インド綿や清国の製品の質の方が高かったことから全く売れなかったのである。

こうした中で、一八五六年に広東省の杭州で、清国の役人がイギリス国籍の密輸船アロー号を臨検し、イギリスの国旗を侮辱する事件を起こした。開港してもイギリス製品が売れなかったことで業を煮やしたイギリスは、「広西省で宣教師が地方官憲によって殺害されたフランスを誘って」清朝に対して「第二次アヘン戦争」(アロー戦争)を仕掛けるのである。

イギリスは、清国に出兵すると、フランス艦隊と連合して広東を占領し、天津を攻撃した。清国は一八六〇年に、この戦いにも敗れると、イギリス、フランス、ロシア、アメリカからも不平等条約を結ばされ、貿易港の開港(十港)、貿易の自由化、賠償金、外交使節の北京在住、内河川の航行、旅行の自由などを要求された。

ところが、清国政府は、「天津条約」の調印に訪れた英仏の外交使節団を砲撃したため、二万余の英仏軍が天津を占領して、北京に進撃、さらに清国にとって屈辱的な「北京条約」(天津の開港、香港九龍市街をイギリスに割譲）を結ばされるのである。

この一連の敗北から、直隷総督の曾国藩《そうこくはん》・左宗棠《さそうとう》・李鴻章《りこうしょう》などが、自分たちの私兵を強くするために西洋列強の近代的技術や工業を導入して、近代的な武器を持った軍隊を編制し、機械制軍事工場を各地に設立した。

これまで清国は、外交交渉を「夷務」と呼んで蔑んできたが、北京条約で「夷」の呼称が禁止されたことから、西洋列強の近代工業を導入する運動を「洋務運動」と呼ぶようになり、この運動の推進勢力を洋務派と呼ぶようになった。

ところが、洋務運動とは「中体西用」〔「西洋の用（火砲・軍艦）はすぐれているが、中国の体（制度・文化）は遠く西洋にまさる」という思想〕というスローガンがあるように、日本の明治維新とは違って「儒教官僚の統治、王朝体制、伝統的社会を温存して（中体）、西洋の技術を取り入れるものであった（西用）」

このことから、実際の洋務運動の中身は、機械類の操作は全てお雇い外国人がやり、あとは日雇い労働者が言われた通りに働くというもので、自分たちで学んで同じようなものを作るような運動ではなかったのである。

清国が本当に近代化を目指すようになるのは、日清戦争（一八九四～九五年）以後のことであった。日清戦争とは、近代化に遅れた清国の覚醒を促す契機となった戦争である。

また、これまでの清国の一連の敗北は、中華帝国を中心に東アジア世界に形成されている「華夷秩序」(中華帝国として君臨する清国に対して、「夷(蛮族)」とされる周辺国が朝貢し、安全保障を保護してもらうあり方)の崩壊を告げる劇的な晩鐘であったと言っていいだろう。

オランダも、インドネシアのほぼ全域を支配すると、ほかのアジア諸国や太平洋地域でも、次々と西欧列強の植民地支配が急速に進んでいったが、こうした西欧列強による世界的な植民地支配の波は、やがて極東の日本にも押し寄せてくるのである。

第三節　アメリカの植民地獲得戦争はどのように始まったのか

北米に入植したイギリス

イギリスが最初に、北米に植民地を建設したのは一六〇七年であった。北米に入植したイギリス人たちは生涯独身を貫いたイギリスの処女女王《ヴァージン・クイーン》エリザベス一世の名にちなんで、最初に入植した土地(処女地)を「ヴァージニア州」と名づけた。さらに一六二〇年には清教徒のピグリム・ファーザーズ(巡礼の始祖)が信仰の自由を求めて、イギリスのプリマス港からメイフラワー号に乗って、北米マサチューセッツ州に入植し、理想的な社会建設を目指した。

その後、イギリスは、北米東岸に多くの植民地を持つようになっていくが、一七三二年に十三番目の植民地として、北米東岸の最南部にジョージア州を設立すると、十三の植民地に対して『本国なみの課税はせず、植民地が輸入する商品に高率の関税をかけたり、鉄などの植民地での生産を禁止したりすることで、植民地を本国の市場、あるいは原料供給地として確保する「重商主義」的政策』をとるようになった。

しかし、イギリスの植民地は、「いずれも自主独立の精神に富み、自ら土地を開発する自営農業が主体」であったことから、フランスやスペインの植民地と比べて、かなり様相が違っていた。

アフリカから北米植民地に輸出された黒人奴隷

十七世紀に、北米植民地の北部では工業化を発展させていく一方で、南部やカリブ海諸島では大農園（プランテーション）が経営されるようになっていくと、その労働力を補うために、主に西アフリカから大量の黒人奴隷が輸出されるようになったが、その数は、十九世紀前半までに約九百六十万人と推定されている。

このように、イギリスの奴隷商人たちはアフリカ、アメリカ、ヨーロッパとの三地点で三角貿易を行うことによって莫大な利益を上げたが、一方ではアフリカに大きな被害を与えたのである。

アメリカの独立戦争の始まり

一七六三年に、イギリスが北米植民地でフランスとの植民地獲得戦争に勝利を収めると、「北米植民地を経営する費用を本国なみの課税でまかなう必要に」迫られるようになった。

このためイギリスは、北米植民地に対して、「砂糖条例」（一七六四年）、「印紙条例」（一七六五年）、「タウンゼンド条例（茶・紙・船・塗料・ガラス）」（一七六七年）、「茶法」（一七七三年）を次々と制定した。

このイギリス本国からの高い課税と横暴な政策に怒った人々は一七七三年に、マサチューセッツ州のボストンで、先述した東インド会社の紅茶の箱（三〇トン以上）を海に投じる事件を起こした。

これを「ボストン茶会事件」と呼ぶが、この事件によって、イギリス本国と北米植民地との対立は、さらに悪化し、アメリカの独立戦争の契機となっていった。

一七七五年に、北米植民地に住む人々は、自分たちで自由に物事を決めるために、イギリス本国との戦いに立ちあがると、翌年にイギリス本国からの独立を叫ぶトマス・ペインの『コモン・センス』が出版されたことで、やがて戦争目的は、イギリス本国からの独立に変わっていった。

一七七六年七月四日に、十三の植民地がフィルデルフィアで独立を宣言した後、翌年に連合規約を制定して、十三州からなる合衆国（United States）を成立させると、イギリスとの戦争に負けたフランス、オランダ、スペインは、イギリスを懲らしめるために植民地側についたことで、イギリスは孤立を迫られたため一七八三年に、北米植民地側の代表者たちとパリ条約を結んで北米植民地（十三州）の独立を認めることになる。

こうして、イギリスから独立を勝ちとった北米植民地は一七八七年に、遂にアメリカ合衆国となり、初代大統領には独立戦争を率いたジョージ・ワシントンが就任した。

アメリカの膨張主義の始まり

アメリカは、イギリスの植民地支配から独立すると、西部のカリフォルニアに向かって、次々と領土を拡大していった。第三代米大統領トーマス・ジェファーソンがフランスから一五〇〇万ドルで、ルイジアナを買収して領土を倍増させたのは一八〇三年であった。

次いで、第五代米大統領ジェームズ・モンローは一八一九年に、スペインからフロリダを買収し、二三年に「モンロー主義」を唱えてアメリカ合衆国を含むラテンアメリカに対する干渉を排除した。

元々、北米には原住民のアメリカ・インディアンが住んでいたが、白人たちは「マニュフェスト・ディスティニー（明白な運命）」という大義名分を掲げて「領土拡張は、人口増加による当然の措置で、神の使命であるとした」

第七代米大統領アンドリュー・ジャクソンは一八三〇年に、「インディアン強制移住法」を制定し、原住民をミシシッピ以西に強制移住させ、従わない者は容赦なく武力で弾圧した。

一八四六年に、第十一代米大統領ジェームズ・K・ポークが膨張主義を唱え、メキシコからテキサスを独立させて四五年に合衆国に併合した。

さらに、アメリカは一八四八年七月四日に、「米墨戦争」（対メキシコ戦争）に完勝すると、メキシコからニュー・メキシコとアリゾナの大部分、カリフォルニアとユタのすべて、さらにワイオミング、ネバダおよびコロラドの一部などを奪うのである。

同年に、カリフォルニアで金鉱が発見されると、翌年からゴールド・ラッシュが始まり、一攫千金を目指して全世界から移民が殺到するようになった。その結果、「二万人足らずだったカリフォルニアの人口は激増し、以後フロンティア（辺境＝一平方マイル当たりの人口が二人以下の地域）の開発が急速に進められること」になった。

一八六七年に、第十七代米大統領アンドリュー・ジョンソンは、財政が悪化したロシアから七二〇万ドルでアラスカを買収した。

次々とアメリカに侵略されていくカリブ海と太平洋諸島

アメリカは一八八〇年代までに、北米を制覇すると、九〇年代からはアメリカ海軍の戦術家マハン大佐の提唱によって艦隊と海兵隊を創設し、世界の海の覇権を目指すようになっていった。このため「アメリカにとって南アメリカとの間に位置し、また西部との中継海域であるカリブ海の支配は、重要な政治課題になった」

カリブ海で最大の島キューバは、まだ当時はスペイン領であったが、既にアメリカ資本の支配の下にあったため、アメリカは陰に陽にスペインからの独立運動を煽《あお》るようになった。

一八九五年に、キューバ島でホセ・マルティなどの指導する第二次反スペイン独立運動が起こると、膨張主義者として知られる第二十五代米大統領のウィリアム・マッキンレーは一八九八年二月に、アメリカ人保護の名目で同島のハバナ港に最新鋭の戦艦メイン号を派遣したが、十五日に同艦が謎の爆沈をとげ、乗組員二六〇名が死亡するという「怪事件」が起こった。

戦艦メイン号の爆沈は、「アメリカの謀略だ」という噂が立つ中で、アメリカではヒステリックな「メイン号を忘れるな！」の大合唱が起こり、米西戦争（アメリカ＝スペイン戦争）の直接的な原因となって、アメリカ政府は四月二十四日に、スペインに宣戦布告を行うのである。

当時、香港にいたアメリカ極東艦隊六隻は翌日に、アメリカ議会が戦争を決議すると、宣戦布告をする前に、独立の反乱が起こっていたスペインの植民地フィリピンに向けて出撃し、五月一日にマニラ湾のスペイン太平洋艦隊七隻を撃滅した。

敵艦三隻が沈没、四隻が炎上する中で、アメリカ側は無傷という大戦果であった。次いで二五〇〇人のアメリカ軍は六月末に、フィリピンに上陸してマニラを占領した。

一方、キューバでもアメリカ艦隊から攻撃を受けたスペイン大西洋艦隊が壊滅し、アメリカ軍の一方的な勝利で終わった。これによってスペインは、アメリカに和を乞い、四カ月間で戦争が終わると、パリ講和条約でキューバ島の独立、プエルトリコ、グアム島、フィリピン諸島の割譲を認めた。

コラム①

植民地からの独立を餌にフィリピンを手に入れたアメリカ

米西戦争が起きたとき、フィリピンの独立革命軍は、フィリピンをスペインから独立させるためにアメリカに率先して協力した。そして、翌年一月に「フィリピン共和国の樹立を宣言し、マニラに近いマロロスを首都に新政府を発足した」が、アメリカ軍は、革命軍のマニラ入りを許さなかったことから、マニラを首都にすることはできなかった。

アメリカは、植民地からの独立を餌に革命軍を味方につけて、フィリピンを手に入れることが目的だったことから、「対スペインの戦争で革命軍を味方に引き入れたが、フィリピンを独立させる気持ちはさらさらなかった」のである。

このため、「パリで開かれた講和会議にも革命軍の特使の参加を認めず、二千万ドルでフィリピンをスペインから買い取った。つまり革命軍を裏切ったのである」

明治二十八（一八九五）年に、日清戦争に勝利した日本の姿に励まされたフィリピン革命軍の指導者アギナルド将軍と国軍総司令官リカルテ（後に大統領）は、アメリカに裏切られると、米西戦争が終わって半年後の一八九九年二月に、独立戦争を開始したが、アメリカは、八万の大軍をフィリピンに出兵させたことから、革命軍はゲリラ戦で対抗するしかなかった。

民族主義者の宮崎滔天、頭山満および犬養毅は、武器不足に悩む革命軍が日本に武器援助を求めてきたことから、アジア諸国の独立運動に同情的だった陸軍参謀総長川上操六大将に対して武器援助を要請した。

外務大臣の青木周蔵は、「当時、ロシアを仮想敵国としていた日本政府がフィリピンについては目をつぶるから、朝鮮については手を出すなという秘密協定を米国と結んでいたことから」猛反対したが、川上大将は、外務省の反対を押し切って「陸軍造幣局から大倉組に兵器を払い下げ、大倉組がそれをドイツの某商社に売り渡すという形で武器供与に応じた」

ところが、不運にも、フィリピンへ行く武器弾薬を載せた老朽船の布引丸は、長崎から出港してから二日目に暴風雨に遭遇し、船長以下十八名の日本人志士たちが三〇〇トンの武器弾薬とともに東シナ海の藻屑と化した。

結局、この布引丸の快挙が失敗に終わると、「一日千秋の思いで武器弾薬の到着を待っていたアギナルドとリカルテはわがこと終われり、と天を仰いで慨嘆したという」が、「今でもフィリピン独立運動史にその名を留めている」のである。

アメリカがアギナルドの独立戦争を鎮圧すると、アーサー・マッカーサー陸軍少将がフィリピンの初代軍政長官に就任し、その副官に息子のダグラス・マッカーサー中尉（後に連合国軍最高司令官、元帥）が就任した。

第二章　西欧列強の世界支配に対抗した日本

第一節　明治維新はなぜ起こったのか

開国を迫られる日本

昭和二十（一九四五）年八月十五日に、日本が大東亜戦争に敗れると、三十日に来日した連合国軍最高司令官ダグラス・マッカーサー元帥が戦後の日本に劇的な変化をもたらしたことは周知の事実である。

だが、それより九十二年前の幕末の日本に劇的な変化をもたらした最初のアメリカ人こそ、一八五三年七月八日（嘉永六年六月三日）に、江戸からほど近い神奈川県の浦賀沖に現れたアメリカ海軍東インド艦隊司令長官マシュー・ガルブレイス・ペリーだったのである。

言わば、幕末の日本に劇的な変化をもたらしたペリー艦隊が第一の黒船とするならば、戦後の日本に劇的な変化をもたらしたマッカーサーの占領軍は第二の黒船だったと言えるだろう。

では、なぜペリーは、日本にやってきて開国を迫ったのだろうか。その理由は、日本を巨大市場の清国と貿易を行うための中継基地として利用することにあったのである。

アメリカは一八四八年七月に、米墨戦争に完勝すると、太平洋岸のカリフォルニアまで領土を拡大し、そこから蒸気船を使って、わずか二十日間で清国に到達することができるようになった。

このことは、この蒸気船を使って、清国からお茶と絹を輸入して、アメリカのボストンで生産された綿花製品を清国に輸出することができるようになったことを意味するが、その両国の間にある中継基地として、ピッタリの国が日本だったのである。

アメリカ船が日本に最初にやって来たのは、ペリーの黒船来航から遡ること、ちょうど五十年前の享和三（一八〇三）年であった。このときの幕府（第十一代将軍徳川家斉）は、長崎に現れて通商を求めてきたアメリカ船に対して、鎖国が日本の国法だと言って断った。

次に、アメリカ船が日本の開国を打診するために現れたのが一八四六年であったが、幕府の拒否にあって退去している。また四九年にもジェームズ・グリルが来航して、強硬な手段によって抑留アメリカ人を回収し、軍事力による開国の効果を示唆している。

マシュー・ペリー

アメリカ船以外の外国船が日本の近海に出没するようになったのは、

ペリーの黒船来航（一八五三年）から遡ること、九年前の弘化年間（一八四四〜四七）のことである。

弘化元年から嘉永六年までの外国船と海防関係の記事を見ると、実に八十件以上にものぼっているが、この頃から幕府と諸侯には外夷対策と沿海防備が重要な課題となった。

なかなか、日本の開国を実現できないアメリカだったが、清国がアヘン戦争に敗北すると、西欧列強が次々と清国に進出してきたことで、アメリカは、先に清国の市場を他の西欧列強に独占されたくないという焦りから、急遽ペリー艦隊を派遣して日本に開国を迫ってきたのである。言わば、清国進出の布石を打つための最後の手段が、ペリー艦隊の来航だったと言っていいだろう。

先述したように、中米や太平洋の諸島が次々とアメリカに侵略されていく中で、幕府（第十二代将軍徳川家慶）は、オランダ商館を通じて、アメリカ大統領の国書を渡すために、アメリカの使節が浦賀を訪れることを知っていたが、結局、ペリー艦隊への対応策は、「従来の外国船取扱いどおり、長崎に回航させて応接すること以上の準備はできていなかった」のである。

一八五三年七月八日金曜日（嘉永六年六月三日）、遂にペリー提督の率いる黒船艦隊四隻が江戸湾浦賀に来航すると、幕府は長崎への回航を要請した。だが、ペリーの使節がこれを拒否して江戸近郊での親書の手交を主張したため、幕府は、浦賀の南方にある久里浜に設営した応接所で、日本に対して開国と通商を要求した米大統領フィルモアからの親書を受け取るのである。

実は、アヘン戦争から四年後の弘化元（一八四四）年に、オランダの軍艦パレンバンが長崎に入り、将軍家慶に宛てたオランダ国王ウィレム二世の親書をもたらしたが、そこには老中に就いたばかりの阿部正弘が危機感をつのらせる内容が次のように書かれていた。

「このまま鎖国を続ければ、戦争は免れないでしょう。しかし、貴国の武器では勝ち目はありません。今すぐ開国したほうがよいのではないでしょうか」

オランダ国王は、日本がこのまま開国を拒否し続ければ、清国のように西欧列強から侵略されるので、その前に和親条約を結んで開国すべきだ忠告してきたのである。

当初、幕府は開国には反対であった。幕府では「ただ戦争に訴えても、あくまで開国を拒否するか、または、当座の彼我の軍事力の差を認めて、一時やむを得ぬ最小限の譲歩をし、日本の軍事力の充実をまって再び鎖国に戻るかに意見が分かれていた」からである。

弘化二（一八四五）年に、攘夷派の老中主座水野忠邦が罷免されたことで、開国派の阿部正弘が老中主座になると、阿部は攘夷派の意見を抑えるために、各大名に対して、アメリカの要求を無視する代わりに、「それぞれの藩は責任を持って防御につとめるように」と迫るのである。

今まで、防衛は、幕府が担うものだと考えていた大名たちは、結局、開国派の阿部の意見に従うしかなかったのである。

こうして、阿部の意見によって幕府は、ペリー提督が再び来航する前から、「すでに大統領親書に対する協調的な内容の原案を作り上げ、基本的な方針を確立していた」ことから、「全艦隊が浦賀沖に姿を現したときには狼狽を見せることなく、特別な防衛策を講じることもなかった」のである。

ところが、日本側が条約の締結場所として、浦賀を主張したのに対して、ペリー提督は江戸を譲らなかった。「西欧人が二語で済ませるところを、日本人はもったいぶった言い訳を繰り返した」。日本人の通訳によれば、ペリー提督は、あるところまでは我慢したが、日本側に対して、次のように恫喝した。

「もし提案を受け入れないのであれば、直ちに戦端を開くことも辞さないつもりだ。もし戦闘に入るならば、近海から五〇隻、そしてカリフォルニアから五〇隻の軍艦を集め、二十日以内に一〇〇隻の軍艦に命令を下すことができる」

結局、ペリー提督が妥協して、日本側が横浜の農地に敷設した応接場で嘉永七（一八五四）年三月三日に、「日米和親条約」（「神奈川条約」）を締結したのである。

続いて、幕府は、嘉永七（一八五四）年八月二十三日にイギリスと、安政二（一八五五）年十二月二十一日にロシアと、安政三（一八五六）年十二月二十三日にオランダとも、それぞれ和親条約を締結した。

この日米和親条約によって日本側は、伊豆下田と北海道函館に貿易港を開港し、下田にアメリカ領事を置くことを取り決めた。またアメリカ船には薪、水、食料品、石炭などを提供し、漂流船員の救助も承認した。

さらにペリー提督は六月十七日に、日本側と日米和親条約の追加十三カ条を締結すると、二十五日に、下田を出港して帰途についた。かくして、二三二年も続いた日本の鎖国体制は、遂に終局を迎えるのであるが、その後、幕府は嘉永七（一八五四）年八月から安政三（一八五六）年十二月にかけて、イギリス、ロシアおよびオランダとの間でも同じ内容の条約を結ぶのである。

先述したマルコ・ポーロの『東方見聞録』の中で、ジパングの名で日本が黄金の島として西欧列強に紹介され、これが契機となって、コロンブスがアメリカ大陸に到達したことは既述したが、そのアメリカ大陸を支配した西洋人によって、最後に開国を迫られることになったことは日本にとって皮肉以外の何ものでもないだろう。

西欧列強と不平等条約を結んだ日本

初代駐日総領事タウンゼント・ハリスは安政三（一八五六）年七月に、日本に到着すると、翌月に伊豆下田に領事館を開設して和親条約に欠けていた通商条約を結び、交易を開始することを幕府側に強く要求した。

そして、第十三代将軍家定と会見すると、アメリカ大統領の親書を手交し、世界情勢について幕府首脳に説き、「特に中国におけるイギリス、フランスの武力行使の事実を指摘して、両国の矛先が日本に迫っていることを強調した。

同時にハリスは、アメリカの平和主義を力説し、イギリス、フランスの圧力を受けるまえにアメリカとの通商条約の先例をつくっておくことが日本にとって賢明な策である」と説いた。

ハリスは安政五（一八五八）年六月十九日に、孝明天皇から通商条約の勅許を得られないまま、幕府と「日米修好通商条約」を結ぶことに成功したが、この修好通商条約はアメリカにとっても外国と初めて結んだ条約であった。

幕府は、アメリカと修好通商条約を結ぶと、同年七月にロシア、オランダ、イギリスと、九月にフランスとも修好通商条約（安政の五カ国条約）を結んだが、これらの条約は「治外法権、最恵国待遇、協定関税制などの特権を一方的に外国に与えた不平等条約であった」

この中で、日本にとって完全に不利だったのは協定関税制、いわゆる関税自主権の問題と治外法権（領事裁判権）の問題であった。

列強五カ国と結んだ修好通商条約では「日本が関税率を変える場合には、かならず相手国と協議しなければならないとされていた。本来、関税というのは、その国が独自の判断で定めていいものなのに、当時の日本はそれが許されなかった」のである。

例えば、当初、この条約では酒類の輸入関税率は三五パーセントで、他の財の大部分は二〇パーセントで日本にとって有利であったが、これが大きく日本にとって不利になるのは、イギリス主唱による一八六四年の改訂によって、酒類が五パーセントにまで引き下げられたことにある。

これが対等な条約なら、日本は国内産業を保護するために関税率の引き上げに反対したり、その対抗手段として、輸入関税率を引き上げたりして、貿易量を制限できるが、この条約では列強が勝手に輸入関税率を引き下げて国内産業を壊滅させても、日本は黙って見ているしかないわけである。

治外法権の問題は、この問題よりもさらに深刻であった。なぜなら「外国人が日本の領土の中で犯罪を犯した場合、日本政府はその犯人を捕まえることはできても、裁くことはできない。その犯人を裁けるのは、その国の領事だけとされた」からである。

では、西欧列強は、なぜ日本と不平等条約を結んだのだろうか。そのメリットとは、いかなるものだったのだろうか。実は、この不平等条約には日本と列強間で自由貿易を維持するために、ある巧妙なシステムが組み込まれていたのである。

巧妙な不平等条約のシステム

初代英国駐日公使のオールコックは、鎖国政策をとる国を開国させる理由について、「極東の市場を開放させ、自由貿易による利益を得ることがイギリスの目的である。しかし鎖国政策をとる国を開国させるには、圧力すなわち武力が必要であり、武力を背景に自由貿易を認めさせた条約を締結する。そして、強圧的な手段を示して、条約を守らせることが大事である」

と述べていることから、「列強の主たる関心は、軍事力を背景にアジアとの安定した自由貿易を維持することにあり、植民地化を意図していた」わけではないことは自明である。

「このため、不平等条約には現地政権との円滑な関係を維持することを目的としたシステムが組み込まれていた」のである。

「第一は欧米列強と東アジア諸国との協調と共存であり、第二はこの不平等条約体制を維持するための列強間の協調（共同利害の擁護）である。

第一の共存の根拠となった領事裁判権（吉本注：治外法権）は、異なる法制度の間に生ずる軋轢を解消するための緩衝装置として機能した。

第二は、片務的最恵国待遇による不平等制の強化である。

片務的最恵国待遇とは、最恵国待遇（他国よりも不利な地位に陥らないよう、最高の待遇を与えることをあらかじめ約束する条項）、すなわち最高の待遇をアジア側が一方的にすべての欧米諸国に与えるというものであり、この条項のために新たな不平等条約が締結されるたびに、一方的に欧米側に有利に不平等制が強化されていく、という巧妙なシステムであった。列強は、このシステムを維持するという限りにおいて利害が一致し、協調していったのである」

日本を西欧列強の植民地支配から守った不平等条約

では、日本は、なぜ西欧列強と不平等条約を結んだのだろうか。一般に、日本が西欧列強と不平等条約を結んだことで、日本が一方的に不利益をこうむったと考えられているが、実は、この不平等条約には日本を列強の植民地支配から守る上で防波堤の役割を果たすというメリットがあったのである。

ペリー提督が幕府に手交したアメリカ大統領の親書は、相手国を主権国家として認める意思の表明であった。また列強五カ国と結んだ不平等条約も、一見すると日本にとって不利益な条約のように見えるかもしれないが、西欧列強と通商条約を結ぶことは、「国際社会への編入を意味していた」のである。

「その関係は条約によって表現される。条約を締結するという言動は、その内容が平等であると不平等であるとにかかわらず、主権国家の相互の承認に他ならなかった」のである。言わば、この西欧列強と通商条約を結ぶことは、たとえ不平等条約であれ、西欧列強から主権国家として認められることを意味するのである。

主権国家の間で結ばれる「条約とは、そこに国家間の取り決めを結ぶ条約を履行するだけの力を持った主権を有する国家が存在することが前提である」からである。

だから、「たとえ近代国家でなくとも、主権国家として認められた場合には、その国を勝手に併合したり、植民地にしたりすることは簡単にできない。この国際法のルールから言えば、条約を締結したことは、その国を簡単に植民地化できなくなったということになる」のである。

西欧列強が侵略の根拠とした「先占の権原」

コロンブスのアメリカ大陸の到達以来、西欧列強が次々と有色人種の居住する地域を侵略していったことは詳述したが、この行為を正当化する法的根拠が、『十七世紀以降、スペインやポルトガルに遅れて植民地獲得競争に乗り出したオランダやイングランドやフランスなどによって、「発見」の原則に代えて主張された（無主地《むしゅち》）先占《せんせん》の権原（吉本注：ある行為を正当化する法律上の根拠）である』

このように、十七世紀以降のヨーロッパでは先占（人より先に占有すること）の対象となる無主地（何人の所有にも属さない土地）は、「ある程度の社会的・政治的組織を具えた先住民が居住していても、いまだ西欧文明に類する段階（文明国）に達していない地域」をも指すと考えられていた。

この理論は、民法でいうところの無主物の占有から類推されたものであるが、十七世紀以降、スペインとポルトガルよりも遅れて植民地獲得競争に乗り出したイギリス、フランス、アメリカ、ロシア、オランダなども、この理論を法的根拠にして北米、アジア、アフリカの各地を無主地とみなし、自己の領域として獲得していったのである。

言わば、この「先占の権原」は、十五世紀以来の植民地獲得競争の先発国であったスペインとポルトガルが主張した「発見優先原則」を否定して、十七世紀以降の西欧列強による植民地化を正当化するとともに、西欧諸国間の植民地獲得競争を調整する法の原理として機能したのである。

こうした中で、日本と列強五カ国による不平等条約の締結は、日本を無主地としてみなすのではなく、主権を有する国家とみなすものだったのである。

要するに、西欧列強との条約は、前出のオールコックが、これがある限り、ロシアは、日本を「われわれの同意なしに征服したり併合したりすることは困難であろう」と述べているように、たとえ不平等な条約であっても、「列強のある一国による東アジアの植民地化政策を防止する相互監視機能」を併せ持ったものであり、「ロシアの南下とロシアによる日本の植民地化を防止する外交上の機能」を果たす条約だったのである。

第二次アヘン戦争の敗北によって、清国も西欧列強と不平等条約を締結したことは詳述したが、これによって清国も日本と同様に、西欧列強から主権国家として認められたことで、形式的には西欧列強から植民地支配を受けないことになったと見ていいだろう。

明治維新の胎動

日本が西欧列強と結んだ不平等条約は、大国ロシアの侵略を防ぐ上で有利な役割を果たしたわけであるが、この条約のメリットを理解できない尊王攘夷派の志士たち（水戸浪士十七名と薩摩浪士一名）は万延元（一八六〇）年三月三日に、孝明天皇の勅許なしに西欧列強と不平等条約を結んだ大老の井伊直弼を暗殺するのである（「桜田門外の変」）。

だが、文久三（一八六三）年の「薩英戦争」と翌年の「下関戦争」で西欧列強との力の差を実感した尊攘派の武士たちは、「尊皇攘夷運動」を棄てて、近代化に成功した西欧列強を模範に近代化に遅れた日本を、天皇を中心とする近代国家に改革するという、「尊王開国運動」に変わるのである。

その中心となって働いたのは、西南雄藩の薩摩（鹿児島）・長州（山口）・土佐（高知）・肥前（佐賀）などの下級武士たちであった。

孝明天皇崩御の前年に、薩長両藩は密約によって倒幕を計画していた。だが、この計画を察知した幕府第十五代将軍の徳川慶喜は慶応三（一八六七）年十月十四日に、先手を打って在京四十藩の重臣を二条城に集め、明治天皇に「大政奉還」（領地と領民を天皇に返上すること）を諮《はか》ることを決定し、翌日に天皇から勅許を得ることに成功した。

倒幕の計画を妨害された薩長の倒幕派は同年十二月九日に、「王政復古の大号令」を発して、天皇を中心とする明治新政府の樹立を発表し、遂に鎌倉時代から二六五年間も続いた武家政治を終わらせるのである。

これは、言わば「倒幕のための一種のクーデターでもあった」が、これを不満とする旧幕府側の連合軍と薩長両藩を主力とする新政府軍は、慶応四（一八六八）年一月二日から明治二（一八六九）年五月十七日にかけて国を二分した史上最大の内乱「戊辰戦争」を行うのであるが、新政府軍が勝利を収めたことによって、約一年半にもわたった戊辰戦争は終わりを告げ、遂に天皇を中心とする近代国家への道を歩むことになるのである。

明治天皇

明治政府は慶応四年三月十四日、戊辰戦争のさなかに明治天皇が日本を統一した後の国是を内外に示すために宣布した「五箇条の誓文」に基づいて、近代化に遅れた他のアジア諸国のように西欧列強に植民地支配されないことを近代国家建設の最大目標にしていくのである。

このように、明治に行った日本の構造改革は、世界史上、ほかに前例のないものであった。それは、西欧列強のような一般市民による下からの改革ではなくて、旧時代の支配者（武士）が自らの特権（地位の高い身分と待遇）を放棄し、「版籍奉還」（かつての支配者であった天皇に領地・領民を返上すること）を実施することによって、西欧列強と肩を並べる近代国家建設に貢献するという、言わば、上からの改革であったからである。

では、日本の歴史教科書では明治維新について、どのように説明しているのだろうか。

次に、その内容について見てみよう。

日本の歴史教科書が語る明治維新

『要説　世界史A』（山川出版、平成二十五年版）

「十七世紀以来、日本では江戸幕府が鎖国体制をとっていたが、一八五三（嘉永六）年、アメリカ合衆国のペリーのひきいる船団が来航すると、幕府は一八五四（安政元）年、日米和親条約を、ついで五八年に日米修好通商条約を結び、開国にふみきった。

やがて倒幕によって江戸幕府は倒れ、一八六七（慶応三）年末、天皇を中心とする新政府が樹立した。この明治政府は欧米諸国にならって国家体制を整備し、富国強兵・殖産興業などの目標をかかげて工業の発展に力を入れた（明治維新）」

『高等学校　世界史A』（第一学習社、平成二十五年版）

「一八五三年、ペリーが率いる黒船の来航に対して、江戸幕府は翌年に日米和親条約を、一八五八年に日米修好通商条約を結び開国した。しかし攘夷運動が行きづまる一方で、倒幕運動がさかんになり、幕府は倒れた。明治維新によって一八六八年に成立した新政府は、廃藩置県によって中央集権体制の整備に着手した。

さらに自由民権運動の高揚を前に、一八八九年には大日本帝国憲法を発布し、翌年には二院制の議会を開設した。このように明治政府は、近代国家にふさわしい政治制度を整えるとともに、殖産興業政策によって、工業化をすすめた。対外的には、欧米諸国との不平等条約の改正をめざし、またアジアでの勢力拡大をはかった」

『明解　世界史A』（帝国書院、平成二十五年版）

「十七世紀以来、〝鎖国政策〟をとっていた日本にも、欧米列強のアジア進出の波が押し寄せてきた。アメリカのペリーが艦隊をひきいて来航し、強く通商を求めると、江戸幕府は、一八五四年に日米和親条約、一八五八年に日米修好通商条約を結んで開国に踏み切った。続いてヨーロッパ諸国と諸条約を結んだが、これらは日本に不利な不平等条約であった。国内が攘夷・開国をめぐって激しく対立するなか、尊王攘夷運動はしだいに薩摩藩や長州藩を中心とする倒幕運動に発展し、一八六八年、明治政府が成立した（明治維新）」

『世界史A』（実教出版、平成二十五年版）

「アヘン戦争のなりゆきを注意深くみまもっていた江戸幕府は、清の敗北に衝撃を受け、異国船打払令を緩和した（一八四二年）。一八五三年、アメリカのペリーひきいる東インド艦隊が来航すると、幕府は翌一八五四年日米和親条約を締結し、一八五八年には日米修好通商条約をむすんで開国した。

幕藩体制はゆきづまり、外圧のなかで政治は大きく動揺し、百姓一揆もあいついでおこった。下級武士を中心とする攘夷運動は倒幕運動となり、江戸幕府が倒され、一八六八年、天皇を政治の中心とする明治政府が誕生し、廃藩置県によって政治制度を大きくかえた（明治維新）」

『世界史A』（東京書籍、平成二十五年版）

『二〇世紀初頭、日本がヨーロッパの列強の一つのロシアとたたかったのは、明治維新からやっと三〇年余りを経過したときであった。「文明開化」「富国強兵・殖産興業」という日本の近代化は、世界の注目をひいた。しかし、その日本の近代化とはどのようなものであったろうか。欧米に学び、肩をならべ、あるいは追いぬくこと、その意味では、日露戦争の勝利は、輝かしい成果と思われた。日本は列強の仲間入りを果たした。だがそれは、日本が韓国を併合し、アジアにおいて列強と同じように、あるいは列強に対抗して、植民地帝国の道を歩んでいくことでもあった』

『高等学校　世界史Ａ　最新版』（清水書院、平成二十五年版）

「十八世紀後半ごろからロシアやイギリスなどが通商を求めて来航してきた。この動きに対して、幕府は一八二五年に異国船打払令を発して列強と緊張状態に入った。その後一八四二年、幕府はアヘン戦争の報に接し、列強の力に恐怖を感じて対外強硬策を緩和した（天保の薪水給与令）。

アメリカは一八四八年にカリフォルニアを獲得すると、太平洋における捕鯨船の安全確保のために開港をせまった。一八五三年、ペリーの率いるアメリカ艦隊が浦賀に来航すると、幕府は翌年に日米和親条約を結んだ。さらに一八五八年、不平等条約である日米修好通商条約を結び、同様の条約をオランダ、ロシア、イギリス、フランスとも結んだ。開港後の混乱の中で、列強の軍事力と植民地化に危機感を強めた諸藩は、倒幕に成功し、一八六八年、明治政府を樹立した。明治政府は、列強と対抗できる国家の建設をめざした。それは欧米をモデルに、工業化を進めて軍事力の強化を国家の繁栄に結びつける近代化の道（殖産興業と富国強兵）だった。身分解放によって国民に兵役を義務づけ（徴兵令）、軍隊を創設する一方、公教育を整備して国家意識を育て、地租改正を断行して財政の安定をはかった（明治維新）」

以上のように、わが国の歴史教科書を見ると、単に明治維新の経過を説明しているだけで、明治維新の動機を強調している教科書は、清水書院を除いてないことが分かる。

これに対して、二〇〇五年発行のベトナムの中学生用の歴史教科書を見ると、次のように当時の日本が置かれていた立場と明治維新の動機を正しく説明していることが分かるのである。

ベトナム教育訓練省『八年生の歴史』（教育出版社、二〇〇五年版）

『西洋の資本主義諸国（アメリカ、ロシア、イギリス、フランス）は、ますます日本への干渉を強め、「開国」を迫った。この状況下で日本は、腐敗した封建制度を維持し続け、西洋植民地主義国の格好の餌食になるか、国の発展のために改革を行うかの選択を迫られた。

一八六八年一月、明治天皇は即位後、日本を時代遅れの封建的状況から脱却させるために、一連の改革を実現させた。これが明治維新で、多くの領域（経済、政治、社会、文化、教育、軍事）にわたり改革が進められた』

明治政府が抱えた二つのジレンマ

これまで説明してきたように、江戸幕府の大政奉還によって、政権を受け継いだ明治政府は同時に、幕府が西欧列強と結んだ不平等条約を継承することで、主権国家としての国際法的な地位を得ることができたことは確かであろう。

こうした中で、次に明治政府が目指した最大の課題は、この不平等条約を改正して、国家の独立を保持すると同時に、西欧列強が認める欧米型の文明国の基準を満たすことであった。このため前出のベトナムの歴史教科書が述べているように、明治時代には多くの領域で改革が進められていったのである。

言わば、国民国家として日本の独自性を追求するとともに、西欧列強をモデルに欧米型の国民国家も追求していかなければならないという、二つの相反する課題であった。

自由民権運動の開始

日米修好通商条約の改正を目指して、右大臣の岩倉具視を特命全権大使とする使節団（岩倉使節団）が明治四年十一月に、欧米列強の視察を兼ねて渡米している間に、留守政府の参議らは明治七年一月に、日本最初の政党である「愛国党」を結成して、帝国議会の開設を求める「民撰議院設立の建白書」を政府に提出した。

言論の自由を実現するための「自由民権運動」は、このときに始まったと言われているが、民撰議院、すなわち国会を開設する運動は、やがて全国に拡大して二〇〇以上の結社が結成され、機関誌の発行や講演会が各地で行われるようになるのである。

伊藤博文はなぜ日本で立憲政治を確立しようとしたのか

後述するように、明治政府は明治二十二（一八八九）年二月十一日に、アジアで最初の近代憲法を制定することになるが、一般に、明治政府が近代憲法を制定した理由は、「国民の間から自由民権運動が起こり、その要求に応えるためであった」からだと言われている。

伊藤博文

だが、その本当の理由は、参議の一人である伊藤博文が列強からの侵略を防いで、日本が独立を維持するには近代的な陸海軍を創設するだけでなく、列強と同じように憲法を制定して法治国家となり、列強から一等国家（文明国）として認められるしかないと考えていたからである。

先述したように、西欧列強では「世界の各地域や民族を自らの文明を基準にして、野蛮―未開―文明に区分け」し、『野蛮とみた空間に対しては、あたかも人が住んでいない「無主の地」と見なして先に征服した者が所有となる「先占の法理」（吉本注：「先占の権原」）が適用され、植民地とされていった。

また、未開とされた空間については、条約を結んで保護国や居留地などを設定するか、裁判や関税の自主権を与えない不平等条約が強要されることになった。不平等条約は、領事裁判権による治外法権を設定したり、関税自主権を制限したりすることなどによって、自国人が国外の地で経済活動などを有利に行うために強要されたものであった』

もし日本を列強のような近代的な法治国家にしなければ、日本には主権はあっても「未開の地」とされ、いつまでたっても不平等条約を解消できないことになる。「そのためには、国の形の大枠を決める憲法を作り、国会を開くことが重要であった」のである。

ところが、「当時列強の一つのロシアでは国会すらなく、プロシア（ドイツ）では数年間議会を停会にした（憲法停止）こともあったほどで、憲法を制定して議会を開くことは困難な目標であった」

このように、西欧列強でさえ、立憲政治を実現していくのは困難なのに、ましてアジアでは夢のまた夢のような政治制度であった。このため西欧列強の学者や政治家の間では未開の地の有色人種に立憲政治を実現することは不可能であると考えられていた。

明治政府は「明治十四年十月に、政府の有力者大隈重信や在野の自由民権派に早く国会」を開くよう突き上げられると、明治二十三年に国会を開くと約束した。

明治維新を推進してきた士族出身の政治家たちは、何よりも名誉を重んじる武士道精神を持っていたことから、日本が劣等国と見なされることに対して屈辱を感じ、名誉を守りたいという意識が強く働いていたからである。

大日本帝国憲法の発布・施行

伊藤は明治十五（一八八二）年三月十四日に、憲法調査のためにヨーロッパに赴くと、ドイツとオーストリアの二人の法学者（グナイスト教授、シュタイン教授）から「憲法とはその国の歴史・伝統の上に成り立つもの」だと教えられた。

伊藤は帰国すると、井上毅《こわし》、金子堅太郎、伊東巳代治《みよじ》らと協議を重ね、君主が政府組織を任命するプロイセン型の立憲君主制に基づく、日本の歴史・伝統の上に立脚した憲法草案の作成に着手した。

明治二十一（一八八八）年に、最終草案を完成すると、翌年二月十一日（紀元節）に「大日本帝国憲法」（全七章七十六条）を発布するとともに、わが国の国名を正式に「大日本帝国」と定めるのである。

そして、内閣制度・司法権の独立・臣民の権利および義務を定めた大日本帝国憲法（以後、帝国憲法と略称）が翌年十一月二十九日の第一回帝国議会の開会日で施行されることになるが、これによって、日本はアジアで最初の立憲国家となり、昭和二十二（一九四七）年五月三日に、アメリカ占領軍の作成した「日本国憲法」が施行されるまで、約五十七年間にわたり、わが国の国家基本法として存続することになる。

このように、西欧列強では百年、二百年もの長い歳月をかけて近代国家としての法整備など、様々な領域で近代化を行ったが、明治政府は短期間のうちに、それと同じことを成し遂げたのである。

日清修好条規の締結

日本は、幕末のペリー来航を契機に西欧列強と国際条約を結ぶことによって、東アジア世界の中では比較的早く、主権国家として認められることになったわけであるが、「地理的にもっとも近い、しかも数千年以来アジアの同文国家として密接な交渉を持っていた中国や朝鮮との間には、通商条約にもとづく修好関係はまだ結ばれていなかった」

このため日本は、清国と朝鮮との関係においても、少なくとも国際法上、対等な独立国としての立場をもって臨もうとした。

なぜなら、たとえ日本が列強と結んだ国際条約が不平等条約であったにしても、国際社会の一員として、世界の檜舞台に登場した以上は、清国や朝鮮とも条約なしの状態でいることはできなくなってくるからである。

そこで、北辺における大国ロシアの侵略に脅威を感じていた明治政府は明治四（一八七一）年六月に、元宇和島藩主伊達宗城《むねなり》を全権に任命して、まず清国側と外交交渉を開始することにした。かかる大国ロシアの脅威に対抗して、独立を堅持するためには清国と共同防衛体制をとる必要があったからである。

清国側の交渉相手に、前出の李鴻章が就任したことによって、明治政府は同年七月二十九日に、「日清修好条規」（全十八条）を締結することに成功するが、それまで日清両国が西欧列強と締結した国際条約には、どれも不平等な規定が含まれていた。

ところが、この条約は、相互の領事裁判権と協定関税を含む、最恵国条項のない、対等な外交・通商関係を開いた条約であったのである。

日本が七世紀に建国されて以来、中国との間では正式な国交はなかったことから、清国では日本側と対等な条約を結ぶことに反対する勢力もあった。にもかかわらず、李鴻章が日本側と対等な条約を結んだのは、西欧列強に対抗するためには近代化を推進する日本との関係を強化する必要があったからである。

第二節　西欧列強はどのようにアジア・アフリカ・太平洋地域を侵略したのか

次々と西欧列強に侵略されるインド

ペリー来航の影響によって、日本を西欧列強に伍しうる近代国家に変えるべく、アメリカからの開国に応じて、明治維新を断行した日本だったが、アジアは、次のように西欧列強によって、次第に侵略されるようになっていた。

例えば、イギリスは、北米の植民地が独立すると、そこで失った利益を取り戻すために、人口の多いインドの市場をめぐって、フランスと植民地獲得戦争を繰り広げ、一七五七年の「プラッシーの戦い」に勝利すると、インドを本格的に植民地化していくようになった。

このインド進出は、東南アジアに進出しているオランダとの衝突を避けるためであったが、インドの植民地化に対して中心的な役割を果たしたのが、十七世紀からインドに進出したイギリスの東インド会社であった。

イギリスは、インドを完全に支配下に置くと、インド産の綿織物をイギリス本国に輸出したことで大流行となり、その需要の増大は、十八世紀末から十九世紀にかけて起こった産業革命の一因ともなった。

ところが、この産業革命によって木綿工業がイギリスで急速に発展すると、安価で良質な綿製品などが、インド市場にも大量に輸出されるようになった。

その結果、それまで「手織り綿布の輸出で繁栄してきたインド家内工業が壊滅的な打撃を受け、さらに電信・電話・鉄道など西欧近代文明が移入されてインドの伝統社会や農村の閉鎖的自然経済は崩壊した」のである。

一八五七年に、イギリスの植民地支配に対して反乱が起こると、イギリス軍によって鎮圧され、インドは、イギリスの直接の統治下に置かれることになる。

こうして、ムガール帝国（一五二六～一八五八）が滅亡すると、イギリスは一八七七年に、直轄地と藩王国からなるインド帝国（一八七七～一九四七）を成立させ、インド皇帝にはヴィクトリア女王が兼任することになった。

次々と西欧列強に侵略される東南アジア

一方、イギリスは、一八六〇年の第二次アヘン戦争に勝利を収めると、一八八六年に「清国に服属していたビルマを併合し、雲南、チベットに進出した」

フランスも一八六二年に、ベトナムへの武力進出を開始し、六三年にカンボジアを、六七年にはベトナム南部に侵攻して、七三年に北部を占領した。

フランスは八四年に、全ベトナムの植民地化に成功すると、宗主国の清国に対して、ベトナムに対する宗主権の放棄や、ベトナムを支援する黒旗軍（清国とベトナムとの国境の山間地域にある武装勢力）に対する支援停止を要求した。

清国が、この要求を拒否すると、「フランス軍は、福建の港、福州を攻撃して福建海軍を壊滅させ、台湾の基隆を占領した。清軍はこれに対抗してフランスに宣戦し、一八八四年末に清仏戦争が勃発した」

「清軍は攻勢に転じたが、戦争が長期化すると、国内情勢が悪化し、朝鮮半島における日本との争いをも考慮した李鴻章は、とことん戦うことを回避し、一八八五年の天津条約でベトナムの宗主権を放棄した」

こうして、フランスは八七年に、ベトナムをコーチシナ・アンナン・トンキンに三分割した上で、カンボジアと併合し、仏領インドシナ連邦を形成して清国の冊封体制からベトナムを離脱させたが、これによって朝鮮は清国にとって最後の冊封国となった。

次々と西欧列強に侵略されるアフリカ

他方、アフリカ社会も、コロンブス以来の奴隷貿易によって徹底的に破壊されていたが、十九世紀に西欧列強が先占の権原を根拠に、インドおよび東南アジアを侵略していくと同時に、アフリカでも植民地獲得競争を激しく繰り広げていくようになった。

一八五九年に、フランスの外交官レセップスの提言によって着工された地中海と紅海を結ぶスエズ運河（全長一七四キロメートル、幅六〇～一〇〇メートル、水深約八メートル）が、十年後に開通すると、それまでアフリカの南端周りに比べて、距離日数が三分の一に短縮できるようになり、ヨーロッパからアジアへの時間と距離は大幅に短縮されるようになった。

このため当初は、スエズ運河の開発にあまり乗り気ではなかったイギリスも、その戦略的な重要性に気づくと、七五年に「エジプト政府の財政難に乗じて、スエズ運河会社におけるエジプトの持株（全体の四四％）をユダヤの金融資本ロスチャイルド銀行からの借款で買収して、運河に対する発言権を確保した」

イギリスは、エジプトの内政にも干渉するようになると、「エジプト人のエジプト」を訴えた最初のエジプトの反英運動である「アラービー＝パッシャ反乱」（一八八一年）が起こったため、これを鎮圧して、エジプトを事実上の支配下に置いた。

一九一四年に、エジプトが正式にイギリスの保護国になると、これが後年に、アフリカに広大な植民地を築く出発点となり、またインドへの通路を確保することで、アジア侵略への道筋をつけることになるのである。

またイギリスは一八八一年に、スーダンで反英イスラム教徒のマフディー派（救世主）による反乱が起こると、これも鎮圧して九九年に全スーダンを占領した。

イギリスは同年に、南アフリカのトランスヴォール共和国で、ダイヤモンド鉱と金鉱が発見されると、ブール人（オランダ植民者と現地人の混血）が建国したトランスヴォールとオレンジ自由国を併合する計画を立てて、両国に侵略戦争（南アフリカ戦争）を行った。

少数で非力なブール人が屈伏すると、イギリスは一九〇二年に、南アフリカを支配下に置き、一九一〇年にケープ植民地などを加えて英領南アフリカ連邦を成立させた。

このように、アフリカ大陸は一八八〇年頃から、イギリスによって植民地化が始まっていったが、フランスも、十九世紀前半に占領した北アフリカの「アルジェリア」を足場に、一八八一年にはチュニジアを保護国とした。さらに南進して広大なサハラ砂漠からコンゴにいたる地域を領有、ジブチ・マダガスカル島との連絡をめざして大陸を東西に横断する横断政策を展開した」

一方、他の列強と比べて、アフリカへの進出が遅れたドイツは一八八四年に、南西アフリカを建設したほかに、アフリカ西部のトーゴランド、カメルーン、東アフリカ（現在のタンザニア・ルワンダ）を獲得した。

こうして、広大なアフリカは二十世紀初頭に、独立国がエチオピアとリベリアのみとなって、ほかの国は、すべて西欧列強に侵略され支配されるのである。

次々と西欧列強に侵略される太平洋地域

太平洋地域には十六〜十七世紀にかけて、スペイン、ポルトガル、オランダが先に進出したが、十九世紀になると、先占の権原を根拠に、今度はアメリカ、イギリス、ドイツ、フランスが進出してくるようになった。

アメリカがどのように太平洋に進出していったかについては既述したので省略するが、アメリカよりも、遅れて太平洋に進出したドイツは一八八〇年以降から、ビスマルク、ソロモン、カロリン、マリアナ、マーシャル、パラオの南洋諸島をスペインから買収した。

一方、十七世紀中頃に、オランダの探検家タスマンが到達したオーストラリアは一七七〇年に、イギリスの探検家クックが探検したことによって、イギリス領となり、一九〇一年にオーストラリア連邦となった。

ニュージーランドも一八四〇年に、イギリス領となり、一九〇七年に自治領となった。またボルネオ北部、ニューギニア南東部がイギリス領となった。

他方、フランスも一九世紀中頃以降に、南太平洋の「タヒチ島などポリネシア東部の諸島やニューカレドニアを獲得した」

イギリスの東南アジア進出を諦めさせたオランダも一七世紀以降、インドネシア、ニューギニア西部、ボルネオ南部を次々と獲得した。オランダは、海外拠点をインドネシアのジャワに置くと、一六〇二年に東インド会社を設立して香料などの貿易で富を獲得した。

こうして、広大な太平洋地域も、二十世紀初頭までに西欧列強によって、次々と侵略され支配されるのである。

コラム②

帝国主義はなぜ生まれてきたのか

このように、十九世紀に入ると、西欧列強による植民地支配が世界中の至る所で、急速に拡大していったわけであるが、特に十九世紀後半（一八七〇年代～九〇年代）から第一次世界大戦（一九一四～一九一七）にかけて、西欧列強が狂ったように植民地の獲得競争に乗り出して、世界分割を行った時代を「帝国主義の時代」と呼ぶ。

先述したように、軽工業を中心にイギリスで始まった第一次産業革命は、やがてヨーロッパを経由して、アメリカへと拡大するようになった。こうした中で、資本主義企業は、より多くの利潤を獲得するために激しい自由競争を展開していったが、より多くの利潤を獲得するには他の企業に負けない優れた生産技術を必要とした。

やがて、重化学工業を中心とする鉄鋼・電気・化学などの分野で、新しい生産技術の体系（第二次産業革命）が生み出されると、「これらの新産業分野には膨大な設備投資が必要であったため、銀行や証券会社などを通じて巨額の資金が集められ、個人資本に代わって株式会社というかたちでの経営がなされるようになった」

さらに自由競争が激化していくと、利益を保護するために次第にカルテル（企業連合）・トラスト（企業合同）・コンツェルン（企業連携）などの形態をとる独占資本が形成された。この独占資本は、多額の設備投資を必要とするため、「少数の巨大な銀行が産業を支配する金融資本が出現」していった。

言うなれば、最初は、単なる金融機関に過ぎなかった銀行が企業への融資を通じて産業界への発言権を強化していくようになり、産業を支配するようになっていったわけである。

やがて金融資本は、これまで豊富な原料と安い労働力を持つ海外の植民地を単なる原料の供給地や製品の市場として見るのではなく、これらの植民地を余剰な資本の投下先として見るようになり、海外の植民地へと積極的に進出するようになっていった。

これを「資本の輸出」と呼ぶが、これは海外の植民地で工場、鉄道、鉱山、農業経営、借款の貸与などの形態で行われるようになった。

このように、西欧列強の企業が強大な軍事力を背景に、相互に争いながら植民地を獲得しながら、海外投資していく資本主義の段階を「帝国主義」と言い、またそういう段階に入った資本主義国の列強を「帝国主義列強」と呼ぶ。

西欧列強の資本主義が帝国主義の段階に入っていくと、先占の権原を根拠に東南アジア、アフリカ、太平洋地域が次々と侵略されていくのであるが、こうした中で、イギリスは、世界で広大な植民地を獲得するようになると、アジアでの他の帝国主義列強の進出を抑えることに躍起になっていくのである。

第二部

東アジア世界の国際秩序を変えた日清戦争

我兵牙山に清兵を打敗る図（楊洲周延／明治27年）

第三章　世界を驚嘆させた日清戦争の真実

第一節　日清戦争はなぜ始まったのか

当時の日本の最大の仮想敵国は大国ロシアだった

ところで、幕末のペリー艦隊の来航が日本の開国と近代化に大きな影響を与えたことは事実であるが、実は、「江戸時代、鎖国をしていた日本が最初に脅威を感じたのは、アメリカでもイギリスでもなく」、ロシアだったのである。

江戸後期の探検家、間宮林蔵が初めて樺太《からふと》の実地踏査を行ったのは文化六（一八〇九）年であったが、それまで樺太は、ユーラシア大陸と分離した島であることが判明していなかった。

既に「寛政二（一七九〇）年には、日本人が樺太南部の大泊に定住するようになり、交易の拠点や漁業基地としての価値が認められつつあった」

文化三（一八〇六）年にはロシア軍艦が大泊を攻撃して、大国ロシアとの緊張状態が続いていた。またロシア船がペリー来航よりも早く、既に十八世紀後半から日本近海に姿を現していたことから、日本は、大国ロシアとも安政元（一八五四）年十二月に「日露和親条約」を締結して、日露国境（千島列島の国境を択捉島と得撫島［ウルップ］の間とし、樺太には国境を画定せずに、従来の慣習のままにする）を定めたが、「文久元（一八六一）年にはロシアの軍艦が対馬を占領しようとした事件」が起こるのである。

このとき、幕府は、イギリスを使って、うまくロシアを退去させたが、その後、入手した情報からアメリカやイギリスには日本を支配する意思はなく、日本の支配を狙っているのは、むしろロシアだとの思いを強くしていった。

明治政府は、明治維新を成し遂げると、幕末以来、ロシアと懸案になっていた樺太問題について交渉を行ったが、このとき、「開拓次官（後、長官）の黒田清隆は、遠隔地の樺太を放棄し、北海道の開拓に専念すべきだと主張した」

そこで、明治政府は明治七（一八七四）年一月十八日に、ロシアとの交渉役として、幕末にオランダに留学して、国際法を学んでいた元幕臣の榎本武揚《たけあき》を任命し、翌年五月七日に樺太全島をロシアに譲渡する代わりに、千島列島全部を日本領とする「樺太・千島交換条約」を締結した。

こうして、明治政府は、長年にわたって懸案だった北方領土問題に終止符を打つと、次に、大国ロシアとからむ朝鮮問題に取り組むのである。

大国ロシアはなぜ朝鮮半島を手に入れようとしたのか

当時の大国ロシアは、世界の六分の一の陸地面積を占めていたが、これは大英帝国に次ぐ、アメリカの二倍という広さであった。ところが、この国土の三分の一は寒冷地で、真冬になると、北の海はほとんど凍結して使い物にならなくなる。

そこでロシアは、温暖な土地と海洋進出の足がかりとして、真冬でも凍ることのない不凍港を求めて、この三百年間に、シベリアからアラスカまで膨張を続けてきたが、その間に、黒海の不凍港を手に入れるために、オスマン帝国のトルコと四回にわたって戦争を繰り返してきた。

英仏は、このロシアの野望を阻止するために、クリミア戦争（一八五三〜五六）でオスマン帝国を助けて参戦し、ロシアを破った。

ロシアは、西への侵攻に失敗すると、次に「シベリアからの南下に切り替えて、清、朝鮮、日本に侵略の魔の手を伸ばしてきた。この方面にはヨーロッパ列強の勢力も伸びておらず、狙い目だった」からである。

ロシアは一八五八年に、第二次アヘン戦争を利用して、清国と「アイグン（愛琿）条約」を結び、黒竜江（アムール河）を国境と定めて黒竜江以北を領有し、松花江（ウスリー川）以東の沿海州を両国の共同管理に置くと、日本と「日露修好通商条約」を結んだ。

二年後に、ロシアは、第二次アヘン戦争で清国と英仏との講和を調停した代償として、清国と「北京条約」を結んで、松江以東を獲得することに成功すると、冬期四カ月もの間、氷結する日本海に面した沿海州南端のウラジオストック（「東方を支配する」の意味）に進出して、そこに海軍基地を建設した。

元々、冬季の間、ロシア極東艦隊は、日本の港で過ごすことが過去の通例であったが、後述の三国干渉以後は、そうもいかず、不凍港を求めていくのである。

こうした情報は一八七〇年代以降、イギリス政府筋およびジャーナリズムでも繰り返し流布され、日本でもロシアの朝鮮進出を警戒する言論が見られたが、現に「ロシア政府内部で朝鮮における港湾の獲得が企てられたこと」は事実であった。

西郷隆盛

西郷隆盛は、「ロシアは満州を取るだけでなく、いずれは朝鮮半島を経て日本に迫りくる」と述べているが、この背景には鎌倉時代に二度にわたって元の襲来があったことから、朝鮮半島が他国に支配されると、日本が外部からの侵略の危険にさらされることを警戒する気持ちがあったことは明らかである。

さらにロシアは一八八八年に、朝鮮侵攻の前段階として、朝鮮と「露韓陸路通商条約」を結んで、朝鮮東北部の一部を租借した。このため明治政府が自然とロシアを最大の仮想敵国とみなすようになっていったのは当然であったろう。
言うなれば、朝鮮問題というのは地政学的に見て、昔も今も日本の安全保障にとって無視できない存在であったことから、「征韓論で行くか遣韓論で行くかにしろ」、日本はロシアの南下を阻止するために、清国とともに朝鮮とも国交を結んで共同防衛の体制を構築する必要があったのである。

朝鮮と同盟を求めた日本

そこで、明治政府は明治元年十二月に、李氏朝鮮（一三九二〜一九一〇）に対して、江戸時代に、朝鮮外交を監督していた対馬藩家老樋口鉄四郎を使節として釜山に派遣し、朝鮮と正常な国交関係を結んで「ともに近代化の道を歩み、同盟国となること」を求めた。

ところが、当時の李氏朝鮮の国王高宗《こうそう》（李太王）の実父で、実権を握っていた興宣大院君《こうせんだいいんくん》（本名は李昰応［りかおう］。「大院君とは国王の父で王位につかなかった者に与えられる称号」）は、日本の国書（「日韓は各々完全なる独立国として平等に交際する」）の受理を拒否した。文面に「皇上《こうじょう》」「奉勅」の文字が使われており、「皇」も「勅」も中国の皇帝のみが使う文字だったことから、朝鮮は、このまま受理すれば朝鮮にまで害が及ぶと判断して、日本からの国書を突き返してきたのである。

興宣大院君

当時の大院君には秀吉の朝鮮侵攻（文禄・慶長の役）に対する恐怖感や復古的な強権政治を目指していたこともあって、開国して近代化を図る日本を洋化した「仮洋夷」とみなし、排日・侮日の声をあげる始末であった。

このときの状況について、当時の米紙『ニューヨーク・タイムズ』が「日本人が話し合いを持とうとした試みを、朝鮮人が非友好的な横柄さであしらった結果、両国の関係は日々険悪となった」と記述しているように、それでも日本が粘り強く交渉を進めても、朝鮮は相変わらず国交を結ぼうとはしなかったのである。では、朝鮮は、なぜ日本と国交を結ぼうとはしなかったのだろうか。

朝鮮という国は、大国の清国と国境を接していることから、中華帝国を中心に東アジア世界に形成されている冊封体制（中国が周辺諸国を従えるために、中国が形式的に宗主国として君主関係を結ぶことで、形成されたアジア的国際関係）の中に組み込まれ、日本と同様に鎖国体制をとっていたからである。

江華島事件の勃発

明治政府は明治三（一八七〇）年に、朝鮮政府に対して、五回も使者を派遣して開国を要求したが、朝鮮政府は、これを無視した。

ところが、朝鮮は、これまで見くびっていた小国の日本が「台湾出兵」（明治四年十二月に、台湾南部に漂着した琉球宮古島島民六十六人のうち、五十四人が殺害される事件が起こると、明治政府は、この事件に誠実に対応しない清国政府に怒って、明治七年五月に琉球の島民保護を目的に台湾に出兵し、翌月に台湾南部を占領した事件）を行って、清国に賠償金と日本への琉球帰属を認めさせたことに驚くと、明治七年八月に、ようやく日本が出した国書を検討したいと言ってきた。

明治政府は、翌年二月から外務参事官二名を王都漢城（現在のソウル）に派遣して交渉を開始したが、「日本側が洋式大礼服を着用したことに対して、朝鮮側は江戸時代以来の礼服着用」を求めてきたため、日本側は「内政干渉であり、侮辱である」と書面を侍従に投げつけて交渉を中止した。

明治政府は九月二十日に、沿海測量を行うために朝鮮近海に小型砲艦「雲揚《うんよう》」を派遣した。「雲揚」の小型ボートが清水を求めて、江華島《こうかとう》に向かったとき、朝鮮側は江華島砲台から発砲してきた。直ちに「雲揚」は、「江華島砲台を撃破し、さらに永宗島の要塞を占領するために陸戦隊を上陸させ、朝鮮軍を撃破した」

これを「江華島事件」と呼ぶが、鹿児島で、このことを聞いた西郷は、「天理に於いてまさに恥ずべきだと烈火のごとく怒り、日本の対面を汚す行為だ」と慨嘆したと言われている。

通説によれば、「日本側が周到に計画した挑発行為といわれていたが、最近の研究では、あったとしても艦長井上良馨《よしか》と海軍大輔川村純義のあいだの黙契《もっけい》程度であり、政府全体の陰謀として計画されたもの」ではなかったのである。

確かに、この事件は、偶発的に起こったとはいえ、西郷が慨嘆したように、ペリー提督が日本を脅して開国させた砲艦外交に似ていたかもしれないが、もし本気で砲艦外交を行うとするなら、たった一隻ではなく、ペリー提督のように多くの軍艦を派遣して武力で圧力をかけたことは間違いないだろう。

「いずれにせよ日本側としては、朝鮮とのあいだに、遅かれ早かれ、何かの機会をとらえて、懸案の課題を解決しなければならない情勢であった」ことから、この責任を追及するため、翌年二月十日に軍艦六隻とともに、全権大使の黒田清隆と副使の井上馨《かおる》を派遣して、賠償金とともに、「日朝修交条規」(「江華条約」)の締結を要求し、ようやく朝鮮を開国させることに成功するのである。

しかし、この条約の第一条に「朝鮮は自主の邦《くに》にして日本国と平等の権利を保有す」という明文を記述して、朝鮮が清国の属国ではないことを強調していたことから、日本の目的は、まず朝鮮を清国から干渉されない自主独立の国(主権国家)にすることにあったことは明らかである。

では、日本は、なぜ朝鮮を清国から干渉されない自主独立の国にする必要があったのだろうか。それは、朝鮮が十七世紀に、中国の東北地方の満州族が中国全土を支配していた明国を滅ぼして建国した清国の属国になっていたことにある。このため清国は、朝鮮を独立国とは認めず、どこまでも清国の属国として扱っていたのである。

ロシアは一八六〇年に、第二次アヘン戦争の講和を調停した見返りに、沿海州のウラジオストックに進出して海軍基地を作り、朝鮮半島への進出をもくろんでいたことから、今、朝鮮半島に、どのような危機が迫っているのかを朝鮮の人たちに理解してもらい、日本のように近代化と富国強兵を推し進めなければ、やがてロシアの餌食になることは目に見えていたわけである。そうなれば、日本の独立も危うくなることから、これを契機に日本は朝鮮を説得して開国を迫ることにした。

朝鮮半島をロシアの侵略から守った日朝修好条規

ところで、先述した安政の五カ国条約は、「列強のある一国による東アジアの植民地化政策を防止する相互監視機能を併せ持った」ものになったわけであるが、このシステムのメリットをうまく利用したのが、「日朝修好条規」(「江華条約」)だったのである。

例えば、イギリス公使のパークスが朝鮮の安全保障の問題について

「朝鮮の安全は、外国全体との関係に入ることにかかっている。どれか一国との紛争のさいに、朝鮮は多大の関心をもってみられ、それが朝鮮の最善の保護となるであろう」

と述べているように、日本と朝鮮との条約の締結は、西欧列強にとっても「ロシアの南下・朝鮮の植民地化を阻止するという意味において非常に重要であった」

なぜなら「ロシア以外の列強にとって、朝鮮の開国は、ロシアに対抗する外交的手段を得たという効果があった」からである。「つまりこの条約は、朝鮮を万国公法上の国家として承認することにより、ロシアの侵出を牽制する役割を果たした」のである。

この日朝修好条規は、第一条で両国の平等な関係を謳《うた》いながら、「釜山など三港の開港、日本の領事裁判権の承認、付属の通商章程による無関税特権を獲得するなど」、朝鮮側にとって不利な条約であったことは確かであるが、これによって国際法上、朝鮮が日本との不平等条約を改正する場合には日本のように自国を近代国家（文明国）に変えなければならなくなってくるのである。つまり、日本が近代化によって、帝国主義列強との不平等条約を改正する努力をしたように朝鮮を同じ立場に追い込むことによって朝鮮を近代化させたいという思惑があったことは自明であろう。

ところが、この日朝修好条規によって、朝鮮を清国から独立させたにもかかわらず、清国は「米朝条約」の締結のときに、「朝鮮は清の属邦である」と明記させ、またイギリスやドイツとの修好条約の交渉でも、清国の指導のもとで行わせたのである。

さらに、清国は明治十五（一八八二）年十月に、朝鮮に対して「この水陸貿易章程は、中国が属国を優待する意から特に行うものである」という前文を明記した「朝清商民水陸貿易章程」（全八条）を結ばせ、朝鮮が華夷秩序から離脱することを絶対に認めなかったのである。

また清国は、この条約の第五条（「新たに鴨緑江《おうりよくこう》対岸の柵門《さくもん》と義州、図們江《ずぼんこう》（豆満江）対岸の琿春《ぐんしゅん》と会寧《かいねい》で両国民が随時往来できる交易を設ける」）を踏まえて、さらに「奉天与朝鮮辺民交易章程」（一八八三年）と「吉林商民随時貿易章程」（一八八四年）を朝鮮と締結した。

当時、横浜で発行されていた英紙『ジャパン・メール』の社長ブリンクリーは、「清朝の、朝鮮に対しての気まぐれな態度――宗主国の権利を存分に行使しながらことごとく義務を回避する――が、日清戦争のおおよその原因だと見ていた。

彼によれば、日本は朝鮮の独立を認め、それを前提に清国と条約を結んだにもかかわらず、清朝は頭から無視して、逆に宗属関係を強化するような動きに出る。それは清朝が、日本人が西洋の文物を取り入れ、東洋の伝統に背いたことに憤慨したというより以上に、自らの優越性という中華思想の絶対的信仰から、条約の遵守の義務を自覚していなかったからだという」

ここにおいて、朝鮮を清国に従属させている朝貢・冊封体制を崩壊させなければ、朝鮮の完全な独立を実現することはできないことが明確になったわけであるが、後述するように、当時の日本軍は、清国と比べて装備が貧弱だったことから、清国と戦争をしても勝つ見込みはなかったのである。

壬午軍乱の発生

日朝修好条規の締結後、朝鮮国内では日本へ使節・留学生・視察団などを派遣し、「日本から教官を招聘して新式軍を興し、軍の近代化など」を推進しようとする開化派（急進的改革派）の独立党や日本と連携して、独立国家を目指そうとする閔氏《びんし》派（国王高宗の王妃・閔妃《びんひ》の一族）の二つの派が出て来た。

閔氏派と独立党は、明治維新を模範に近代化を推進し、陸軍少尉の堀本礼蔵を軍事顧問に迎えて新しく軍隊を創設したが、これに反発した排外主義の大院君は明治十五（一八八二）年七月に、旧守派の「事大党」を煽動して、閔氏派の要人、日本の軍事教官、日本公使館員十数名を殺害し、日本大使館を焼き打ちする事件を起こした。

大院君の軍隊は、閔氏派の新式軍隊から差別され、「また財政難から軍隊への給与米の遅配、支給されても砂やぬかが混ざっている有様に、兵士の不満が爆発した」からである。

これを「壬午軍乱《じんご》」と呼ぶが、当時、駐朝公使だった袁世凱《えんせいがい》は、このクーデターを天津で知った金允植《きんいんしょく》と魚允中《ぎょいんちゅう》の要請で朝鮮に出兵させて反乱を鎮圧すると、大院君を清国の保定に幽閉した。

事件後、日朝間で「済物浦条約《さいもつほ》」が締結され、賠償金の支払いや日本公使館の守備兵駐留を取り決めたが、その後、約三千人の清軍が朝鮮に駐屯して、閔氏派政権を援助し、朝鮮に対する宗主権を強めた。

ところが、日本の敗北を見た閔氏派政権は、これまでの開化主義を棄てて親清派への転向を図り、清国に従属しながら、近代化を推進する意思を固めるようになった。

このため日本の明治維新を模範に清国からの独立を目指した金玉均《きんぎょくきん》らの独立党は、窮地に追い込まれることになった。

甲申政変の発生

明治十七（一八八四）年に勃発した清仏戦争の影響で、朝鮮に駐留していた清軍の半数（約一五〇〇人）が本国へ移動すると、独立党は同年十二月十四日に、日本公使竹添進一の指揮する日本軍二〇〇人の保護の下に、王宮を占拠、国王高宗を保護して新政権を樹立し、事大党を倒したが、清軍の介入によって失敗した。

これを「甲申《こうしん》政変」と呼ぶが、まだ清国と戦うだけの国力がなかった日本は、清国との武力衝突を避けるために援軍を派遣しなかったことから、今度は、親清派に転じた閔氏派政権が誕生した。

これによって、日本は朝鮮半島での影響力を急激に失うことになり、金玉均ら親日派の独立党のリーダーたちは日本への亡命を余儀なくされたが、その親族たちは逮捕されて殺害された。

天津条約の締結

日本は翌年四月に、清国と甲申政変の事後処理を行うために、ひとまず伊藤博文を清国に派遣して李鴻章と交渉させ、「天津条約」を締結した。

この条約には「日清両軍の朝鮮半島からの撤退と出兵の際の相互事前通告」という文言が明記されたことから、日本は、清軍を朝鮮から撤退させることに成功すると、将来の清国との戦争に備えて軍備を増強していくのである。

東学党の乱の発生

甲申政変が失敗に終わると、閔氏派政権は、そのまま政権の座に居すわることになったが、改革が遅れたため農民は重税に苦しんでいた。やがて明治二十七年（一八九四）三月二十九日に、朝鮮半島南部の全羅道《ぜんらどう》で不正官僚の糾弾や減税を唱える農民たちによる反政府暴動が起こった。

この反政府暴動は、キリスト教の「西学」に対して、在来の民間信仰をもとに儒教・仏教・道教の三教を混合して設立された土着の宗教団体「東学党」が大きな役割を果たしたことから、日本では「東学党の乱」（甲午《こうご》農民戦争）と呼ばれていたが、やがて、この東学党の乱は全国に拡大して、五月には政府軍を打ち破るのである。

前出の袁世凱は五月三十一日に、閔氏派政権に圧力をかけて、反乱を鎮圧するように清国に出兵を要請させた。李鴻章は六月六日に、天津条約の第三条（「日清双方は朝鮮に軍隊を派遣するときは知らせる」）に基づいて、日本に対して鎮圧部隊の派兵を通告した。

一方、清国の出兵を知った日本は、朝鮮を清国の属邦とは認めないと抗議したが、李鴻章は六月九日に、朝鮮の内乱を自国の支配力強化に結びつけるために、農民軍に占領された全州に近い牙山《がざん》に清軍九〇〇人を上陸させた。

これに対して、日本も七日に、前出の済物浦条約と天津条約に基づいて、在留邦人と公使館の保護を名目に出兵することを清国に通告した。このまま清軍の駐留を許せば、朝鮮は清国の支配圏に完全に組み込まれることになるからである。

清国兼朝鮮公使の大鳥《おおとり》圭介が十日に、海軍陸戦隊、広島第五師団の混成第九旅団（大島義昌少将）、軍艦九隻とともに、朝鮮半島西部の仁川に到着すると、清軍は農民軍の鎮圧のために牙山に上陸する一方で、日本軍は十二日に漢城に入城した。

日本軍の出兵に驚いた朝鮮政府と東学党は十一日に、日清両軍の撤収を目的に和睦を結んだため、朝鮮に出兵した日清両軍は引くに引けず、にらみあいの状態になった。

朝鮮王宮の占領

こうして、東学党の乱の幕引きで駐留の口実を失った日本は、清国になんとか勝てる見込みが出てきたことから、六月二日の閣議で朝鮮出兵を決定するとともに、帝国主義列強が調停という名目で対清開戦に干渉するのを阻止するために全力をあげた。

第二次伊藤内閣の外相陸奥《むつ》宗光は十五日に、帝国主義列強に対して、清国と戦う大義名分を明確にするために、伊藤首相の案（「日清両国が常設委員会を設けて朝鮮の内政改革を行う」）に対して、二つの項目（「その結果を見るまでは撤退せず」「清国がこれに賛同しない場合は、日本独自で内政改革に取り組む」）を追加して閣議で決定した。

日本は大鳥公使を通じて、この提案を清国に通告したが、清国は朝鮮への内政干渉を理由に拒否してきた。

そこで、陸奥外相は七月十九日に、清軍が朝鮮の「保護属邦」を名目に牙山に進駐しているのは、朝鮮の自主独立の侵害であるという理由で撤退を要求し、回答期限を二十二日までとした。だが、期限までに回答が得られなかったことから、大島公使は翌日未明に、一個旅団とともに、朝鮮王宮を襲撃して占領し、朝鮮軍を武装解除させた。

さらに大鳥公使は、親清派の閔氏派を一掃すると、幽囚されていた大院君を執政にすえて親日派政権を樹立し、大院君に対して国王高宗、大鳥を含めた三者会談で内政改革に取り組むことを約束させた。
明治政府は二十五日に、朝鮮政府の最高顧問となった大鳥に対して、朝鮮駐在の清国代理交渉通商時宜・唐紹儀に対して、前出の「朝清商民水陸貿易章程」、「奉天与朝鮮辺民交易章程」、「吉林与朝鮮商民随時貿易章程」の規約を朝鮮の督弁交渉通商事務・趙秉稷《ちょうへいしょく》に破棄させ、「宗主関係を断ち切り、朝鮮の完全な独立を宣言させた。その上、牙山からの清兵駆逐の要請文を大鳥に出させて、日清開戦の理由とした」のである。

ところで、通説によれば、日本が清国との開戦に踏み切った理由は、朝鮮の内政改革に対する提案を清国が拒否するのを見越した上で、清国に提案を行い、清国を挑発して開戦の口実を作り、『日清開戦を阻止しようとするロシア・イギリスなどの「干渉」を切り抜けて対清開戦を可能ならしめる国際環境を作り出すこと』に外交指導が向けられ、その結果、「日本は当初の意図どおり戦争を引き起こした」というものである。

しかし、伊藤首相は明治二十八年九月二十六日に、駐日イギリス公使アーネスト・サトウの見解（「シベリア鉄道完成以前にロシアの朝鮮南下をあらかじめ阻止することが対清開戦の目的であった」）を次のように強く否定している。

「日本の朝鮮出兵の目的は東学党反乱鎮圧のためであり、次いで朝鮮内政改革を行うことにあった。日本は朝鮮内政改革に関して清国に日本と対等な形で参加することを求めたが不幸にして日本の種々の努力は成功せず、清が共同改革を拒否した結果戦争となったのである。……いずれにせよ、清政府が日清共同朝鮮内政改革という日本提案を容れていたならば日本は撤兵していたであろうし戦争も起こらなかったであろう」

言うなれば、日本は、清国に対して誠実に朝鮮の内政改革を共同して行うことを提案したが、清国は明治十七年に、清仏戦争に敗れると、朝鮮が最後の冊封国となったことで、朝鮮問題に積極的に干渉するようになったことから、日本の提案を拒否してきたため、やむなく開戦に踏み切ったということである。

朝鮮の近代改革の成果

大院君が日本の後押しで政治の実権を握ったことで、後述するように「改革派で親日派である金弘集《きんこうしゅう》内閣が成立して様々な近代改革が行われることとなった（甲午改革）。政変で排除された閔妃派などの頑強な抵抗で、改革はいくつもの壁にぶつかったが、それでも朝鮮国内の状況は大きく変わっていく」のである。

一八九四年一月から九七年三月にかけて、朝鮮を四度にわたって旅行したイギリスの女性旅行作家イザベラ・バードは、その著書で、次のように日本による朝鮮の近代改革を高く評価している。

「(日本が日清戦争を戦った目的がどこにあるかは）日本がたいへんなエネルギーをもって改革事業に取りかかったこと、そして新体制を導入すべく日本が主張した提案は特権と大権の核心に切りこんで身分社会に大変革を起こし、国王の地位を『給料をもらうロボット』に落ちぶれさせたものの、日本がなみなみならぬ能力を発揮して編《あ》みだした要求は、簡単で自然な行政改革の体裁を示していたことを指摘すればこと足りる。わたしは日本が徹頭徹尾誠意をもって奮闘したと信じる」

「朝鮮国内は全土が官僚主義に色濃く染まっている。官僚主義の悪弊がおびただしくはびこっているばかりでなく、政府の機構全体が悪習そのもの、底もなければ汀《みぎわ》もない腐敗の海、略奪の機関で、あらゆる勤勉の芽という芽をつぶしてしまう。職位や賞罰は商品同様に売買され、政府が急速に衰退しても、被支配者を食いものにする権利だけは存続するのである。……日本は朝鮮式機構の複雑多岐にわたる悪弊と取り組み、是正しようとした。現在行われている改革の基本路線は日本が朝鮮に与えたのである。日本人が朝鮮の政治形態を日本のそれに同化させることを念頭に置いていたのは当然であり、それはとがめられるべきことではない」

朝鮮の永世中立化を構想した明治政府

先述した壬午軍乱を契機に、当時の「明治政府が朝鮮永世中立化構想を抱き、その実現に向けて着実な外交」を展開していたことは、意外にも知られていない。

実は、軍乱後の十月に、明治政府（第二次伊藤内閣）は、「東京駐在欧米列国公使に朝鮮永世中立化とその共同保障を打診し、続いて同年十二月駐清公使榎本武揚を通じて駐清アメリカ公使ヤング（John R. Young）に改めて、イギリス・ドイツ・ロシア・フランス・アメリカそして日本が朝鮮の独立と中立とをベルギーに倣って保障すべく東京で国際会議を開催したい旨」を伝えているのである。

その理由は、まず「日本にとっては第三国が朝鮮を対日攻撃拠点とすることを防ぐことができる。朝鮮は清の支配から脱して自国の存続可能性を大幅に高めることができる。それによって朝鮮をめぐる国際権力闘争を緩和させて相対的に安定した国際環境の下で朝鮮民族の将来を主体的に決定していく余裕を提供する。

そして清にとって朝鮮に保護を与える共同保障国の一員に位置することで自尊心を満足させることができ、清の安全保障上も極めて大きな利益を得ることができる」というもので、これによって、日本・清国・朝鮮がそれぞれの国益を保証しあうことができるからである。

この発想の背景には「朝鮮を開国させ国際法秩序に編入することが朝鮮をめぐる勢力均衡原則を発動させることとなり、こうして朝鮮の存続可能性を高めることが日本の独立確保にとって不可欠である」という考えがあったことは間違いないだろう。

では、なぜ明治政府は、このような発想の下で「朝鮮永世中立論」を構想したのだろうか。それは、明治政府が十九世紀後半から起こった世界的な帝国主義体制の成立をコロンブス以来行われてきた西洋列強による植民地獲得競争の再燃化として捉え、また「朝鮮は日清間の争点のみならず欧米列強も含めた国際的競合の焦点となりつつあった」からである。

このような国際情勢の分析から、明治政府は、「朝鮮を永世中立化することによって、列国の朝鮮侵略並びに日清対立を予防し以て安定的な東アジア国際秩序の形成を図ろうとしたのである」が、この根底には特にロシアの脅威が第一にあったことは確かであろう。

この朝鮮永世中立化の保障の核を日清両国で担おうと考えた明治政府は明治十六(一八八三)年八月に、駐日清公使黎庶昌《れいしょしょう》に対して、「日本側は朝鮮をスイス・ベルギーに倣って永世中立国とし日清或いはアメリカも加えて共同保護を行うという構想」を示していた。

ところが、「黎公使は提議内容を評価しつつも日清間では琉球問題が未解決の懸案として存在しており本件の解決をみない限り朝鮮永世中立化をめぐる日清協議は不可能であるという姿勢」を示し、その解決策として「日清両属の旧態にあった琉球王国を復した上でこれと朝鮮とを一括して共同保護するという意見」を提起してきた。

明治政府は明治七(一八七四)年五月に起こった「台湾出兵」を契機に、清国と「日清互換条約」を結んで、清国に琉球を日本領とすることを認めさせた(琉球処分)。

だが、国際法秩序の観点に立つ明治政府にとって、琉球処分とは国境線を画定することであり、琉球王国を復活させることは、自国領土の放棄を意味することになる。このことは「極めて深刻な外交上の禍根を招来する危険性があり、八十年合意の決裂以降は黎公使が示すような案は最早容認しがたい事柄であった」のである。

このような事情によって、明治政府が実現を模索してきた朝鮮永世中立化構想は、頓挫してしまったわけであるが、こうした歴史的観点に立てば、「殊更に日本の朝鮮侵略の脅威を言いたてて清の朝鮮支配と抑圧を正当化する類の論は歴史研究」としては意味のないものであろう。

清国との開戦を決定した大本営

こうした中で、陸軍は明治二十七年六月五日に、いち早く参謀本部内に大本営を設置して開戦準備を整えていた。七月十七日に宮中で第一回大本営会議が開催され、帝国海軍は、常備艦隊二十三隻（松島・橋立・厳島・千代田・扶桑・比叡・吉野・浪速《なにわ》・秋津洲《あきつしま》・高千穂・八重山・筑紫・磐城・天城・愛宕・麻耶・鳥海、水雷艇六隻）と、警備艦隊から改称した西海艦隊八隻（金剛・大和・武蔵・天龍・葛城・赤城・大島・高雄）を統合して、連合艦隊を編制した。

そして、連合艦隊司令長官には常備艦隊司令長官の伊東祐亨《すけゆき》中将が兼任することになった。

また常備艦隊と西海艦隊の他に、軍港警備艦二十四隻（筑波・満珠・干珠・鳳翔・館山・海門、水雷艇十八隻）があり、その数は常備艦隊、西海艦隊および軍港警備艦を合わせて、五十五隻（軍艦三十一隻、水雷艇二十四隻）であった。

伊東祐亨

後述するように、明治政府がその出発に当たって、最初に保有した艦船は、わずか十四隻であったが、その後、日本は、二十年余りでアジアにおいて清国に次ぐ海軍国を建設した。「明治二十七年夏、艦籍にあった軍艦の中で三分の一は老朽艦であった」が、ともあれ、二十五隻の軍艦と六隻の水雷艇によって、「帝国海軍の名誉を掲げる」連合艦隊がここに誕生したのである。

清国との開戦を決定した十九日に、大本営は、陸軍参謀次長川上操六中将が清国内に張りめぐらしていた情報網から機密情報（清国海軍の主力北洋艦隊が牙山に駐留する軍団へ兵站輸送する）が入ると、清国海軍の補給を阻止するために、連合艦隊二十三隻を朝鮮半島の牙山に向けて出動させることを決定した。

では、日本は、どのようにして東アジア最強の清国と戦って勝利を収めたのだろうか。

次に、日清戦争の勃発から「日清講和条約」の締結までの流れを時系列で見ていこう。

第二節　日清戦争はどのように戦われたのか

豊島沖の海戦

第九混成旅団が朝鮮王宮を占領した七月二十三日に、坪井航三少将の率いる第一遊撃隊（防護巡洋艦吉野・浪速・秋津洲）は、牙山方面の清軍の増援を阻止するために九州・佐世保軍港から出港すると、単縦陣（タテ一列）となって、牙山沖の豊島《ほうとう》へと向かった。連合艦隊の中でも、砲数三四門と速力二二・五ノットを誇る第一遊撃隊の高速艦「吉野」は二十五日午前六時半に、朝鮮半島西岸の泰安半島の北端に近い位置の浅瀬で清国海軍の北洋艦隊（司令官丁汝昌《ていじょしょう》提督）の巡洋艦「済遠《さいえん》」と巡洋艇「広乙《こうおつ》」に遭遇すると、済遠に向かって先制攻撃を仕掛け、戦闘状態に入った（済遠の方から先に発砲したという説もある）。

これが「豊島沖の海戦」と呼ばれるもので、日本が国運を賭けた日清戦争の第一戦は、ここから本格的に始まっていくのである。

丁汝昌

二十分後、他の二隻も相次いで砲撃を開始したため、済遠の艦長方伯謙《ほうはくけん》が艦橋や煙突を破壊されて白旗を掲げたことから、日本側は、これを降伏と判断して砲撃を中止した。

ところが、砲撃が止《や》むと、済遠は、そのまま降伏を偽装して巧妙に逃走を続けたため、なんとか山東半島の威海衛湾《いかいえいわん》にうまく逃げのびたが、広乙は海岸で座礁して降伏した。

坪井少将は、宣戦布告前に巡洋艦済遠に対して、先制攻撃を行ったため、清国側は抗議してきたが、国際公法学の権威で陸軍大学校国際法講師の有賀長雄《あるが》博士が、その著書で、

「今日一般に是認せらるる所の学説に拠《よ》れば交戦は必ずしも一方又は双方の宣告を以て始まるに非《あら》ず、而《そ》して日清戦争は開戦の宣告なくして始まりたる交戦の実例として国際法の教科書に列挙する所に更に一例を加ふるものなり」(『日清戦役国際公法論』陸軍大学校)

と述べているように、当時の戦時国際法(ジュネーブ条約)では宣戦布告前の先制攻撃を禁止していなかったため何の問題もなかったのである。ちなみに、戦争開始前に、事前に相手国に通告することが決められたのは、一九〇七年に改定された「ハーグ条約」(一八九九年採択)からである。

このように日本軍は、日清戦争で最初に外国の艦隊と近代的な海戦を行ったわけであるが、「歴史上、海戦から戦争が開始されたケースは珍しい」と言われている。

日本軍が清軍に先制攻撃を掛ける前に、清軍が「朝鮮の全羅道《ぜんらどう》に進駐し、鴨緑江を渡河していた」ように、通常の戦争は、陸軍による国境突破から開始されるからである。

ところが、この緒戦の第一日目には、もう一つ別の大事件が豊島沖で起こるのである。

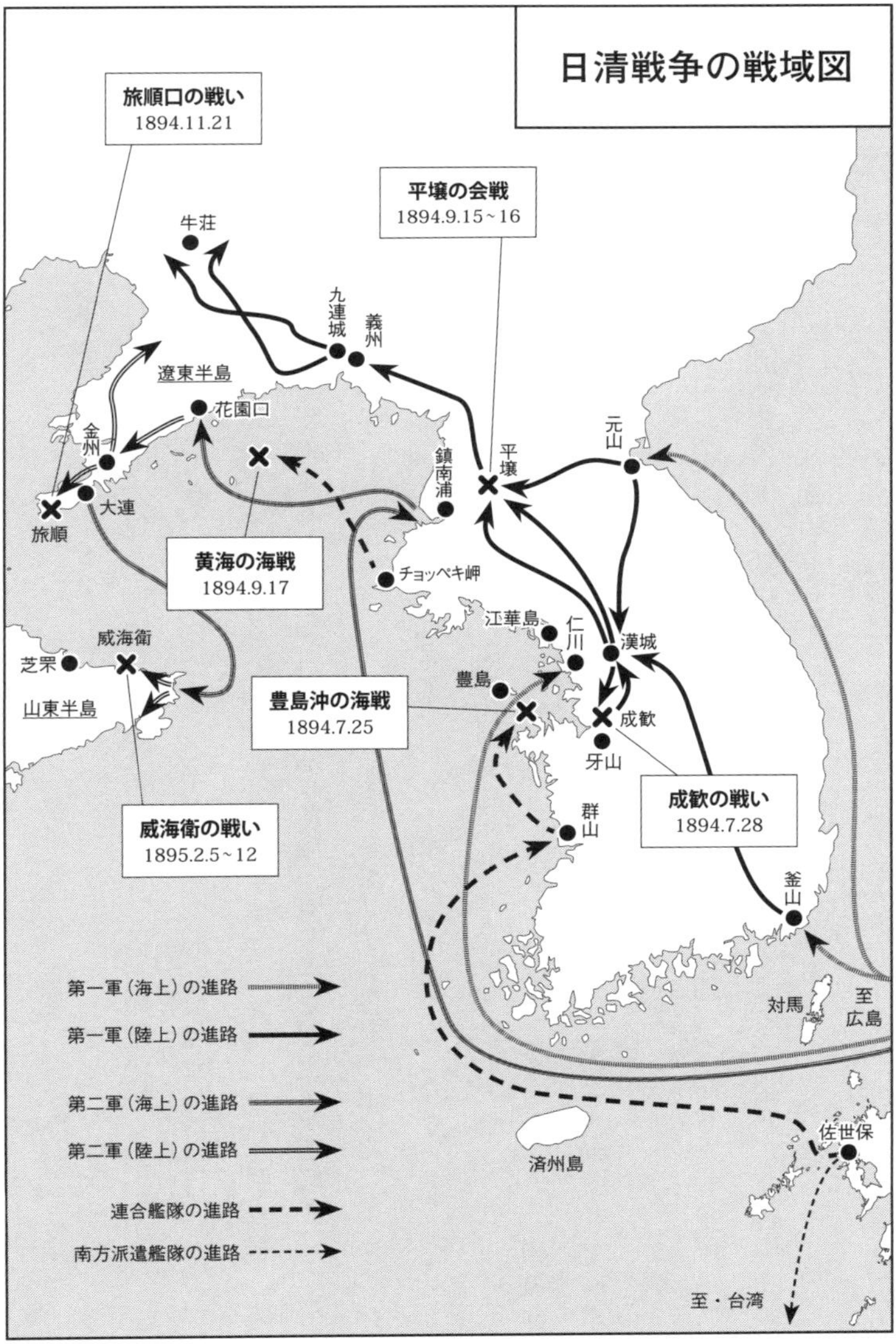
日清戦争の戦域図
旅順口の戦い
1894.11.21
平壌の会戦
1894.9.15~16
牛荘
九連城
義州
遼東半島
花園口
金州
大連
旅順
鎮南浦
平壌
元山
黄海の海戦
1894.9.17
チョッペキ岬
江華島
仁川
漢城
威海衛
芝罘
山東半島
豊島
豊島沖の海戦
1894.7.25
成歓
牙山
群山
威海衛の戦い
1895.2.5~12
成歓の戦い
1894.7.28
釜山
対馬
至広島
第一軍（海上）の進路
第一軍（陸上）の進路
第二軍（海上）の進路
第二軍（陸上）の進路
連合艦隊の進路
南方派遣艦隊の進路
済州島
佐世保
至・台湾

イギリス商船撃沈事件

巡洋艦「浪速」艦長東郷平八郎大佐（後に連合艦隊司令長官）は、開戦が始まってから、二時間後に開戦を知らずに航行してきた砲艦「操江《そうこう》」とイギリス商船「高陞号《こうしょう》」を発見した。東郷艦長が双眼鏡で高陞号を眺めると、甲板には清兵がぎっしりと乗っているのが見えた。そのことを坪井司令官に信号で報告すると、「浪速ハソノ船ヲ臨検セヨ」との命令が東郷艦長にきた。

そこで、東郷艦長は、高陞号に停船を命じて、分隊長の人見大尉に臨検させると、一一〇〇人の清国陸軍の将兵、大砲十四門および弾薬を積んで、仁川に輸送中だったことが判明した。つまり、船はイギリス船だが、積んでいるのは清軍の兵士と武器というわけである。

高陞号が輸送中の部隊は、日本軍との戦いに備えて成歓や牙山に駐留している清軍の部隊を応援するための増援部隊である。もしイギリス船であることを理由に、このまま黙認して清軍の部隊を上陸させたら、どれだけ日本軍が損害を受けるか分からない。

東郷平八郎

そこで東郷艦長は、信号を掲げて高陞号に随行を命じた。イギリス人の船長ウォルズウェーも、浪速に随行するように清軍の指揮官を説得したが、先方は、これを拒否してきた。

このため東郷艦長は、やむを得ず、赤旗（生命危険信号）を掲げて攻撃開始を警告した上で、射程九〇〇メートルから右舷魚雷一本と右舷の八〇年式六インチ砲を発射した。

初弾が高陞号の機関室に命中すると、やがて船は黒い煙を吐きながら船尾から沈没して、操江は日本側に拿捕された。このとき、東郷艦長は、ボートを下ろして波間に漂う高陞号の船長らを救助させたのである。

国際法を遵守した東郷艦長

東郷艦長は明治四（一八七一）年から同十一（一八七八）年にかけて、七年間、明治政府の見習い士官として、イギリスに留学し、商船ウォースター号で訓練を受けながら、商船学校で「戦時国際法」と海商法をしっかりと学んだ第一人者であった。

このため東郷艦長は、当時の戦時国際法では交戦国の軍艦が「いかなる船籍の商船に対しても、公海上なら、停戦を命じ、臨検をおこない、交戦相手国が保有する、あるいは相手国向けの戦時禁制品を没収し、乗組員を拘束することができる。従わない場合は、船体を撃沈することも」許されていることを知っていた。

やがて、この事件がイギリスに伝わると、イギリスの世論は、ごうごうと沸き立ち、外相キンバレー伯爵は青木公使を招いて、「貴国海軍将校の行動によって生じたイギリス国民の生命財産の損害に対しては貴国政府において当然賠償の責に任ずべき」という警告を発すると同時に、東洋艦隊司令長官フリーマントル中将に命じて、伊東長官に厳重な抗議を申し入れてきた。

折しも、この事件は七月十六日に、陸奥宗光外相が大国ロシアの南下政策に危機感を抱いたイギリスと「日英条約」の改正交渉を済ませ、新たに領事裁判権撤廃の条項を含んだ「日英通商航海条約」を締結させた後だったことは幸いであったが、この事件に驚いたのはイギリスだけではなかった。

日本の朝野(世間)も『「至急浪速に回航を命じて艦長を軍法会議にかけよ」とか、「没分暁漢《ぼつぶんぎょうかん》の艦長を罷免すべし」とかいう声が巷に湧き起こった。気の早い新聞は、即時陳謝賠償の手続を論じた』

イギリスの新聞も猛烈に抗議をしてきたため、伊藤首相は陸奥宗光外相に調査を命じたが、世界中の人々も、極東の三等国、日本が世界の一等国、イギリスに挑戦したので驚愕した。

この知らせを聞いた他の北洋艦隊の艦長たちも、この事件によって、イギリスは日本を敵視し、清国の味方をするだろうと喜んだが、丁提督の片腕だった鎮遠の艦長林泰曹《りんたいそう》提督は、丁提督に対して次のように忠告した。

「東郷のしたことは正しい。私が東郷の立場にあったとしても、同じことをしたでしょう。今はイギリス国民は興奮していますが、もともと冷静な国民だから、次第に落ち着いて、問題は、これ以上大きくなりますまい。こんなことで艦長連中が大騒ぎして喜んでいるのは見苦しいことです」

さすがは丁提督の片腕である。将来、北洋艦隊を背負って立つ男と呼ばれるだけのことはある。林提督が言ったとおり、イギリスの国際法学の大家ジョン・ウェストレーキとトーマス・アースキン・ホランド両博士が八月三日付と七日付の英紙『タイムス』に、おおむね次のような論説を寄稿して、東郷艦長のとった処置が戦時国際法に適したもので、少しも難点がないことを論証し、イギリスの言論界に大きな警告を与えたからである。

「戦争は国交の断絶や宣戦布告の有無によって決定づけられるものではなく、両国の武力が衝突して交戦状態に入った瞬間に成立するものである。しかして宣告なしにこれを始めても少しも違法ではない。このことは英国および米国の法廷にて幾度となく確定せられたところである。

高陞号の場合、すでに両国艦隊は砲火を交えていたのだから戦争は成立したと見るべきで、戦争になった以上、戦闘区域にて交戦国の艦長が相手交戦国に利用された船に停船を命じ、これを臨検し、兵員、武器があることを確認すれば随行を命ずるのは当然であり、その命令を拒む以上、敵対するものとして撃沈してもまたやむをえないことである。

かりに高陞号の船員が戦争開始を知らなかったとしても日本士官が臨検にきた時にはそれを知ったと見なさなければならない。このときその船が第三国国旗を掲げていたとしても、それは問題にはならない。

日本軍艦より捕獲の目的をもって高陞号に兵員を移乗さすことは不可能だったので、その艦長は随行を命じた。高陞号には日本軍攻撃のための兵員が乗っていたのだから日本人が、その目的地に到達するのを妨げたのは正当な処置である。

……したがって高陞号事件に関しては、日本政府は決して英国に陳謝する義務は有しないし、また船主および溺死せる欧人の遺族は日本に対して損害を要求する権利がない」

さらに英紙『タイムス』は、社説でも両博士の論説を引用しながら、東郷艦長が「国際法的にもすべてに訓練をつんでいる」とほめ讃え、イギリス人の反日感情について「アンフェアでイギリス人らしくない」と戒めたのである。

後に、イギリス海軍のシプリアン・ブリッジ大将も、東郷艦長の処置に抗議する者に対して「この処置は全く合法的である……頑強に降伏を拒絶する〔敵〕輸送船を撃沈するのをためらう海軍将校は一人もいない」と述べているように、やがてイギリスの世論が沈静化すると、かえって、イギリスは、東郷艦長の勇気と果断な処置をほめ讃えるようになった。

明治天皇が東郷艦長の名前を記憶されたのは、このときからであったが、陛下は側近に対して「東郷はよくやった」と仰せられたという。

こうして「東郷は一躍、その名を世界にとどろかせた」にもかかわらず、逆に清国は宣戦布告前にもかかわらず、日本軍を攻撃するために、イギリス船に多数の清兵を乗せていたことから、清国側の事前戦争計画が暴露され、天津条約に違反した侵略行為だったと、世界から見なされるようになったのである。

成歓の戦い

先述したように、東学党の乱が起こると、大鳥圭介公使と杉村濬《ふかし》臨時代理公使は六月十日に、農民の反乱を鎮圧するため、明治政府の了解を得ずに海軍陸戦隊と混成第九旅団を済物浦に上陸させ、漢城に向かわせた。

一方、清軍の方も仁川に出兵して、成歓《せいかん》と牙山に布陣したが、よく訓練された日本兵に対して、清軍の兵隊は訓練を積んでいない、ただの寄せ集めの兵隊ばかりで清軍の兵器も日本の近代的な兵器と比べて、時代遅れのものばかりであった。

混成第九旅団（歩兵四千人、騎兵四十七人、山砲八門）は、仁川に到着すると、豊島沖海戦が起こった二十五日に、一部（三千人）が仁川・漢城との間の警備に配置され、残りは南下して成歓と牙山を目指した。

混成第九旅団は七月二十九日未明に、清軍が主力を成歓と銀杏亭《いちょうてい》高地に置いたことで、兵隊を右翼隊と左翼隊の二手に分けて進軍し、清軍を撃破した。この勇猛果敢な日本兵の姿に驚き、総崩れとなった清軍は武器や食料品を放棄し、牙山から漢城を迂回して平壌へと逃走した。

この中で「成歓にむかった右翼隊は、途中、佳竜里という場所で、清軍からの攻撃を受けた」が、このときに、第二十一連隊第三大隊第十二中隊の松崎直臣《なおおみ》大尉が戦死し、日清戦争で最初の戦死者となった。

この松崎大尉の部下に木口小平《きぐちこへい》というラッパ手がいた。この戦闘で銃弾に倒れた木口ラッパ手は死ぬまでラッパを吹き続けて絶命したが、戦闘中に彼が吹き続けた進軍ラッパはどれほど、将兵を勇気づけたか計り知れなかったであろう。

やがて、小学校の修身の教科書にも、木口ラッパ手の名誉の戦死が「キグチコヘイハ　シンデモ　ラッパヲ　ハナシマセンデシタ」という美談で載せられたが、やがて軍歌となって広く歌われるようになった。

一方、混成第九旅団は三十日に、清軍が布陣していた牙山にも進軍したが、敵兵が成歓に移動していなかったため、そのまま漢城へと向かい、八月五日に凱旋した。

清将の葉志超《ようしちょう》は成歓から平壌に逃走し、守備に不利な牙山から成歓に移動していた副将の聶士成《じょうしせい》の軍が成歓で日本軍に負けると、「敗走途中で、沿道の民家を脅迫し財物を奪掠し、いたるところで不法を極めた。そのため清国に対する韓国の民心は離れて」いった。

この戦いで初めて、外国の軍隊と陸上戦を戦った日本軍の戦死者が八十二人であったのに対して、清軍の死傷者は五〇〇人であった。こうして緒戦に勝った日本軍は、その後の戦いでも「縦隊進軍–散開–射撃–突撃という近代戦で、夜襲、奇襲の積極果敢な攻撃を繰り返した」のである。

宣戦布告

日本軍が豊島沖の海戦に続いて、成歓の戦いにも勝つと、明治政府（第二次伊藤内閣）は八月一日に、清国に対して正式に宣戦布告を行った。こうして、日清両国で宣戦布告がなされると、アヘン戦争以降、清国に権益を持つイギリスは、「戦火を上海地域に及ぼさぬよう日清両国に申し入れるとともに厳正中立を宣言した」

だが、これはあくまでも表向きで、実際には中立を破って日本の動向を北洋艦隊に知らせ、イギリスの商船高陞号に清軍の兵隊を朝鮮に輸送させた。このようにイギリス政府は反日と親清的な態度を取り、日本と清国を天秤にかけた外交を行うのである。

一方、アメリカ、ドイツ、イタリアなども中立を宣言し、大国ロシアも朝鮮国境で自国の権益が侵されない限り、この戦争には干渉しないと宣言したが、朝鮮は、日本と攻守同盟を結んだ。

平壌の会戦

陸上戦における最後の決戦は、「平壌の会戦」であった。大本営は九月十五日に、川上中将の発案で明治天皇とともに、東京から出征部隊の出港地宇品に近い広島城に移動すると、名古屋第三師団（師団長桂太郎中将）、広島第五師団（師団長野津《のづ》道貫《みちつら》中将）および第五師団の混成第九旅団を統合して、新たに第一軍（軍司令官山県《やまがた》有朋《ありとも》大将）を編制した。

清軍を朝鮮半島から駆逐するために、大本営から平壌の攻略を命じられた第五師団の主力が八月十九日に、漢城付近に到着すると、第五師団の野津中将は三十日に、第三師団の到着を待たずに、清軍（一万五〇〇〇人）のいる平壌に向けて進軍を命じた。

成歓の戦いに敗北した清軍は、平壌に兵力を集中させて、朝鮮南部に集結する日本軍を迎え撃とうとしていたからである。

大同江《だいどうこう》に面して南北に長い平壌は、約十メートルの堅固な城壁で囲まれた朝鮮最大の要塞都市であったが、その「城壁には七星門、静海門など十の開門があり、外郭に玄武門や牡丹台が築かれ、難攻不落を誇っていた。清国軍はここに約一万二千と、成歓の敗残兵約三千も退却し、山砲二十八門などで日本軍を迎え撃つ作戦だった」

桂 太郎

九月十五日午前六時頃、先発の第五師団は、師団主力、元山《もとやま》支隊、朔寧《さくねい》支隊および混成第九旅団の四つに分かれて、平壌の「王倹城」を包囲し、総攻撃を開始した。

混成第九旅団は南正面から大同江の渡河《とか》を試みたが、清軍主力から猛攻撃を受けて退却した。一方、元山支隊と朔寧支隊は、「平壌北側の城壁をよじのぼり占領、平壌市街に迫り午前七時過ぎ玄武門、牡丹台などを占領した」が、このとき、銃弾が飛びかう玄武門の城壁に、工兵の原田重吉がよじ登って城内に進入した。

原田は城内に進入すると、敵と戦いながら内側から門を開いて味方を中に引き入れ、玄武門を占領した。この原田の決死の活躍は、後に「玄武門一番乗り」として広く知られることになった。

こうした中で、清軍は午後四時に、突如、白旗を城壁に掲げて明朝に開城することを約束した。「実は清軍の総司令官葉志超は玄武門を占領されたショックで、緊急の将軍作戦会議を開いて退却を決めて、白旗を上げ午後九時ごろ、清軍は一斉に逃走してしまった」からである。翌日、日本軍は、平壌城内を簡単に占領した。

この会戦で日本軍の戦死者が一八〇人、負傷者五〇六人、生死不明十二人であったのに対して、清軍の戦死者は約二千人、捕虜約六〇〇人、負傷者約三千人で、日本軍の圧倒的な勝利に終わった。

黄海海戦の単横陣と単縦陣

第五師団と混成第九旅団が平壌を占領した九月十六日に、連合艦隊司令長官伊藤祐亨中将は、第一遊撃隊四隻（防護巡洋艦吉野・高千穂・秋津洲・浪速）を先鋒に、常備艦隊の旗艦松島以下五隻（千代田・厳島・橋立・比叡・扶桑）の本隊と砲艦赤城、巡洋艦代用船の西京丸の二隻を率いて、北朝鮮西岸の仮泊地、チョッペキ岬を出撃した。

「大本営の作戦では八月中旬までに渤海の制海権をとらないと、氷結のために陸軍の山海関《さんかいかん》上陸、直隷平野の決戦ができず、作戦全般に大きな支障をきたす」からである。

そこで、「渤海、直隷の沿岸を全面的に探そうというので、一週間のスケジュールをもって大連、旅順、大沽《だいこ》、山海関、牛荘、威海衛の順に回ることになった」

このとき、連合艦隊と同行した西京丸には敵情視察のために、軍令部長樺山資紀《かばやますけのり》中将と幕僚が座乗していた。

ところで、開戦時の日清両国の海軍力を比較すると、清国海軍の方が帝国海軍を圧倒していた。中でも、北洋艦隊の主力艦「定遠」と「鎮遠」は、清国が明治十四（一八八一）年に、ドイツのフルカン社に発注した戦艦（装甲艦）で、「東洋一とうたわれた近代的なものであり、ヨーロッパのどの戦艦にもひけをとらないものであった」

細かい部分を除いて、ほぼ同型だった両艦は、全長九一・〇メートル、全幅一八・三メートル、最大速力一四・五ノット、常備排水量七三三五トン、乗員三二九人で、主砲は圧倒的な破壊力を持つ三〇・五センチ連装砲を二基四門、ほかに一五センチ単装砲四基四門、四七ミリ単装砲二基二門、三七ミリ単装砲一基一門、魚雷発射管三門などを備えていた。

しかも、両艦の「船体の中央には厚さ三五六ミリの装甲による囲壁があり、これによって高い防御力を保つことができた」。また、その内部には三〇・五センチ連装砲が二基あり、「これは敵艦に穴を開けて沈めてしまえるほどで、装甲艦を貫けないが艦上の兵は倒せるという日本側の速射砲とは比べものにならない破壊力」であった。

これに対して、旗艦松島は、全長八九・九メートル、全幅一五・四メートル、最大速力一七ノットで、ほぼ同規模だが、常備排水量は約半分の四二七八トンに過ぎなかった。

「こうしたことから、当時の世界の海軍の一般的認識では、重砲を備えた戦艦鎮遠・定遠を中心とした清国艦隊に、軽砲の速射砲を主たる武器とする吉野などの巡洋艦や松島などの海防艦では太刀打ちできないとされていた」

また清国海軍の主力北洋艦隊は、定遠と鎮遠のほかに、「両翼に四隻づつ合計十隻が並んで艦の首砲で頭から突っ込んで敵艦に体当たりし沈没をさせる旧来型」の単横陣（鶴翼の陣形）という戦法をとった。

これに対して、連合艦隊が単縦陣の基本陣形を採用したのは、常備艦隊参謀の島村速雄少佐（後に軍令部長、元帥）が明治二十（一八八七）年十月より六年間、イギリス海軍から海軍大学校教官として招聘されたジョン・イングルス大佐から蒸気軍艦時代の最適の陣形として単縦陣を推奨されたからである。

島村速雄

明治二十一（一八八八）年六月に、イギリスに留学した島村少佐は、英国地中海艦隊エジンバラ号に乗艦して、当時の最優秀艦隊のノウハウを吸収しながら、防護巡洋艦の快速を活かす戦術の研究を行っていた。

明治二十四年に帰国した後、島村少佐が研究した単縦陣は、「いわば快足を利して敵に多数の命中弾を浴びせるもので、敵巨大装甲艦は沈めないまでも、戦闘能力を奪おうという発想」であった。

十九世紀末の世界の海軍界では決戦陣型として、単横陣と単縦陣の可否が活発に論争されていたため、この「黄海の海戦」(Battle of Yalu) において日清両軍がとる陣形は、世界中の軍事評論家の間で注目の的であった。

島村少佐は午前十一時三十分に、「海洋島東北東の方角に、北洋艦隊が単横陣で進んでいるのを認めたとき、伊東に進言して隊形を単縦陣に改めさせた」

連合艦隊は、群陣から単縦陣に改めると、西京丸と赤城を右側から左側に移して、マストの上に大軍艦旗を掲げて乗員を戦闘配置につかせた。

単横陣の北洋艦隊に対して、単縦陣の陣形をとる連合艦隊が「速射砲と速度の速さ、迅速で巧みな操艦力、高い練度と厳格な軍律に戦意旺盛な将兵で」臨んだことで、数々の齟齬《そご》はあったものの、おおむね次のような戦闘経過をたどった。

黄海海戦での日本の勝利

連合艦隊は十七日午前十時半に、大孤山《だいこざん》沖で演習中の北洋艦隊十隻（定遠・鎮遠・靖遠・経遠・済遠・来遠・致遠・超遠・広乙・揚威）に遭遇すると、第一遊撃隊の旗艦吉野を先鋒に、他三艦が単縦陣で突進し、その後を常備艦隊の旗艦松島ほか五隻が第二単縦陣で続行した。

これに対して、十隻の北洋艦隊は、旗艦定遠と鎮遠の二大艦を中心に、左翼に巡洋艦来遠、致遠、広甲、済遠の四艦を、右翼に巡洋艦経遠、靖遠、超勇、揚威の四艦を並べ、横一列の陣を張って肉迫してきた。そして、遥か右方からは巡洋艦来遠、巡洋艇広丙および水雷艇の二隻が来援中であった。

午後〇時二十分、両艦隊の距離が四八〇〇メートルまで迫ったとき、最初に丁提督の座乗する旗艦定遠から、三〇・五センチ連装砲（発射速度毎分一発）の砲弾が発射されてきた。人類史上初の近代艦隊戦の始まりである。定遠に続いて、鎮遠その他の敵艦も一斉に砲撃を開始したが、命中はしなかった。

午後〇時五十五分、両艦隊が三〇〇〇メートルの距離に達したとき、「高速力を利して北洋艦隊の針路を斜めに横切り、更に右左に旋回して両艦隊で挟み撃ちにし」、旗艦松島が定遠を狙い、各艦も発射間隔の短い小口径の速射砲（発射速度毎分六発）が一斉に火を噴いて、定遠と鎮遠に対して、雨あられのような弾丸を浴びせた。

『清国艦隊は日本の本隊を砲撃しようとしたが、日本艦隊の快速に、砲の旋回も艦首の立てなおしも追いつかず、かえって陣形を乱した。「致遠」は最初の五分間で戦闘力を失い、「来遠」「済遠」も火災を起こした。「定遠」は一五九発、「鎮遠」は二二〇発、「来遠」は二二五発の命中弾をくらって、大損害を出した。

肝心の「定遠」などの三〇・五センチ巨砲は、日本側の猛攻によってほとんど発砲できず役に立たなかった。日本の旗艦「松島」は、「鎮遠」からの砲弾二発が命中し、一門しかない三二・五センチ主砲は、使用不能となったが、沈没はしなかった』

午後三時半、この約二時間半にわたる舷々相摩《げんげんあいま》する戦いで大勢は決した。午後五時四十分に、遂に黄海の海戦は終わった。日本側は、この一戦で松島・比叡・赤城・西京丸の四隻が損傷、死傷者は二九八人（戦死者九〇人・負傷者二〇八人）を数えたが、幸い沈没した艦船は一隻もなかった。

これに対して、敵艦隊は、経遠・到遠・超勇・揚威の四隻が沈没、広甲が座礁、七隻が旅順港に敗走し、死傷者は八四八人（戦死者六三八人・負傷者二一〇人）を数えたため、清国海軍が強大を誇った北洋艦隊は、壊滅的な状態となった。

定遠に座乗した作戦顧問のアメリカ海軍少佐マッギフィンが『センチュリー』誌上において

「日本艦隊が終始一貫、整然たる単縦陣を守り、快速力を利して自己の有利なる戦いにおいて攻撃を反復したのは、驚嘆事であった。清国艦隊は勢い守勢に立ち、混乱せる陣形において応戦するほかはなかった」

と、北洋艦隊の敗因について述べているように、約六時間にわたる「海上決戦が、ほとんど同一の海面で戦われたことは、黄海の海戦の一つの特徴であるが、それは、我が連合艦隊の二群が、敵の周囲を挟撃的に運動し、敵はただ方向を左右に変えながら低速力で応戦した結果である。

極端に言えば、敵艦隊は土俵の真ん中を緩慢に左右に移動し、日本艦隊は前後を縦横に疾駆して腹背から攻撃したのであった。この二つの単縦陣をもってする転回運動のために、敵は艦首を変じて応戦する間に陣型を乱して重なり合い、いちじるしく発砲の自由を妨げられた」のである。

こうして、わが連合艦隊は、「四二七八トンの海防艦三隻が一番大きいという、言わば軽巡洋艦クラス以下の小型艦艇」をもって、最初の近代海上戦で東アジア最強と謳われた北洋艦隊を打ち破り、黄海の制海権を掌握するわけであるが、後に、この単縦陣が日露戦争のときの日本海海戦で用いられた「丁字戦法《ていじ》」と「乙字戦法《おつじ》」に継承されていくことになる。

ヨーロッパの小国プロイセンが、ドイツ統一を実現するために、その障害となる軍事大国オーストリアと戦った「普墺《ふおう》戦争」（一八八六年）のときに、オーストリアとイタリア両艦隊によって戦われた「リッサ海戦」（七月二十日）は有名であるが、この海戦を最後に、二十八年ぶりに戦われた黄海の海戦は、世界海戦史における海上決戦の一つに数えられている。

この大海戦の勝利によって、これまで「七対三で清国海軍の勝利を予想していた世界の海軍関係者は驚き、世界最強の英国のライバルが出現したと論評した」のである。

鴨緑江の戦い

第五師団が九月十六日に、平壌を占領すると、第一軍司令官山県有朋大将は二十五日に平壌に入城し、次に満韓国境を流れる鴨緑江《おうりょくこう》（全長七九〇キロ・満州と朝鮮との境にある「白頭山の南西を源流とし、黄海に注ぐ」）北岸の九連城《くれんじょう》を目指して北進することを決定した。

清軍は、「十月中旬までに鴨緑江右岸に約三万五千人が集結、火砲約九十門を備えた。右翼（下流）には総指揮官の宋慶提督率いる約一万八千人が九連城を中心に大小五十ほどの堅固な陣地を構築。九連城の北側、河沿いにある虎山は前進陣地として防備を固めた。さらに左翼（上流）の安平河口には依克唐阿《いこくとうあ》将軍率いる約五千五百人が布陣」していた。

立見《たつみ》尚文少将率いる第五師団第十旅団が十月中旬に、左岸の義州を占領すると、第三師団と第五師団の諸部隊は河畔に集結し、ベルギー式軍事架橋（百九十三メートル）の鉄舟を並べて、渡河作戦の準備を行った。

二十五日払暁に、鴨緑江を渡河して来る日本軍の勇猛果敢な姿をみた清軍は、その日の夜のうちに九連城から逃走したため、第一軍は翌日に無血入城した。

この戦いでの日本軍の戦死者はわずか三十四人であったのに対して、清軍は五〇〇人であった。続いて第一軍は十月三十日に、鳳凰《ほうおう》城を、そして十一月一日には大孤山《だいこさん》を陥落させて、鴨緑江北岸を占領するのである。

旅順港の戦い

第一軍が平壌を占領する前日に、大本営は、第一師団（師団長山地元治《やまじもとはる》中将）、第二師団（師団長佐久間左馬太《さまた》中将）、第六師団（師団長黒木為楨《ためとも》中将）の混成第十二旅団からなる第二軍（軍司令官大山巌《いわお》大将）を編制した。

遼東半島先端部の大連および旅順港口攻略の任務を与えられた第二軍は十月二十四日に、遼東半島南岸の花園口《かえんこう》に上陸し、続いて十一月五日に大孤山、六日に金州城、七日に大連湾、八日に岫巌《じゅげん》と次々に要衝を占領した。

大山 巌

このときの金州城攻略を指揮したのが、後の日露戦争で難攻不落の旅順要塞を攻略した第一師団第一旅団長の乃木希典《のぎまれすけ》少将（後に大将）であった。第一師団が総攻撃を開始すると、乃木旅団は先陣を切って、

乃木希典

金州城の東門を攻撃した。

しかし、この金州城は「堅固なことで知られ、城壁は高さ六メートル、外面には女墻《じょしょう》（低い防御壁）が設けられ、登ること」ができなかった。

このとき、雨のように降る敵の弾丸の中を突破して東門を爆破したのが、第二軍の工兵、小野口徳治であった。

小野口によって「城門が破られると、清国軍の将兵は我先にと逃げだし、昼間には白旗があがった」

この戦いで、勇猛果敢な兵隊を指揮した乃木少将の評価は一気に高まった。「山地師団長は乃木に大連湾の砲台を落とすように命じた。乃木旅団が大連に進軍すると、砲台はあったものの清国兵の姿」はなかった。

さて、次は、いよいよ旅順港の攻略であるが、目指す旅順港は、対岸にある山東半島の威海衛湾に在泊する北洋艦隊の最重要軍港であり、また『清国が「十万の軍隊に攻められても半年は持ちこたえる」と豪語するほど堅牢な要塞』で、「海と山に向けてそれぞれ半永久砲台、補助台がいくつも据えられ、直射撃のカノン砲、山砲など百門ほどが睨みをきかせて」いた。

一万五千人の第二軍に対して、清軍の守備隊は一万二千人（一万三二〇〇人という説もある）であったが、要塞攻略には敵軍のおよそ二倍の戦力が必要だと言われていた。「しかし、実際には守備隊の約九千人は新徴募兵であり、残りの三千人ほどは敗残兵だった」

第二軍の主力である第一師団の第二旅団と第六師団の混成第十二旅団は十一月二十一日未明、旅順港の攻撃を開始した。「乃木率いる第一旅団は第十五連隊の主力が金州城の警備にあたっていたため、第一連隊と第十五連隊第三大隊が参加した」

砲兵隊は、後述の日露戦争で有名になった「二〇三《にひやくさん》高地」から案子山の清軍砲台群に向かって、集中攻撃を開始した。

その後、歩兵第三連隊が突撃して、難攻不落と見られていた砲台を落すと、わが連合艦隊からの艦砲射撃と地上砲撃の挟み撃ちで椅子山《いすざん》、松樹山《しょうじゅさん》、二龍山《にりゅうさん》、鶏冠山《けいかんさん》の砲台もあっけなく陥落したため、最高責任者の龔道台《きょうどうだい》も逃亡し、わずか半日で旅順要塞は陥落した。

フランスのクールベー将軍が「五十隻の軍艦と十万の陸軍をもって、海と陸から攻めても、これを落とすには半年かかるだろう」と述べているように、旅順要塞の攻略には相当な苦労がいるというのが、当時の世界の将軍たちの大半の意見であった。

当時の旅順港側の「中央の白玉山《はくぎょくさん》ほか黄金山《こがねさん》などが砲台で固められており、背後の鶏冠山、二龍山、松樹山など」には堡塁《ほるい》（「敵の襲撃を防ぐため、石・土・砂・コンクリートなどで固めた堅固な構築物」）が築かれ、「ここを一万四千の兵と百数十門の大砲が守っていた」からである。

この戦いでの日本軍の戦死者はわずか四〇人であったが、清軍は二五〇〇人を数えた。この東洋一と謳われ、難攻不落と評された旅順要塞の攻略に重要な情報をもたらしたのが、後に騎兵集団の戦術を完成させた秋山好古《よしふる》少佐（後に大将）の指揮する第一騎兵大隊であった。

秋山少佐は、第二軍司令官大山大将から命令を受けると、相手方の情報、弱点などを探るために騎兵を斥候《せっこう》に出して集めた情報を基に、「旅順攻撃で最も有効な攻め方、攻め口、撤退の際の安全性などを記した報告書を提出した」

この報告書に基づいて、大山司令官が旅順要塞を攻撃した結果、日本軍がわずか半日で旅順要塞をあっけなく陥落させたことで、帝国主義列強の軍事評論家たちを驚嘆させると同時に、日本に対して警戒心を強めさせることにもなったのである。

戦時国際法を遵守した日本軍

明治政府が八月一日に、清国に宣戦布告を行ったことは既述したが、このときに明治天皇が発布した開戦の詔勅に「戦争遂行の目的は朝鮮の独立のみならず、極東の恒久的平和を確保することにある」と述べているほかに、各国の中立や支持を得るために、捕虜を人道的に取り扱うことを定めた戦時国際法の遵守を謳っていた。

このため帝国陸軍は、第二軍司令部付国際法顧問として、前出の有賀博士を日清戦争に従軍させた。有賀博士は日清戦争終結の翌年に、「日本軍が国際法を遵守して日清戦争を遂行した」

文明国の一員であることを欧米列強に示すために『日清戦役国際法論』（陸軍大学校）を記し、仏文でも出版した。

明治二十八年十月二十四日に、遼東半島に上陸した第二軍主力の騎兵隊が翌月十八日に、土城子で清軍の重囲に陥り、援軍に救出されたが、このときに中万《なかま》中尉以下十一人が虐殺される事件が起こった（土城子事件）。

この戦いで清軍は、捕虜となった日本兵の「鼻をそぎ、眼球をえぐり、腹を裂き」という死体の凌辱を行い、中万中尉の生首が旅順突入後に発見された。

日本軍は十一月二十一日の朝、旅順北側の要塞線に対する攻撃を開始し、旅順市内へ突入したが、すでに旅順の民政責任者の龔道台や守備隊司令官の黄仕林、張光知などは逃走した後であった。

このため日本軍は、逃げ遅れて市街に潜む敵兵の掃討を行ったが、このときに清兵が軍服を脱いで便衣《べんい》（平服）に着替えたため、民間人と識別することが難しくなった。

しかも便衣を着た清兵が民家に隠れて最後まで抵抗し、一部の住民も命じられて、武力で抵抗したため日本軍は、これを制圧した。

有賀博士は、その著書で市街地の死者の内、清軍の軍人が一五〇〇人、非戦闘員が五〇〇人と記載しているが、清国側は死亡者二万人以上と誇大に発表したことで、「日本兵が旅順市街で市民を虐殺したというデマ報道が米英新聞で伝えられ外交問題化した」のである。

そこで外務省は、日本軍がジュネーブ協定に反していないことを強調するために釈明を行ったが、そもそも清兵が軍服から便衣に着替えたことで、敗残兵と住民との区別ができなくなったことや民間人が抵抗してきたことで日本軍は制圧したわけであるから、ことさら日本軍による虐殺を強調することは論外であろう。その後、米英のメディアも、日本軍による虐殺を否定するようになり、フランスの新聞『フィガロ』も、次のように清兵に対する日本軍の人道的な取り扱いを賞賛したのである。

「全世界に公表すべきことは、清兵は日本兵に対して残酷であったが、日本兵はこれに報復せず、大いに寛大で優遇の処置をもって清軍の捕虜を待遇し、病人にも負傷者としてみな治療をあたえた」

また清兵捕虜一八〇人以上がいる日本の赤十字病院を訪問したベルギー公使夫人エリアノーラ・メアリー・ダヌタンも明治二十七年十月二十九日付の日記で、次のように清軍の捕虜に対する日本軍の人道的な取り扱いを賞賛している。

「赤十字病院を訪問し、大へん興味深く感じた。各病棟を次から次へ案内されたが、そこには負傷した清国兵捕虜の全員一八〇人以上の人たちがいた。病院は端から端まで、全く非の打ちどころがないと私には思えた。

手術室その他は優れた設備を備えていて、極めて近代的である。清国兵捕虜そのものは非常に快適に過ごしているようで、その大部分は立派な男たちだった。足を失ったものや手を失ったものが何人かいたが、かなりの数の者は背中に負傷していた。……可哀そうな人たち！　もし彼らが然るべき訓練と適切な指揮を受けていれば、間違いなく立派な兵隊となっただろう。彼らは私たちに会うのを喜んでいる様子だった。そして実際にどれほど恵まれているかよく分かっているのだ。

もし自分たちの国にいたら、おそらく戦場に放置されたまま死んでいったに違いない。赤十字病院の看護婦は全員日本人で、医者も同様であり、病院の経営も委員会も日本人が管理している。この病院は他の何よりも増して、日本が長足の進歩を遂げたことを、私に如実に示してくれた」

威海衛の戦い

第二軍は二十二日に、旅順港口攻略戦を完遂すると、山東半島の栄城湾に上陸して、威海衛軍港を攻撃すると同時に、連合艦隊も北洋艦隊を攻撃することになった。

第二軍司令官大山巌大将は十二月二日に、連合艦隊初代司令長官伊東祐亨中将と会談した後、六日に、大本営に対して、連名で山東半島の威海衛軍港の攻略を提案しており、また伊藤首相も、「直隷（北京とその周辺）決戦は清国政府を瓦解させるだけでなく列国の干渉を招く」との理由から、威海衛軍港と台湾の攻略を提案していたからである。

このため大本営は九日に、冬季間に威海衛を攻略することに決めたが、第一軍麾下の第三師団が清軍から反撃を受けたため、第一師団の乃木旅団が救援に向かった。そこで威海衛の攻略戦は第二軍麾下の第二、第六師団が担当することになった。

旅順の要塞に匹敵する威海衛の要塞は、「清国が十年かけて南北、周辺諸島に二十五砲台をめぐらして防備し、約二万の兵力で固めていた」

また湾内には黄海の海戦で敗走した北洋艦隊が旅順港で応急処理を行った後、十月十九日に、山東半島の威海衛軍港に潜んで、渤海湾（遼東半島と山東半島とに囲まれた海域）と直隷平野への日本軍上陸を警戒していた。大本営は、このまま「威海衛に潜む定遠・鎮遠をそのままにしておけば、渤海湾への大輸送のさまたげになると判断し、威海衛作戦、澎湖《ほうこ》島作戦を先に実施することになった」

第二軍は十二月十四日に、連合艦隊と協力して作戦を開始した。第二軍の第二、第六師団の一部は翌年一月十九日に、大連湾を進発して翌日に、山東半島東端の栄城《えいじょう》湾に上陸して「きびしい雪山を越えて威海衛南岸要塞の前面に進出し、一月三十日早朝から攻撃を開始した。連合艦隊は沖合から艦砲射撃を加えて、日本軍は二〇九人の死傷者を出し、南岸要塞、北虎口周辺の陣地などを占領、二月三日北岸要塞も占領した」

世界最初の水雷夜襲

一方、威海衛での北洋艦隊の壊滅を目指していた伊東長官は、洋上決戦を望んでいたが、北洋残存艦隊が「湾口に防材をしかけ、巡洋艦など主力艦艇の侵入を阻んで」軍港から出てこないため、水雷艇による夜襲攻撃を命令した。

第一、第二、第三水雷艇隊は二月三日から三日間にわたって、夜間に清国の艦船に魚雷攻撃を行ったが、このときに、定遠、来遠、威遠が撃沈、鎮遠が座礁し、遂に北洋艦隊は二月十二日に壊滅したのである。

この戦いが、後に世界的に有名になったのは、帝国海軍が有史以来初めて、水雷夜襲戦を実施したからである。帝国海軍では「巨大装甲艦は、予算の関係で建造できなかったことから、早くから水雷艇に着目」し、明治十三年に、イギリスから水雷艇四隻を、オーストリアから魚雷五十本を購入した。

日露戦争では八十三隻の魚雷艇が在籍しており、それを実戦で使用したのは帝国海軍が最初であった。したがって、このときの夜襲水雷戦での戦法や航法も帝国海軍が独自で行ったものである。これによって、大東亜戦争の前から水雷戦は、日本のお家芸であるとか、夜戦は海軍の自慢であるという話が広く伝わったのである。

敗者に示した伊東長官の武士道

昔から丁提督と友人だった伊東長官は、丁提督が自殺でもしては惜しいと思って、大山大将の賛同を得ると、威海衛を攻撃する前に、長文の降伏勧告文書を丁提督に送っていたが、死をもって国に尽くそうとした丁提督は、伊東長官の友情に感謝しながらも、この勧告を断ってきた。

やがて、北洋艦隊が壊滅すると、万策尽きた丁提督は二月十二日に、清国将兵の助命を条件に、伊東長官に手紙を送って降伏を通告した。伊東長官は、この通告に対して丁提督の苦労をねぎらい、葡萄酒《ぶどうしゅ》と干し柿を贈ったが、丁提督は十二日に、先に責任を取って自決した林泰曹提督の後を追って、服毒自決を遂げるのである。

伊東長官は、敗軍の将となった丁提督の亡骸《なきがら》を輸送船に乗せ、登舷《とうげん》礼式（乗員が甲板に盛装して整列し、敬意を表すこと）と帽振れをもって、しめやかに送ると、「余地があれば兵員を乗せて帰国させてよいと伝えて、清国の軍使を感動させた」

この逸話は、伊東長官の武士道を語るとき、常に引かれるものであるが、実は、前出の島村少佐の進言によるものであった。伊東長官は、前記勧告書の中で「世界に鳴る日本の武士道」を謳ったが、この武士道精神は、後の日露戦争でも高々と波打つのである。

やがて、この伊東長官の措置は、世界海軍礼節の最高峰とほめ讃えられ、各国の軍事教本に紹介された。だが、北洋艦隊の壊滅を知った清朝皇帝の光緒帝は激怒し、丁提督の財産没収と葬儀の禁止を言い渡したのである。

丁提督の名誉回復が行われたのは、五年後の明治三十三（一九〇〇）年のことであった。

清国海軍の降伏

連合艦隊は十七日に、清国海軍と正式に降伏文書に調印し、威海衛軍港に在泊していた鎮遠以下十隻の北洋残存艦を接収した。その後、「連合艦隊は三月二十三日に、澎湖島湾に艦砲射撃の上で混成支隊を上陸させ、約五千人の守備隊を制圧して占領した」

この戦争で日本軍が払った犠牲は、総動員兵力約二十四万人のうち、一万三八二二人（陸軍一万三四八八人・海軍三三四人）に達した。その内、戦死者は一九二八人だったにもかかわらず、病死者は一万一八九四人（戦病死者の八六・〇パーセント）に達したが、その原因は、主に栄養不足による脚気《かっけ》や生水による赤痢、腸チフスであった。

このときの経験から日本軍は、後の日露戦争でクレオソートを含んだ「征露丸《せいろがん》」（大東亜戦争後、「正露丸」と改名）という丸薬を多数使用するが、この「征露」とは文字通り、ロシアを「征伐」するという意味である。

明治二十七年の軍事費は一億二八四二万七千円（一般会計および臨時軍事費の六九・二パー

セント）であったが、明治二十八年の軍事費は一億一七〇四万七千円（一般会計および臨時軍事費の六五・五パーセント）となり、合計二億四五四七万四千円であった（原剛・安岡昭男編『日本陸海軍事典』新人物往来社）。

前出のベルギー公使夫人のダヌタンは明治二十八（一八九五）年三月二日付の日記で、日清戦争を観戦したイギリス公使館付武官ドゥブーレイ陸軍大尉が「日本軍とその戦術について、明らかに強い賞賛の念をこめて語った」と記述しているように、日本軍は、八カ月間にわたる戦闘で清軍に圧勝したのである。

日清講話条約の締結

明治二十七年九月十七日に、黄海の海戦で連合艦隊が北洋艦隊に圧勝すると、十一月上旬からアメリカ、イギリス、ロシアの列強は、日清両国に対して調停に動き出してきた。

十二月二十日に、デンビ駐清アメリカ大使が講和条件を打診してきた。

最初、日本は、威海衛と澎湖島の作戦の途中であったため、アメリカの調停に対して、あまり乗り気ではなかったが、その後、日本は、世論の反対を押し切ってアメリカの調停を受け入れることを決定した。

それは、このまま「北京を陥落させれば、清朝が崩壊し、列強が自国民保護を名目に介入してくることが予想されたからである。列強が清国を分割すれば、日本は講和の相手を失う」ことになる。

翌年一月三十日に、清国使節二名が広島に到着すると、二月一日から講和会議が開催されたが、全権大使の伊藤首相と陸奥外相から両名の地位が低いことと、清国使節が持参した全権委任状には不備があるとして、わずか二回で談判を決裂させられた。

清国との戦争を強硬に主張する山県有朋は、直隷（帝都に直属する地域、現在の河北省）を攻略することを主張したが、「それだけは避けたい伊藤首相は交渉を進展させるため、離日する使節側に直隷総督の李鴻章を全権とするように伝えた。伊藤は天津条約（明治十八年）で李鴻章と交渉しており、旧知の間柄だった」からである。

そこで清国政府は三月十八日に、アメリカの公使エドウィン・ダンを通じて、明治政府に対して朝鮮の独立を認め、相当額の賠償金を支払うとの条件で講和を斡旋した。そして翌日に、清国から全権大使に任命された李鴻章が山口県赤間関《あかまがせき》市（現在の下関市）に到着した。

講和交渉の日本代表には伊藤首相と陸奥外相が、清国代表には李鴻章があたることになり、三月二十日から同地の割烹旅館「春帆楼《しゅんぱんろう》」で講和会議を開始した。

清国側は、「当初、休戦を優先させたいと申し入れたが、日本側は天津などの占領、清国軍の武装解除など厳しい条件を示したことから、二十四日には休戦提案を撤回し、講和条件に関した交渉に入った」

ところが、この日、李大使が宿舎の引接寺《いんしょうじ》に戻る途中で、壮士の小山豊太郎にピストルで撃たれる事件が起こった。李大使は顔を負傷して重傷を負ったが、幸いにも命に別状はなかった。だが、この事件を知った政府高官たちは、国際的な批判を浴びることを恐れて、顔色を失った。

この事件について、前出のベルギー公使夫人のダヌタンも三月二十六日付の日記に

「日本全体が事件の犠牲者に対する深い同情を表した。皇后陛下は、負傷した使節のためにお手ずからリント布と包帯をお作りになり、同時に最も熟練した外科医を手当てのためにお遣わしになった」

と述べているように、この事件がいかに当時の日本人に衝撃を与えたかが分かるだろう。

あわてた日本側は三十日に、李大使の要求を入れた休戦条約（全六条）に調印した。

四月一日には「日本は講和条約の草案を提示。これに対し清国側は草案の修正を求める訂正案を示し、双方で激しいかけひきをくりかえしながら交渉を重ね、ようやく清国側の譲歩をひきだし、十五日には草案の調整を終えた」のである。

こうして、日清両国の全権代表は明治二十八（一八九五）年四月十七日に、朝鮮国の完全無欠の独立の承認、遼東半島、台湾全島、澎湖諸島の割譲、二億両《テール》（当時の日本円に換算して三億五千万円に相当。明治二十五年の日本の国庫歳入一億円余の三・五倍に相当）の軍費賠償の支払い、通商航

海条約の締結、日本国への最恵国待遇の付与、清国の日本兵捕虜の返還、虐待や処刑の禁止などを盛り込んだ十一条からなる「日清講和条約」(馬関条約)を締結したが、後に日本では「下関条約」と呼ばれるようになった。

やがて、日本は、このときに清国から獲得した軍費賠償金を元手に、「従来の銀本位制から金本位制へと転換し、工業の発展を奨励し近代化を推進した。日本の工業の発展の原動力となった八幡製鉄所はこの賠償金で開設された」のである。言うなれば、日本は、このときの賠償金をバネにして産業革命を成し遂げたと言っていいだろう。

既に、日本は明治二十一(一八八八)年十一月三十日に、戦国時代以来、交流のあるメキシコと「日墨修好通商条約」という平等条約を締結して、アジア以外の国とも親睦を深めていた。日英通商航海条約と同様に、他の列強とも通商航海条約を結んでいた日本は、日清戦争後に治外法権を完全に撤廃させ、関税自主権の一部を回復させたが、不平等条約の改正については、日露戦争の後に日本の国際的地位が高まるまで待たねばならなかった。

以上が、清国の影響から朝鮮の完全無欠の独立を守ろうとする日本と、朝鮮をあくまでも朝貢・冊封体制の中に置いておこうとする清国との争いの顚末《てんまつ》である。

では、当時の新興日本は、なぜ東アジア最強の清国に打ち勝つことができたのだろうか。次に、この問題について見ていこう。

第三節　日本はなぜ東アジア最強の清国に勝てたのか

日清両軍の実力の差

東学党の乱を契機に、清国との開戦を決意した明治政府ではあったが、それまで主戦派と和戦派に分かれて、必ずしも意見が一致していたわけではなかった。早くから清国との開戦を決意した陸軍に対して、海軍の方は、清国北洋艦隊の威力を危惧して慎重であったからである。

では、当時の日本軍と清軍との実力の差は、どの程度だったのだろうか。

明治政府は明治四（一八七一）年に、「海軍の模範兵制をイギリス式と定め」、翌年に海軍省を独立させた。それまで幕府、薩摩などに分割されていた維新の海軍を統一した結果、当時の帝国海軍の総兵力は、艦艇十四隻（幕府三隻・薩摩二隻・長州四隻・佐賀二隻・熊本一隻・新政府二隻）、総排水量一万二三五一トンであったが、木造船の千代田を除いた全ての艦船が外国製（その内の九隻がイギリス製）で、全くの寄せ集め状態であった。

帝国海軍は明治九（一八七六）年六月に、横須賀造船所で軍艦「清輝《せいき》」（常備排水量八九〇トン・一五センチ砲一門・小砲十門）を竣工したが、これは設計から完成までの三年間、純粋に日本人の手だけで製造した最初の軍艦であった。

その後、帝国海軍に初めて常備艦隊が創設されたのは明治二十二年であった。このときの常備艦隊は、旗艦「高千穂」「扶桑」「大和」「葛穂」「武蔵」「浪速」の六艦だけであった。

こうして、帝国海軍は、日清戦争が起こるまでの十三年間に次第に軍備を拡張していったわけであるが、それでも、日清戦争時の日清両海軍の総兵力を比較すると、日本の連合艦隊は、軍艦二十八隻（戦艦〇隻）、水雷艇二十四隻、総排水量五万九八〇〇トン（五万九一〇六トンという説もある）であった。

これに対して、清国海軍は、軍艦六十三隻（戦艦二隻を含む）、水雷艇二十四隻、総排水量八万五〇〇〇トンであった。

このように、「わずかに水雷艇の数だけが互角で、総量は圧倒的に清国が優れている」ことから、「こんな相手と戦うのは、雀が鷹に挑戦するようなものである」と考えられていた。

一方、帝国陸軍の方は明治四（一八七一）年二月二十二日に、天皇と御所の護衛を名目に薩摩・長州・土佐の各藩から藩兵を出させて「御親兵《ごしんぺい》」（明治六年三月、「近衛兵《このえ》」に改称）を編制し、陸軍の模範兵制としてフランス式を導入して、各藩のバラバラの軍隊ではなく、全国統一の国軍を創設した。

続いて、明治政府は八月に、地方での反政府行動を鎮圧するために東京、大阪、東北（仙台）および鎮西《ちんぜい》（熊本）の四カ所に鎮台《ちんだい》（「地方を鎮める陣営」）を設置して、天皇に直属する中央政府の軍隊を編制した。

これによって、明治政府は、御親兵と鎮台兵からなる常備兵を持つことになったが、当時の御親兵と鎮台兵は、すべて元藩士で構成されていたため、これだけの人数では外国の軍隊に対抗できる軍隊を創設することはできなかった。そこで、明治政府は明治六（一八七三）年一月十日に、国民皆兵の方針によって「徴兵令」を発布した。

こうして、維新前の士農工商の封建的な身分関係ではなく、平民からなる軍隊が編制された（後に従来の鎮台を廃止して、近衛と第一から第六師団までの七個師団が誕生するのは明治二十二年五月である）。

これによって、明治五（一八七二）年に、一万七〇九六名だった陸軍兵員数は明治七年に、近衛兵を除いて三万一六二六人と一挙に倍増し、明治十年には三万三五四四人となった。

また明治六年に、名古屋と広島にも鎮台が設置されて、六軍管区となると、装備も統一され、次第に統制のとれた政府軍となっていった。さらに徴兵制によって、正規軍のほかに、後備軍も置かれたことから、戦時のときには四万六三五〇人を確保できるようになったが、その効果は、後の佐賀の乱、神風の乱、秋月の乱、萩の乱および西南戦争のときに徴兵制によって集められた平民中心の鎮台兵が旧藩士の反乱を鎮圧したことで証明されたのである。

明治政府は明治十九年十月から、陸軍の近代化を推進するために川上操六、乃木希典、桂太郎などの陸軍の逸材を欧米に遊学させて、新知識を吸収させていった。

日清戦争が勃発するまでの間に、帝国陸軍は、外国の軍隊（特に清国とロシア）に対抗するため、徴兵令（明治二十二年）を改正して、次第に軍備を拡張していったが、それでも当時の陸軍総兵力を比較すると、清国陸軍が約九十八万（常備兵力三十五万人、新募兵六十三万人）だったのに対して、帝国陸軍の兵員数は、約二十四万人（将校六七〇〇人、准士官・下士官二万四千人、兵卒二十一万人）に過ぎなかった。

また帝国陸軍の小銃が「村田銃」（日清戦争当時、十八式と二十二年式を採用）一種類だけだったのに対して、清国陸軍の小銃は、新式のモーゼル（独）、旧式のスナイドル（英）およびレミントン（米）などであった。帝国陸軍の大砲が七センチの野砲と七・五センチの山砲および青銅砲だったのに対して、清国陸軍の旅順と威海衛の要塞にはクルップ（独）とアームストロング（英）の一二センチ・一五センチ・二四センチの重砲が備えられており、そのほかにガトリング（米）などもあった。

このように、日清両軍の実力を数値だけで見ると、陸上戦力では清軍が圧倒的に優位であり、また海上戦力においても総量では清軍が圧倒的に優位であった。このため世界の軍事評論家の間では日清戦争での日本軍の勝率は、わずか三〇パーセントに過ぎないと考えられていた。

だが、明治二十七年七月中旬頃に、イギリス外務省が陸海軍両省に対して要請した日清両国の戦力に関する調査報告の内、海軍省情報部の報告書では「日清両国が保有する軍艦の一覧表を掲げた上で、両国海軍の組織や士官・水兵の訓練について論じ、清国海軍の方がトン数・砲数では勝っているのにもかかわらず、組織・訓練では日本海軍がはるかに優れており、それ故日本の方がより強力な海軍国であると結論していた。

また陸軍情報部の報告書では、日清両国陸軍の兵種別の員数や使用兵器の種類・名称・性能を列挙し、輸送医療設備や士官・兵員の質にも論及した上で、日清両国陸軍との間には一九世紀の文明国の軍隊と中世の軍隊との隔たりがあるとし、たとえ長期戦になった場合でも日本の戦勝を予測していた」のである。

清国との対立

このようにイギリスを除いて、世界の軍事評論家が日本の敗北を予想する中で、南進する軍事大国のロシアが朝鮮に迫り、無敵と思われてきた東アジア最強の清国が英仏に敗れる姿を見てきた日本にとって、軍事大国ロシアの南下を阻止するには、どうしても清国と朝鮮との関係を規定している朝貢・冊封体制を崩壊させ、朝鮮に対する清国の宗主権を排除することが喫緊《きっきん》の課題になってきた。

また同時に、清国も覚醒させなければ、東アジアに対する帝国主義列強の侵略を阻止することができなくなるため、たとえ戦力に差があっても積極的に清国との対決を考える軍人が現れてきた。

川上操六

その代表的な軍人こそ、当時、参謀本部次長だった川上操六《そうろく》中将である。後に、日清戦争で作戦指導を行った川上中将が

「日清戦争は清国を征服せんとするがためのものではない。皇軍（日本軍）の砲声銃響《じゅうきょう》は、清国の覚醒を促さんとする警鐘である。ゆえに戦後の日本は進んで清国と提携し、東亜の平和を維持せねばならぬ」

と述べているように、近い将来に起こるであろう、軍事大国ロシアとの戦争の前に、まずやらなければならないことは朝鮮を独立させると同時に、清国を覚醒させることであった。それが東アジアの平和と安定につながるからである。

日本の勝因

東学党の乱が起こると、明治政府は、天津条約に基づいて、日本人保護のために朝鮮出兵を行ったが、清軍との衝突を危惧する伊藤首相と山県有朋は、二人とも大規模な朝鮮出兵には反対であった。

だが、川上中将は前年に、清国と朝鮮を視察する旅に出たとき、清国内の鉄道の不備を知ったことで、「清国恐れるに足りず、勝算あり」と確信していた。

明治十九年十月に、乃木希典少将とともに、ドイツに留学して「ドイツ軍参謀総長モルトケ元帥、次長のワルデルゼーについて一年半、軍隊組織・戦術・用兵・操典など」を徹底的に学んでいた川上中将（当時少将）は、このとき、モルトケ元帥から「戦争の遂行には、鉄道輸送が決定的に重要である」と教えられていたからである。

結局、伊藤首相は、一個旅団だけを出兵させるという、川上中将の言葉を信じて、朝鮮出兵を決断するのであるが、実は、この言葉の裏には「一個旅団なら約三千人の兵員だが、同じ一個旅団でも混成旅団では、歩兵に砲兵、工兵などを加えたミニ師団であり約八千もの大出兵が可能になる」という意味があったのである。

さらに、日本がアジア最強の清国に勝てた要因として、次のようなことも挙げておかなければならないだろう。

清国海軍は、帝国海軍が豊島沖の海戦で重大な損害を受けることもなかったことに対して、『英国船籍の高陞号が撃沈されたうえに、軍艦操江は開戦まもなく降伏、広乙は座礁した後火災を起して戦力を失い、済遠は白旗を掲げて遁走するという成り行きであった。済遠艦長方伯謙は基地威海衛に辿り着くや、北洋艦隊司令長官丁汝昌に対し、「第一弾は吉野の司令塔を撃破し、第二弾はその艦首を毀《こわ》し、第三弾はその艦上に当たり、黒煙盛んに起り吉野乃《の》ち逃げ去らんとす」

「風聞するに、日本は提督戦死し、吉野は損傷大にして途中沈没せりと言う」と報告』している。

この報告を聞いた丁提督は、そのまま李鴻章に報告したが、第三国の外交官の情報などから方伯謙の虚報を知ることになった。

一方、清国陸軍は成歓の戦いで日本軍に陣地を完全に占領され、牙山に敗走したが、このとき、清将の葉志超は、李鴻章に対して「屡々《しばしば》日軍を殲滅《せんめつ》すること五千人を下らず」などというウソの報告を行っている。

このように、清軍は、犠牲的精神に満ちた日本軍将兵に対して、司令官を含めて将兵の「士気は低く劣勢になると武器や弾薬を捨てて逃げる始末であった」

また清軍は、帝国陸海軍が早くから「軍政をはじめ編制、装備とも列強並の近代化をはかっていた」のに対して、「徴兵制ではなく志願兵で、昔のままの統帥、隊伍、軍服、軍旗、武器に固執しバラバラ」であった。

一方、帝国陸軍の方は、「欧米での軍用銃の研究を終えた村田経芳少佐」が明治十三（一八八〇）年に、日本人の体格に合わせて国産の「村田銃」を開発して種類を統一したが、清軍の小銃は、モーゼル（独）、スナイドル（英）、レミントン（米）など、どれも種類がバラバラで互換性がなかった。

明治二十四（一八九一年）年七月十一日に、丁汝昌提督率いる北洋艦隊六隻がウラジオストックを訪問した帰りに横浜に入港したことがあった。

名目上は親善訪問ではあったが、実際には洋務運動によって、近代化された北洋艦隊の実力を誇示することが狙いだったことは明白である。このときに、横浜に在泊中だった北洋艦隊は、名士、新聞記者、帝国議会の両議員などを招待して参観を許した。

「参観者はみな、二隻の巨大なことと、装備のすぐれていることに舌をまいたが、中には首をかしげる者もないではなかった。

ある新聞記者は、艦内の整理整頓がゆき届かず、なにもかも投げやりで乱雑なのを見て、将兵の士気、規律、訓練の精度は大丈夫か、と疑問を投げかけている。

ある参観者は、日本の軍艦にないような、巨大な主砲に驚嘆しながらも、その内部が赤く錆びているのに目をつけ、ふだんの手入れはどうなっているのか、と疑っている。小銃なども錆びだらけであった。

だから、海軍は陸軍ほど楽観的ではないにしても、思い切って戦えば、案外、勝つことができるのではないかという者も、すくなくなかった」

さらに「日本海軍にとって有利な点が、もうひとつあった。それは清国艦隊がバラバラで、ひとつにまとまっていないことである」。清仏戦争のときに、福州の馬尾で福建艦隊が壊滅すると、清国艦隊は、北洋艦隊、南洋艦隊および広東艦隊の三つに再編制され、「それぞれちがった将領に支配されている。いま、日本と清国が戦端を開いても、北京政府の命令によって、出動するのは、北洋艦隊だけであろう。ほかに、広東艦隊から若干、参加するだろうが、それは大勢に影響するほどの力とはならないだろう。

現に、十年ばかり前、清国がフランスと戦ったとき、福建艦隊の全部と、南洋艦隊の三艦がフランス艦隊のために撃沈された。そのとき北洋艦隊は知らぬ顔をしていて、一度も応援にゆかなかった。いま日本と開戦ということになっても、矢面に立つのは北洋艦隊だけで、ほかの艦隊は高みの見物をきめこんでいるだろう。

いま清国では北洋艦隊が一番強いが、こいつが壊滅的な損害を受ければ、国内的にはほかの艦隊が、バランスの上で強くなる道理である。わざわざ応援に出かけて、怪我をするのは、馬鹿のすることである」

そうなると、日本とまともに戦うのは、北洋艦隊（軍艦二十二隻、水雷艇十二隻）と広東艦隊（軍艦三隻）ということになって、「日本の方が優勢になる。おまけに、先方の積んでいる大砲は、砲身が赤く錆びているときている。これなら、やれないこともあるまいというのが主戦派の意見」であった。

陸軍の場合は、先述の川上中将が清国の視察旅行に出たときに、清国内鉄道の不備を知ったことで、「清国恐れるに足りず、勝算あり」と確信したことが開戦を決断した要因であった。

一方、海軍の場合は、アメリカ海軍のベルナップ提督が

「日本の艦隊運動は実に見事に指揮されている。将兵の軍規は厳しく、その責任に赴く勇気は驚くべきものがある。小国なりといえども彼等は優れた素質と勇気とをもって他のアジアの諸人種を遥かに凌いでいる。

もしも、同等の艦隊をもってイギリスの提督と戦わしめたなら、余はその勝敗を予断するに苦しむものである。いずれにしても日本は、東洋において英国の最も恐るべき競争相手となることは明らかだ。日本の海軍はやがて恐るべき海軍になるでしょう」

と述べ、帝国海軍の絶対的勝利を予言したように、清国海軍の将兵の士気、規律、訓練の精度が帝国海軍と比べて、極めて低いことや日清戦争に参戦する清国海軍は、北洋艦隊だけだと判断したことが開戦を決意した要因であった。

陸海軍の主戦派の意見は、大体そういう意見であったし、また戦争の経過も、大体、そのように展開していったのである。このように、「日清戦争は決して勝算のない、無謀な戦争ではなくて、相当確実な計算の上に立って戦われた」ことは間違いないだろう。

清国の敗因

日清戦争とは日本にとって、天皇を中心に国民を一致団結させせて、国家の存亡を賭けて戦うというレベルにまで高めることができた戦争であった。

例えば、明治政府は戦時公債を発行して戦費を徴収し、国民の関心を引くことに努めたし、また義勇兵の志願者が増大したことから、明治天皇は「国内で生業を守って富強の源を培《つちか》うべし」と詔勅を出して、志願者を制限したくらいである。

これに対して、清国は、イギリスの香港上海銀行から戦費を高金利で借りていたため、孫文は、戦争当時清国が日本と戦争をしていたことを知っていた民間人などほとんどいなかったと語っているくらいである。

このように、清国は、日本と比べて旧体制に固執するあまり近代化に遅れ、さらに朝廷内では権力闘争に明け暮れて世論はおろか、指導者たちの意見すら纏めることができなかったのである。

結局、日清戦争というのは、日本軍と西大后派の重鎮である李鴻章の陸海軍だけで戦われた戦争で、国を挙げての戦争というものではなかったのである。例えば、南洋艦隊は、日本側が予想した通り、「自らの損害を恐れて中立宣言まで出して戦争を傍観した」くらいであった。

その理由は、清国の統治システムが日本のように中央集権体制をとっていなかったことにある。そもそも清国は、一見して中央集権体制のように見えるが、実際には皇帝は任命権を持っているだけで、「地方の税金は中央から派遣された県知事が集めて一部を中央に送り、残りの金で地方を治めるという統治システム」であった。

一八五一年に、「太平天国の乱が起こると、清朝の正規軍である八旗兵（満州兵）やモンゴル騎兵は苦戦し、乱を鎮圧」することができなかった。

このため地方では土地を守るために自警団が組織されたが、それらはやがて地方軍となり、地方の税金の徴収権を持つ独立軍となった。これが軍閥の始まりで、その中で最大の軍閥が北洋軍閥であり、その領袖が李鴻章であった。

その後、清国では「皇帝子飼いの大臣が軍隊を持つのではなく、軍隊を持つ地方の有力者が大臣に任命されていくこと」になった。

この清国の軍閥は北洋軍閥のほかに、上海や福建にもあったが、それらは統一された組織ではないため、それらが協力して清国を支えるものではなかったのである。

例えば、清仏戦争で福建艦隊はフランス軍と戦ったが、李鴻章は援軍を出していない。清国のためよりも、自分の利権を優先させたからである。反対に日清戦争のときに、連合艦隊と戦ったのは、北洋艦隊と広東艦隊だけであった。

「このように難事に直面した時に一丸となるのではなく、なるべく自分は当事者にならず、面倒は他人に押し付けるという彼らの精神が日清戦争の明暗を分けた」大きな原因の一つであったと言えるだろう。

要するに、日清戦争とは清国にとって、国民国家の軍隊で戦った戦争ではなく、地方の軍閥の中で最大の北洋軍閥と広東軍閥だけで戦った戦争で、日本のように国家の総力を結集した国民戦争のレベルにまで持っていくことができなかったのである。

大国清国が「眠れる獅子」というのは錯覚で、実際には「眠れる獅子」でも大国でもないことが、この日清戦争で明らかになったわけである。

李鴻章の直接の部下で、後に中華民国の初代大総統となる袁世凱も、「我が軍の弱さは量より質にある。肉体的強さより訓練の欠如だ。最悪なのは統一的組織もなければ、厳格な規律もないことだ」と清国の敗因について分析しているように、「そもそも政府は人民不信のため、国民に武器を持たせる徴兵制度を施行せず、軍隊も国軍・政府軍というよりも」、どれも権力者たちの私兵に過ぎなかったのである。近代戦の時代において、このように「人民」はいても「国民」を持たない清国が敗れたのは当然であったろう。

結局、清国が日本に敗北した最大の要因は、李鴻章の陸海軍の士気が極めて低かったことのほかに、日本が国家の総力をあげた国民戦争として清国と戦ったのに対して、清国は総力をあげた国民戦争として戦えなかったことにあると言っていいだろう。

コラム③

清国に対する日本軍の諜報活動

日本が清国との開戦に踏み切った背景には開国以来、帝国陸軍が清国に対して行っていた、次のような諜報戦があったことを忘れてはならないだろう。

アヘン戦争以来、次々と凋落していく清国の姿を見てきた日本では、やがて「日本も列強と競い合う中で、この混迷する大陸で戦うことになるかもしれない」。そこで、清国に地理の調査のために密偵（スパイ）を派遣する必要がある、と考える者が現れてきた。

維新十傑の一人に数えられる佐賀藩出身の政治家江藤新平である。この江藤の提言によって、池上四郎少佐と武市正幹大尉が明治四（一八七一）年に、満州の軍事偵察のために派遣され、『奉天、遼陽、牛荘などを巡って地理・気象・政治・経済状況を観察し、成果として外務省に地図を提供した。

さらに彼らは、清国の緩み切った有様をつぶさに見て「数年が経過すれば清国は瓦解する」と結論付けた。一八七三年には八人の軍人が留学生として清国に派遣され、北京と天津に分かれ、語学の習得に励んだ。彼らも留学生の仮面を被ったスパイだったと思われる。翌年、二月、こうした明治政府の諜報に関わる仕事は、陸軍では参謀局が担うことに決まった』のである。

明治六年十一月に、ドイツ留学から帰国した桂太郎（後に総理大臣）は翌年一月に、木戸孝允の推薦で陸軍歩兵大尉に命じられると、七月に参謀局情報提理に就任した。このとき、桂大尉は、「清国の兵制や実況を調査し、有事の際に応用するため、公使館付の武官を置くこと」を力説したことで、帝国陸軍の「武官は公使館に勤務し、軍事に関する情報収集を担当」することになった。

これによって、武官は、参謀局からの豊富な活動資金を基に、満州や中国に視察旅行を行い、軍備・地理・気候などを調査して報告書にまとめた。

一方、川上操六中将（当時大佐）は、日本陸軍大学校の兵学教官だったドイツの名戦術家として知られているクレメンス・メッケル参謀少佐の「情報こそ作戦の命」という教えに従って「小島正保、柴五郎、小澤徳平などの尉官クラスの将校を、中国各地に派遣して最新の情報を収集」していた。

また川上中将が最も信頼した荒尾精少尉の創設した日清貿易研究所の研究生たちは、荒尾少尉とともに清国に渡り、後の日清戦争で通訳や諜報員として活動を行った。

後に、川上中将は、この研究員たちが「中国各地に入って得た貴重な情報（風土気候・人情風俗・農工商・金融・運輸・交通など）」と、川上中将自身が清国を視察して集めた情報（清国内鉄道の不備）に基づいて、清国との開戦を決意するのである。

第四章　日清戦争のアジア史的意義とは何か

第一節　日清戦争は東アジア世界にどのような影響を与えたのか

東アジア世界の国際関係に一大変革をもたらした日清戦争

日本は、日清戦争の勝利によって、清国と朝鮮との間の朝貢・冊封関係に終止符を打たせ、朝鮮を完全無欠の独立国家にすることに成功したわけであるが、アジア史的な視点から見れば、日清戦争とは「日本が勝利した戦争というよりは、清国が敗北した戦争という捉え方」の方が正しい見方であると言っていいだろう。

確かに、日清戦争は、日本が朝鮮を独立させると同時に、清国を覚醒させることを目的に戦った戦争ではあったが、日清戦争は、それだけではなく、「清国が主張する東アジア世界の伝統的な華夷秩序と、日本によって持ち込まれ主張された近代国際法的秩序という、新旧の外交原理の対立が引き起こした戦争でもあった」のである。

結局、清国は、日清戦争の敗北によって、東アジア最後の属邦であった朝鮮に対する宗主権を失うことになったが、また同時に、それは清国と朝鮮との間にあった朝貢・冊封関係を主権国家といわれる近代国際法秩序の体系に転換させることにもなったのである。

さらに、清国は明治八（一八七五）年に、「日本が琉球藩に清国への進貢を禁じて以来、対立関係にあった日本への帰属を最終的には認め得ざるを得なくなった」のであるが、清国が朝鮮と琉球に対する支配力を失うことは、東アジア世界の華夷秩序が崩壊し、近代国際法秩序の体系が確立したことを意味した。

また敗戦のときに結んだ日清講和条約によって、「日本との関係も対等なものから清国にとって不平等なものへと変えられた」わけであるが、これによって国際法上、主権国家である清国が日本との不平等条約を改正する場合には、日本のように自国を近代国家（文明国）に造り変えなければならなくなってくるのである。

日清戦争については、「その戦史のみを取り出して語られるものが多い。だが、歴史というものは、さまざまな事件の積み上げによってつくられていくものなのである」。いくら戦史を研究しても、それだけでは歴史の流れを理解することはできないだろう。

その意味で、日清戦争とはアジア史的視点で見れば、一八九五年四月二十三日付の英紙『タイムス』が「極東には新しい世界が誕生したのだ。われわれはそれと共存し、最大限に利用しなければならない」と述べているように、単に朝鮮の独立をもたらした戦争ではなく、清国の敗北によって、従来の東アジア世界の華夷秩序が崩壊し、東アジア世界に新たな近代国際法秩序の体系が生み出される契機となった戦争だったのである。

さらに文明史的に見れば、日清戦争とは中華帝国の「華夷秩序」体系と帝国主義列強の「近代国際法秩序」体系との衝突だったとも言えるだろう。言わば、清国は、日清戦争によって、中華帝国の華夷秩序体系の中に、全世界を包摂することができなくなったのである。

清国は明治三十二（一八九九）年九月十一日に、完全無欠な独立国となった朝鮮（大韓帝国）との間で「韓清通商条約」と、その互換条約を締結したが、これによって従来の「朝鮮との間の冊封関係も、下関条約で事実上消滅すること」になった。

要するに、この日清戦争によって、「清国の対外関係は条約に基づく関係に一元化される」ことになり、清国と朝鮮との間は従来の朝貢・冊封関係ではなく、近代国際法的な関係となったということである。

日清戦争の本来の目的は、清国と朝鮮との冊封関係を消滅させて、朝鮮の完全独立を達成させると同時に、清国を覚醒させることにあった。日清戦争は、それまで東アジア世界に君臨していた華夷秩序の体系を崩壊させたことで、東アジア世界の国際関係に一大変革をもたらしたのであるが、当時の新政府の政治家や軍人たちは、清国との戦いがその後の東アジア世界の国際秩序に一大変革をもたらすことになるとは、夢想だにしなかったに違いない。

これこそが、日清戦争のアジア史的意義であると言っていいだろう。

しかし、現在の日本、韓国、中国では相変わらず、アヘン戦争以降の日本の戦争（清仏戦争→日清戦争→北清事変→満州事変→支那事変→大東亜戦争）は、全て日本帝国主義による「侵略戦争」とする歴史認識が主流であり、「客観的な歴史認識」には至ってはいないのである。


アジア諸国の独立に勇気と希望を与えた日清戦争

天皇を中心に明治維新を断行して近代化を推進し、国民を一致団結させて日清戦争を戦った日本の勝利は、「ナショナリズムの勝利であり、近代化政策の勝利であるとして、アジア解放の先駆者たち」に勇気と希望を与えたのである。

例えば、フィリピンではアメリカに対する革命軍指導者のアギナルド将軍らによる独立運動を誘発した。日本に憧れを抱いたアギナルドらは、「日本の国旗や連隊旗を模倣した革命軍旗や徽章を作って戦った」のである。


清国の内政面にも大きな影響を与えた日清戦争

一般に、清国は、第二次アヘン戦争（一八五六年）に敗れると、その後も弱体化していったかのように思われているが、実際には李鴻章が洋務運動を展開して、私兵の近代化を図ったのである。

しかし、実際の洋務運動の中身というのは、「中体西用」というスローガンがあるように、精神は中国のままで、西洋の技術だけを用いるという意味から、中身や質をまったく気に留めなかったため、洋務運動は表面的な改革で終わったのである。

この洋務運動によって誕生したのが李鴻章の北洋艦隊であったが、「清国は十年間に、海軍の予算二千万両を流用して、西大后と醇親王《じゅんしんのう》の頤和園《いわえん》建築に流用した」ことから、実際には李鴻章が私財を投じて創設したものであった。

しかも、「損害を最小限に抑えるために受動的戦略しか取れず、経費節約のために、指揮命令系統の連繫《れんけい》訓練にも欠け、砲弾も不足したため、とうとう戦意を失い」、黄海の海戦で無残にも壊滅してしまうわけである。

洋務運動は、『伝統的な政治体制、イデオロギー体系をそのままにし、商工業に重税を課し、不平等条約のもとで「富国強兵」を実現しようとしたところに』限界が認められるが、「洋務運動の過程で近代工業のみならず、近代社会・近代国家に対する中国人の認識もすすみ、その推進者のなかからも、中国の体制改革を志向する動きが生まれていった」のである。

この運動を「戊戌《ぼじゅつ》維新」と呼ぶが、これは日清戦争の敗北を契機に、明治三十一（一八九八）

年に、清国の政治家康有為《こうゆうい》、梁啓超《りょうけいちょう》、譚嗣同《たんしどう》ら立憲維新派を中心に、明治維新をモデルに内政面を改革して、近代国家建設を実施しようとする政治改革運動(「変法運動(変法自強)」)であった。

この立憲維新派が議会政治を基本に立憲君主制の樹立を目指す改革のモデルとして選んだのが明治維新であった。その理由は、「欧米は地理的に遠く、風俗も異なるので参考にしにくい、またアメリカの独立やフランスの革命は暴力に訴えたもので犠牲が大きい」ため、手近な距離にあり、同じ漢字を用いる文化だったことにある。

また康有為が『日本変政考』で、

「西洋各国が五百年でなしとげたことを日本は二十年あまりでなしおえた。中国の国土は日本の十倍以上あり、明治維新にならえば三年にして大略がなり、五年にして条理を備え、八年にして効果をあげ、十年にして覇業を定める」「西洋人が種をまき、肥料を与え、日本人がそれを育て、わが国民は座してその収穫を食するのみ」

と述べているように、清国には「小国日本ができることなら、我々はもっと立派にもっとはやくできるに違いないという」大国としての傲慢さがあったことは確かであろう。

こうした背景には「中国人に中華思想という抜きがたい自国文化崇拝がある」からである。

確かに、日本にも「和魂洋才」という言葉が示すように、日本精神と西欧諸国の学問を融合させようとする考え方があるが、これは中国の「中体西洋」の思想とは根本的に違う思想である。

「日本人は西洋の制度、文物というハードを導入する以上、それを完璧に使いこなすには、それ相応の国民の思想、知識、生活様式の育成が不可欠であると考え、そしてそれを徹底的に研究し、そして実戦に移した」

だが、中国人は、中国文化（中体）への過剰な信仰から外国の文化を蔑む意識から脱却することができなかった。このため清国は、その後、没落の一途をたどっていくのである。

康有為は同年九月十九日に、日本公使館に伊藤を訪ねて、明治維新の立役者の一人であった伊藤博文を政治改革の顧問として迎えるため、一挙に維新を達成させたいという清朝第十一代皇帝の光緒帝《こうしょてい》の意志を伝えた。そして改革に反対する保守派の批判を食い止めるために、西大后と謁見して改革の意義を話して聞かせるように依頼した。

伊藤は翌日に、先に光緒帝に謁見して変法維新について下問を受けたが、「それは儀礼的な内容にとどまり、伊藤は退出した」。ところが、翌日に、光緒帝は西大后に幽閉され、戊戌維新が、わずか一〇三日で挫折してしまうのである。

もし伊藤を登用すれば、「先祖から継承してきた天下が日本に乗っ取られるかもしれない」という不安と猜疑心が保守派と西大后との間で高まったからである。

こうして、清国では西大后が摂政となり、再び保守派が主導権を掌握したことで、排他的で保守的な政治が続くことになるのである。

祖国再建を目指す清国留学生に影響を与えた日清戦争

日清戦争の敗北を契機に、日本に対する関心が最も高まった清国では明治三十一年に、明治維新をモデルにした戊戌維新が起こったことは既述したが、戊戌維新が一〇三日間で失敗すると、明治三十二（一八九九）年から明治四十三（一九一〇）年までの間に、「日本遊記は一四〇種類、日本の政治や法律、教育、農工鉱業、軍事、警察などに関する翻訳は六〇〇種以上を数えた」

また日清戦争以降、祖国再建のために清国から多くの留学生が日本を目指してきたことも無視できない事実である。彼らは、「明治維新という大改革に成功し、ついには富国強兵政策の成果によって清国を打ち破った日本近代化建設の成功の秘訣を知りたかったのである」

日清戦争後、最初の日本への留学生の派遣は明治二十九（一八九六）年のことであった。清国駐日公使館の募集に応じた十三人の清国留学生は、文部大臣西園寺公望《さいおんじきんもち》を通じて、当時、東京高等師範学校長だった講道館柔道の創始者嘉納治五郎に委託された。

日本の近代化に触発された彼らは、明治の初期に日本人留学生がヨーロッパから持ち帰った「西洋思想、つまり日本の興隆を支える啓蒙思想、哲学、社会思想、政治思想を懸命に学び、亡国の淵にある祖国の再建に役立てようと、それらを持ち帰っていった。また日露戦争における日本人挙国一致の戦いぶりや戦勝を目の当たりにすると、日本の国民意識、民族意識にも刺激され、そのほとんど多くは祖国への改革、あるいは反清革命を志すようになった」とも言われている。

日本は、清国の留学生を受け入れる学校や学部を続々と開校した。明治の日本人が『この国に望んだのものは「目覚め」であり、そのための人材養成であり、最終的には西洋列強の侵略から共同でアジアを防衛する』ことにあったからである。

例えば、清国留学生を受け入れた「弘文学院は開校後、各分野の優秀な教授陣を整えるとともに、卒業生には文部省直轄校への無試験入学という特典も与えた。

弘文学院はのちに宏文学院と改称するが、日本留学熱の退潮で一九〇九年に閉校されるまでの間、七千人以上の清国留学生を受け入れた」が、その中には後に中国共産党を創立した陳独秀や文学者の魯迅《ろじん》などもいた。

また法政大学も一年半の「速成科」を設置して、法律、政治・経済の人材を育成したが、「学生には科挙の合格者など優秀なものが多く、汪兆銘、胡漢民、江庸、周恩来など、後に近代史に名を残す人々を輩出している」

では、日本の歴史教科書では日清戦争について、どのように説明しているのだろうか。

次に、その内容について見てみよう。

日本の歴史教科書が語る日清戦争

『要説　世界史A』（山川出版、平成二十五年版）

一八九四年、朝鮮で甲午農民戦争（東学党の乱）がおこると、日清両国は朝鮮に出兵し、ついに日清戦争となった。戦争は日本の勝利におわり、一八九五年下関条約が結ばれた。この条約で清は、朝鮮の独立、日本への遼東半島・台湾・澎湖諸島の割譲、賠償金の支払い、開港場での企業の設立などを認めた。

すでに清は、ベトナムに進出したフランスとたたかい（清仏戦争）、その結果一八八五年に結ばれた条約で、ベトナムに対する保護権をフランスに認めていた。これに加えて日清戦争に敗れた結果、東アジア地域で伝統的にうけつがれてきた、中国に対し周辺諸国が服属するという関係によって成り立っていた国際秩序（朝貢・冊封体制）がくずれることになった。

『高等学校　世界史A』（第一学習社、平成二十五年版）

甲申政変が終結したのち、日本と清の間の緊張はやわらいだ。しかし、一八九四年に甲午農民戦争（東学党の乱）がおこり、朝鮮の要請に応じて清が出兵すると、それに対抗して日本も出兵し、ついに日清戦争が勃発した。戦争に勝利をおさめた日本は、清と下関条約を結び、朝鮮の独立、遼東半島や台湾・澎湖諸島の割譲、賠償金二億両《テール》の支払い、開港場での工場の設立などを認めさせた。

こうして冊封関係にもとづく、東アジアの伝統的な国際秩序はくずれていった。

『明解　世界史A』（帝国書院、平成二十五年版）

一八九四年、東学信徒の指導のもとに農民が立ち上がり、大規模な内戦に発展した（甲午農民戦争）。

朝鮮は清に派兵を要請し、日本も対抗して出兵したので、国外市場を朝鮮半島に求めていた日本と清が衝突し、日清戦争に発展した。日本軍は清軍を圧倒し、一八九五年の下関条約で、朝鮮の独立、遼東半島・台湾などの割譲、多額の賠償金、清の開港場で製造業を経営する権利を清朝に認めさせた。

『世界史A』（実教出版、平成二十五年版）

外圧や社会不安のなかで、一八九四年二月、東学の指導者であった全琫準《ぜんほうじゅん》が指揮する農民の大反乱がおこった（甲午農民戦争）。朝鮮政府は清に救援を求め、日本も出兵した。朝鮮政府と東学党は停戦協定をむすんだが、日清両軍は撤兵せず、日清戦争が勃発した。戦争は日本の勝利となり、一八九五年下関条約がむすばれた。清は、この条約で朝鮮における宗主権の放棄、台湾、澎湖諸島、遼東半島の割譲、二億両の賠償金の支払い、開港場での工場建設の権利などを認めた。

『世界史A』（東京書籍、平成二十五年版）

一八九四年、増税に反対し西洋と日本の排斥を求め、全琫準《チョンボンジュン(ぜんほうじゅん)》にひきいられた農民反乱がおこった（甲午農民戦争）。農民の多くは崔済愚《チェジェウ(さいせいぐ)》がとなえた民衆救済宗教である東学（西学のキリスト教に対して、儒教・仏教・道教にキリスト教を加味した宗教）を奉じていた。閔妃は鎮圧のため清に援軍を求め、日本もこれを機に出兵した。ここに日清戦争が始まり、日本軍は朝鮮半島を北上して中国東北地方に侵入し、遼東半島も占領したため、一八九五年に清は李鴻章を派遣して下関で講和条約を結んだ。

下関条約は、朝鮮の独立、遼東半島（ロシア、フランス、ドイツの三国干渉により一八九五年に清に返還）、台湾、澎湖諸島の割譲、賠償金二億両《テール》（約三億一〇〇〇万円）、開港場で製造工業経営権の承認、最恵国条項の供与などをとりきめた。これは、清における日本の利権の拡張と、他方では清の国際的地位の低下をまねいた。

『高等学校　世界史A　最新版』（清水書院、平成二十五年版）

一八九四年、朝鮮で、東学を信ずる農民が、官吏の腐敗と農民への増税に反対して大反乱（甲午農民戦争）をおこした。鎮圧に手を焼いた朝鮮政府は、清朝に援軍の派遣を要請した。日本も居留民保護などを口実に出兵した。反乱はすでに収束していたが、両軍は撤兵せず、日清戦争がはじまった。日本軍は平壌で清国軍を破る一方、黄海海戦でも勝利をおさめ、戦場を遼東半島に移した。そして翌九五年一月に山東半島に進出して威海衛《いかいえい》軍港を占領すると、清朝の北洋艦隊は降伏した。戦争に勝利した日本は、同年、清朝と下関講和条約を結んだ。この条約で、日本は朝鮮の独立（清朝の宗主権否定）、台湾・澎湖諸島・遼東半島の割譲、賠償金二億両（三億一千万円）の支払いなどを清朝に認めさせた。

以上のように、わが国の歴史教科書を見ると、単に日清戦争の経過を説明しているだけで、日清戦争の目的について説明している教科書はないことが分かる。

また日清戦争によって東アジア世界の国際秩序（朝貢・冊封体制）が崩壊したことについて説明しているのは、山川出版と第一学習社だけで日清戦争が清国の内政やアジア諸国の独立に対して影響を与えたことについては、どの教科書も説明していないことが分かる。

第二節　日清戦争は世界にどのような影響を与えたのか

帝国主義列強とアジアとの国際関係を大きく変質させた日清戦争

日清戦争を世界史的に見れば、清国の敗北は、それまで東アジア世界をほかの列強の侵略から守っていた不平等条約体制を動揺させ、「それまで押しとどめられていた列強の中国分割競争」を開始させる結果を招いたとも言えるだろう。

言わば、日清戦争は、従来の帝国主義列強とアジアとの国際関係も、大きく変質させることになったのである。

十九世紀後半は、欧米列強の資本主義が最高の段階である帝国主義の確立期を迎え、資本の集中・金融資本の支配が強化された時代であったが、日本が開戦した日清戦争は、皮肉にも帝国主義の資本の輸出を招くことになったからである。

その突破口を開いたのが、日清講和条約（下関条約）であった。この条約では新たに日本が北京、湖北省沙市、四川省重慶、江蘇省蘇州、浙江省杭州などで工場などを経営する権利が認められていたが、資本主義を遅れてスタートさせた日本には資本輸出のレベルにまで達していなかったことから、何の利益もなかった。

むしろ、この工場経営権によって利益を得たのは、イギリスを始めとする帝国主義段階に移行した欧米列強であった。列強は、不平等条約の特性の一つである片務的最恵国条項によって、工場経営権を獲得したからである。

十九世紀中頃までの帝国列強とアジアとの関係は、「イギリスの主導権のもとに、協定関税と片務的最恵国待遇を足掛かりに、欧米列強が協調して不平等な関係を維持・拡大し、貿易利権を享受する不平等条約体制であった」

ところが、この条約によって、以後、帝国主義列強が続々と清国に資本を輸出して、進んだ技術を持った工場を設立するようになったことから、自国政府の保護を得られない清国の民族資本は工業化に大きな障害を受けた。

また清国では工場経営権にもまして、鉄道利権や鉱山利権も激しい争奪の的となった。『鉄道建設には、巨額の資本・資材を必要とするし、鉱山開発の利権をともなうことも多く、開通後には、営業収入を得られるばかりでなく、鉄道を通じて沿線地域の経済を支配することができる。このような点で、鉄道利権は帝国主義の「資本輸出」に、まさに恰好のものだった』のである。

例えば、「一八九六年から九十八年にかけて、ロシアは中国東北（いわゆる満洲）の東清鉄道の、フランスは広西の、ベルギー（実際はロシア・フランスの資本）は京漢鉄道（北京～武漢）の、アメリカは粤漢《えつかん》鉄道（広州～武漢）の、それぞれ施設権を獲得し、イギリスも滬寧《こねい》鉄道（上海～南京）の合弁契約に成功した」ことから、清国の主要幹線鉄道の大部分が、外国資本の支配下に置かれることになった。

このように帝国主義列強は、下関条約の片務的最恵国条項が「列強にも適用（均霑《きんてん》＝等しく利益を潤すこと）されることによって、それまで認められていなかった中国への投資を本格化させる根拠を得たのである」

さらに帝国主義列強は、領土的野心を深めるために租借地（「ある国が他国から租借した土地」）の範囲を設定してきた。一八九七年秋に、清国の山東省でドイツ人宣教師が賊徒に殺害されると、ドイツは山東省青島の膠州湾を武力で占領し、翌年三月に同湾の租借（「ある国が他国の領土の一部を借りること。原則として租借国が統治権を行使する」）を強引に認めさせた。

ロシアも、同年十二月に、この冬を過ごすために清国と交渉して極東艦隊を旅順に入港させ、翌年三月に租借した。また一八九九年にはイギリスが山東省の威海衛と香港対岸の九龍《きゅうりゅう》半島を租借したほか、揚子江沿岸に関する権益を獲得した。

さらに翌年にはフランスが広東省の広州湾を租借したほかに、雲南鉄道（雲南～ハノイ線）を敷設し、また広東省・広西省・雲南省の鉱山開発権を獲得した。

後述するように、帝国主義列強は、「日清戦争賠償金支払いのための巨額の借款を供与して、清朝政府財政の死命を制した。列強の金融資本は、銀行を開設して、民間金融に対する支配を強化した」のである。

このように、帝国主義列強による清国領土内の沿海地域を中心とする「分割」が加速し、清国の国家財政も帝国主義列強に依存するようになったことで、従来の「不平等条約体制を維持することによって列強全体の通商利益を擁護する、という十九世紀的な協調システムは、もはや現実性を失った」のである。

こうして、「アジアは、列強協調の時代から対立と競争の時代へと突入」していくのであった。

第三部
世界の国際秩序を変えた日露戦争

三笠艦橋の図（東城鉦太郎／明治39年）

第五章　世界を驚嘆させた日露戦争の真実

第一節　日露戦争はなぜ始まったのか

列強三国に干渉される日本

日清戦争に大勝した日本は、下関条約によって清国から軍費賠償などのほかに、遼東半島と台湾・澎湖列島を割譲させたことで、「日本中が勝利の美酒に酔い、小学生の旗行列が市中を行進した」が、帝国主義列強は必ずしも日本の勝利を喜んだわけではなかった。

ロシアは、下関条約の内容を知ると、ドイツとフランスを誘って遼東半島の割譲に横やりを入れてきたからである。

ロシアの駐日公使は、ドイツ、フランスの駐日公使とともに講和条約の調印から数えて、六日後の明治二十八（一八九五）年四月二十三日に、外務省を訪れて陸奥宗光外相に対して、次のような覚書を提出した。

「遼東半島の日本領は清国首府を危うくするばかりか朝鮮国の独立を有名無実とし、極東の永久の平和の障害となる。遼東半島領有の放棄を勧告する」

さらに、ドイツ駐日公使も、「日本が承諾しなければ武力を用いざるを得ない」との覚書を強硬に突きつけてきた。

もし、遼東半島南部が日本の領土になれば、ロシアの首都サンクトペテルブルクから極東までを結ぶシベリア横断鉄道の計画とともに不凍港の獲得が難しくなる。そこで、ロシアは、日本の大陸進出を食い止めるために、露仏同盟の同盟国フランスと、ロシアに接近をはかるドイツを誘って、日本に清国から譲渡される遼東半島の返還を要求してきた。

フランスがこの誘いに乗ったのは、ロシアとの露仏同盟を維持し、清国に対するイギリスの影響力を低下させることや、ロシアと同様に清国に借款を供与することで、その担保として関税、塩税、鉄道の敷設権および経営権の利権を獲得できるからである。

またドイツの場合も、清国に借款を供与することで、その担保として様々な利権を獲得でき、またロシアの矛先を極東に向けさせることで、自国の安全が保障されると計算したからである。

ここに、三国の利害は一致した。これが後の日露戦争の遠因となる、かの有名な「三国干渉」であるが、「この三国の強硬な勧告の背後には強大な軍事力がひかえていた。

極東水域にあるロシア艦隊は、弾薬庫に砲弾を満載し、戦闘色に塗り変えていつでも東京湾に突入して、東京を火の海にするだけの態勢をととのえていた。芝罘《チーフ》沖にはロシア、ドイツ、フランス三国の連合艦隊三十余隻が集結していた」

このやり方は、十九世紀以来、帝国主義列強が行ってきた外交交渉のやり方である。イギリスは、「清国での英国の権益は日本の講和条約では毀損《きそん》されない」と、ロシアとの共同干渉を拒否してくれたが、米英列国会議を開いて三国干渉の調停を図ることについては中立を口実に助力できないと回答してきた。

もし三国干渉を拒否すれば、日本は、これらの国との戦争を覚悟しなければならない。だが、当時の日本には三国干渉に抵抗するだけの国力がなかったことから、明治政府は旅順だけでも領有したいと交渉したが、先方は拒否してきた。

このため明治政府は四月三十日に、要求を部分的に受け入れることを三国に通知し、五月四日に閣議を開いて、遼東半島の全面返還を決定すると、清国と三国に対して通知した。

日本は、全面返還の代償として清国に三千万両《テール》（約四二〇〇万円）の支払いを承認させることに成功したが、評論家の徳富蘇峰が『国民新聞』で、「涙さえも出ないほどくやしい」と書いているように、戦勝気分で湧き上がっていた世論は一転して、屈辱の涙を呑むのである。

この三国干渉に憤激した評論家の三宅雪嶺《せつれい》も『日本新聞』で、「臥薪嘗胆《がしんしょうたん》」（「将来の成功を期して長いあいだ辛苦艱難すること」）を唱えたが、やがて、これが国民の間で合言葉となり、将来のロシアとの戦いに備えて一致団結することになるのである。

このように、日本は、講和交渉の成立からわずか二十日で、帝国主義列強の軍事的な圧力によって、清国から奪った戦利品を返還することになるが、このときから日本はロシアを仮想敵国とみなすようになっていった。

列強の半植民地化を招いた清国の弱体化

日清戦争によって、それまで東アジア世界に形成されていた華夷秩序が崩壊し、新たに国際秩序が生み出されたわけであるが、これによって清国は、「張り子の虎」を暴露されたことで、弱体化した自己の姿を列強に晒すことになってしまったのである。

言わば、これまで「眠れる獅子」と呼ばれていた清国のイメージは、日清戦争の敗北によって、大きく崩れ去ってしまったということである。

太平洋戦争研究会編『これだけ読めばよくわかる日露戦争と明治の群像』（世界文化社）によれば、清国は、当時の歳入総額が九千万両《テール》足らずだったことから、どうしても列強から借金をする必要があった。それにつけ込んで帝国主義列強が清国に対して「親切めかして申し出たのが借款供与」であったという。

このため清国は、イギリス・ロシア・ドイツ・フランスから、合計三億両を借款するはめになってしまったが、その利息は、なんと元金の二・三倍（四億両）で、人の弱みにつけ込んだ悪徳の高利貸しのようなものであった。

続いて、帝国主義列強は、先述した「租借」という形で清国を蚕食《さんしょく》（「蚕が桑の葉を食べるように、少しずつ領土を削り取られること」）し、領土の拡大を図ろうとした。

その先駆けが明治三十一（一八九八）年に、ロシアが清国に認めさせた遼東半島南部の旅順・大連両港の租借権（二十五年間）であり、これによってロシアは、三国干渉の見返りに、垂涎《すいぜん》の的だった不凍港の獲得に成功するのである。

ここまでが三国干渉についての定説であるが、実は、この三国干渉の背後には次のような裏工作が働いていたと言われている。

三国干渉と日露戦争を教唆したのは誰か

日清戦争に敗北した清国が下関条約によって、朝鮮の独立、領土の割譲および賠償金の支払いに応じたことは事実である。

だが、このとき、列強から清国に日本への賠償金支払いの借款供与を申し込んできたのではなくて、李鴻章が日本に多額の賠償金を支払うために、ロシアにフランスの銀行からの借り入れに口を聞いてもらったとき、清国の方からロシアに対して三国干渉を持ちかけたという説がある。

ウィルヘルム二世

ニコライ二世

一方、十九世紀末から二十世紀前半にかけて、ヨーロッパなどで「黄禍《こうか》論」（「黄色人種が興隆しては白色人種を脅かすという、人種差別にもとづく思想」）が湧き起こったことから、ドイツ皇帝ウィルヘルム二世は、「黄禍論」を対日外交に利用して、日清戦争後に三国干渉を起こしたという説もある。

しかも、このウィルヘルム二世は明治三十六年に、ロシア陸軍の兵力を削ぐために従兄弟のニコライ二世に警告を発して、対日戦争を教唆する手紙を送ったと言うのだ。

いずれにせよ、この三国干渉によって、日本に割譲される予定だった遼東半島は、「極東の平和」の名のもとに返還されることになり、その見返りとしてロシアは翌年五月に行われたニコライ二世の戴冠式に李鴻章を招待して、六月三日に「露清条約」を結び、遼東半島南部の旅順・大連両港の租借権と満州北部の東清鉄道の敷設権を獲得するのである。

この露清条約を「李鴻章＝ロバノフ協定」と呼ぶが、これを公表せずに密約にしたのは露清間で裏交渉があったからであろう。

東清鉄道の敷設権を獲得したロシア

では、大国ロシアは、なぜ三国交渉と借款供与の見返りに清国から東清鉄道の敷設権を獲得しようとしたのだろうか。

ロシアは明治二十四（一八九一）年より、ロシアの首都サンクトペテルブルクから極東までを結ぶシベリア横断鉄道を建設していたが、その理由は、「大海軍国・イギリスは、欧州からインド、さらに極東にかけての独占的な海上貿易ルートを独占しているため、ロシアとしては、陸路の鉄道建設が国家戦略としての重要度を増した」からである。

もし、シベリア鉄道が完成すれば、「ロシアの工業はいちじるしく活気づけられる。それは、ロシア全体を仲介として、ヨーロッパを中国の四億、日本の三五〇〇万の人口と結びつける。ロシア経由でヨーロッパの貨物は、上海まで一八日～二〇日で行く」ことになるが、「スエズ経由なら、四五日、カナダ経由なら三五日かかる」ことになる。

当初、ロシアは、この大計画を完成させるために、チェリャビンスクからウラジオストックまでの路線を計画したが、「極東のアムール線の建設が凍土や疫病のため困難」を極めたため、「ロシアのチタから満州内部を通って、ウラジオストックを結ぶ路線の建設」に変更した。

この路線がいわゆる「東清鉄道」と呼ばれるものであるが、こうしてロシアは、東清鉄道の敷設権を獲得すると、明治三十一（一八九八）年に、大連・旅順両港の租借とともに東清鉄道の支線である南満州支線（ハルピン～旅順）の敷設権も獲得するのである。

やがて、ロシアは、シベリア横断鉄道の全線を日露戦争勃発の半年後に開通させると、膨大な物資のほかに、兵員を極東に輸送することが可能になるのである。

露清両国間の密約では「日本の攻撃に対しては共同で対抗するということも決められた。攻守同盟の軍事同盟でもあった」。言わば、三国干渉から遼東半島南部租借までのプロセスは、両国間で定めた「既定路線」だったのであるが、こういう流れの中で、清国は五月八日に、山東省の港湾都市芝罘《チーフ》（現在の煙台）で日本と下関条約の批准書を交換するのである。

ロシアに裏切られた清国

では、なぜ清国は、三国干渉の見返りにロシアの租借を承認したのだろうか。その理由は、野蛮人だと思っている日本人と手を結ぶよりも、隣国として二百年以上もつきあってきた馴染みのあるロシアと手を結んだ方がよいと考えたことにある。

このため「アヘン戦争以来のイギリスやフランスの侵攻に対しても、清国は列強の一翼であるロシアが調停してくれること」を期待したが、その後、他の帝国主義列強が次々と清国から鉄道敷設権や租借権を獲得したことで、その期待は見事に裏切られ、思い知ることになるのである。

こうしてロシアは、東清鉄道の敷設権と沿線一帯の開発権も獲得したほかに、満州と隣接する蒙古も独占的に権益地帯にして、清国から漁夫の利を獲得すると、満州に隣接する朝鮮半島にも魔の手を伸ばそうとするのである。

三国干渉の後、大国ロシアに寝返った朝鮮

そもそも、日本が日清戦争に踏み切ったのは、朝鮮に対する大国ロシアの侵略を防ぐために、まず清国と戦って朝貢・冊封関係を消滅させ、朝鮮を完全無欠の独立国家にさせてから日本の主導の下で、近代国家に作り変えることにあった。

明治二十三（一八九〇）年の第一回帝国議会で、時の首相山県有朋が「朝鮮は日本の利益線である」と言明したように、もし朝鮮半島が日本と敵対する勢力の支配下に入ってしまうと、日本の安全保障が危うくなってくるからである。それは、地政学的に日本と朝鮮半島が抱えている宿命であり、今日もなお現実的な問題であろう。

このように一刻も早く朝鮮を独立させて近代化を図り、列強の脅威を跳ね除けようと考えていた日本は、東学党の乱が幕を引くと、親清派の閔氏派を一掃して、幽囚されていた大院君を執政にすえ、親日派政権を樹立させて、大院君に朝鮮の内政改革に取り組むことを約束させた。

これによって、朝鮮では大院君執政のもと、改革派の金弘集《きんこうしゅう》内閣が明治二十七年に誕生し、近代化への内政改革を次々と推進しようとした。これを「第一次甲午改革」と呼ぶが、親清派の閔氏派や「大院君派守旧官僚らの執拗な圧力により、日本が望む近代国民国家体制の創出に

までは手をつけられなかった」ことで、「同年十月に井上馨が駐朝公使に着任すると、先の甲申政変に連座して海外に亡命していた朴泳孝と徐光範を呼び戻し、第二次金弘集内閣」を発足させた。

これを「第二次甲午改革」と呼ぶが、この改革は、朝鮮の『政治・経済・社会全般にわたる制度の大幅な近代化であり、基本的には、かの金玉均らが示していた「甲申政綱」を引き継いだものであった。もちろん清国との宗属関係の廃止』も唱えていた。

こうした中で、日本が三国干渉によって、遼東半島の放棄のほかに、「朝鮮鉄道管理権の五十年保有と日本軍の朝鮮駐留」も断念してしまうと、元々、朝鮮には「事大主義《じだい》」(「大国に仕えることを国家安泰の要とする朝鮮伝統の政策」)という考え方があったことから、朝鮮内で親露派の勢力が日増しに大きくなり、親日派勢力を政権から追放しようとしてきた。

この親露派の台頭によって、大院君が引退すると、ロシアの威を借りた閔氏派は政権を奪回したため、六月に第二次金弘集内閣は崩壊した。代わって「八月には第三次金弘集内閣が成立するが、もはや改革派は排斥され、親露派や欧米派の官僚たちが登用された」

このように閔氏派がロシアの傀儡《かいらい》政権になったことは、日本にとって三国干渉とともに最大の危機となったが、九月一日に井上公使が退任して、新しく元陸軍中将三浦梧楼《ごろう》が特命全権公使として着任すると、事態は大きく一変するのである。

閔妃

乙未事件

三浦公使が着任すると、日本人教官が育成した朝鮮訓練隊の武器が押収される事件が起こった。これに危機感を抱いた三浦公使は十月八日未明に、大院君と策応して日本軍守備隊、朝鮮訓練隊および日本人の壮士とともに漢城京福宮を占領し、常殿にいた親露派の中心人物である閔妃《びんひ》（国王高宗の王妃、別名明成《めいせい》皇后）を斬殺した。

これを「乙未《いつび》事件」と呼ぶが、三浦公使は、この事件について「訓練隊と大院君が結託して起こした軍事クーデターであり、日本軍は国王の依頼を受けてその鎮圧に出動した」と述べたが、外国使節に目撃されたことから支持する者はなく、日本は国際的な非難を浴びることになった。

その後、罷免された三浦公使ら関係者四十八名が拘留され、広島地裁で裁判が行われたが、証拠不十分で翌年一月二十日に釈放された。この事件で、閔氏派勢力が後退したことによって、復権した大院君は親露派を排除し、新たに第四次金弘集内閣を組閣させるのである。

親露派の巻き返し

こうして、日本の支援の下に朝鮮の近代化が本格的に開始されていくように見えた。ところが、明治二十九（一八九六）年一月に、「農民層を巻き込んでの守旧派による反政府武装反乱が各地で発生」する事件が起こると、朝鮮政府は、この反乱を鎮圧するために鎮圧部隊を地方へ派遣したが、ロシアの威を借りた親露派は、王宮警護が甘くなった隙に、クーデターを起こすのである。

この隙を狙って、朝鮮駐在のロシア公使ウェーバーは二月十日に、仁川に在泊中のロシア軍艦から百余名の軍隊を漢城に集結させ、日本軍の守備する王宮から国王高宗と息子の世子《せいし》をロシア公使館に移して幽閉した（露館播遷《ろかんはせん》）。そして、高宗に「国王親政を宣言させ、断髪令の中止と、政権首脳五名を逆賊とする逮捕殺令を布告させた」が、これによって、朝鮮国内の親日派勢力は完全に壊滅した。

こうして日朝の外交問題は、新政府がロシア公使館内で誕生したことから、日露の外交交渉によって、処理されていくことになった。

六月には「山県＝ロバノフ協定」が締結され、これによって「朝鮮人による軍隊が組織されるまで両国の軍隊を朝鮮要所に駐屯させることや、両国軍隊の衝突を避ける緩衝地帯を設けることなど」が取り決められた。

さらに明治政府は十月に、「軍の編制・訓練にあたるロシア将校とロシア大蔵省から派遣された財政顧問を正式に任命し、それまで同任務にあたっていた日本人の武官・顧問」を一掃することで、完全に日本の影響力を排除するのである。

国王高宗は翌年二月二十日に、ロシア公使館を出て慶運宮（現在の徳寿宮）に戻り、十月に国号を「大韓」と改めて「大韓帝国」の成立を宣布した。そして十月十二日に皇位即位式を行い、国王の称号を廃して皇帝と称するようになった。

こうして朝鮮は、朝鮮の独立を記した下関条約の第一条に従って、表面的には清国から独立を果たしたが、親露派の巻き返しによって、ロシアの傀儡政権となり、事実上、大国ロシアの従属国となっていくのである。

義和団事件の発生

先述したロシアの裏切りによって、梯子《はしご》を外された清国が帝国主義列強によって、次々と蚕食されていくようになると、これに対する反発から明治三十二（一八九九）年二月に、山東省で義和団という宗教結社によって、ドイツ人宣教師が殺害される事件が起こった。

これを「義和団事件」と呼ぶが、三国干渉に加わって、虎視《こし》眈眈《たんたん》と利権獲得の機会をうかがっていたドイツ皇帝ウィルヘルム二世は、この事件を知ると、いち早く上海の呉淞《ウースン》に在泊するドイツ東洋艦隊に山東省膠州湾の占領を命じて、十一月十四日に港湾施設や砲台を占領させた。

小村寿太郎

翌年三月には殺害されたドイツ人宣教師の慰謝料のほかに、山東省の鉄道敷設権、膠州湾と青島の租借権（九十九年間）と鉱山採掘権などを獲得した。後に、桂太郎内閣の外相となり、イギリスやロシアと外交交渉を行った小村寿太郎が回想録で「義和団は複雑な政治的色彩を持っているが、其の根底は飽くなき帝国主義的侵略に対する民衆の反抗的暴動」であると述べているように、列強の帝国主義的侵略に対して、排外的な「扶清滅洋《ふしんめつよう》」（「清朝を扶《たす》けて、外国勢力を駆逐する」）のスローガンを旗印にした義和団の蜂起は、山東省だけでは終わらなかった。日本では「北清事変」と呼ばれる、この騒乱は、またたく間に華北一帯の貧農・流民・下層労働者にまで拡大していったからである。

義和団は、各地でキリスト教会や信者を襲い、外国人が経営する北京〜天津間の鉄道を破壊した。そして、「多くの外国人が居留する天津と北京に押し寄せ、事実上両都市を支配下におさめてしまった」のである。

このとき、北京に進入した義和団員は二十万人にもおよび、またたく間に外国公使館区域を占領した。これに驚いた北京の外国公館は明治三十三（一九〇〇）年一月二十七日に、清国政府に義和団の鎮圧を何度も要求したが、清国は放置して傍観するだけであった。

当初、列強は、「中国沿岸に遊弋《ゆうよく》していた各国軍艦を大沽《だいこ》沖に集め、陸戦隊を中心に連合軍を組織して保護に当たっていた。しかし北京の治安は日に日に悪化していった」のである。

八カ国連合軍の自衛行動

そこで、日本を始めとするイギリス、アメリカ、フランス、ロシア、ドイツ、イタリア、オーストリアの八カ国は、義和団に包囲された北京の公使館員と居留民の安全を確保するために自衛行動を開始した。

最初に、天津の外港である大沽から上陸した英国シナ艦隊司令官シーモア中将が六月十日に、天津の連合軍陸戦隊二五〇〇人を率いて、北京へと向かったが、途中で「数万の清国兵と義和団員に包囲・攻撃され、危機に陥った。知らせを受けた天津の連合軍は、ロシアのステッセル大将《ママ》を指揮官に二千人が救援に走り、やっとのことで天津に戻ることができた」

ところが、この列強の自衛行動に態度を硬化させた清朝の実権者西大后は六月二十一日に、義和団の反乱を支持して列強に宣戦布告を行ったことから、義和団の乱は列強に対する暴動から、いつの間にか連合国軍対清軍の戦争へとエスカレートしていくのである。

連合国は、各国の軍隊に派兵を要請したが、ちょうど、その頃、イギリスは南アフリカのトランスヴァール・オレンジ両国に対する侵略戦争（南アフリカ戦争）に忙殺され、またアメリカも米西戦争に力を割いていたことから、清国に最も近い日本に出兵を要請した。

またロシアも一時は日本軍の出兵に反対したが、満州に進出してきた義和団の鎮圧に手間どったことで、仕方なく日本軍の出兵を了承した。

こうして、総兵力三万三三〇〇人（日本軍一万三〇〇〇人、ロシア軍八〇〇〇人、イギリス軍五八〇〇人、アメリカ軍三八〇〇人、フランス軍二〇〇〇人、ドイツ軍四五〇人、イタリア軍一〇〇人、オーストリア軍一五〇人）からなる八カ国連合軍が結成されるのである。

ロシア軍は六月末に、満州に出兵し、「七月には東部シベリア軍を動員して、牛荘・営口・愛琿《アイグン》を占領するとともに、七月十五日にはブラゴエシチェンスクの大虐殺（アムール河の流血）を起こした」

義和団の暴動を鎮圧するために、日本は五月三十一日に、先発部隊として、一二〇〇人の兵士を北京に出兵させ、続いて七月六日に、閣議で混成一個師団の増派を決定した。先発部隊と合わせて一万三〇〇〇人である。

増派部隊の第五師団長山口素臣《もとおみ》中将は、出陣式にあたって、次のように訓示した。

「世界のどの軍隊よりも日本軍が武勇、軍紀、ほかのあらゆる点において優れていることを示せ。列強監視のなかで武士道精神を発揮し、堂々たる態度を示すことが国に報いる道であり、三国干渉の無念を晴らす道でもある」

山口素臣

日本軍を主力とする八カ国連合軍は七月十四日に、天津の各国公使館を攻撃する義和団約三万人と清軍一万八六〇〇人を天津城内に追いつめて鎮圧したが、「この時、南門を爆破し、先陣を切って突入したのが日本軍だった。天津城攻略戦での連合軍死傷者は約六百人を数えたが、その約四割は日本兵だった」という。

後に、英紙『タイムス』の特派員ピーター・フレミングは、「『先鋒となった日本兵の戦死は立派な価値ある死であった』と列国軍は感激し、皆が日本軍を頼りにした」と報じた。

こうして、天津城を攻略した八カ国連合軍は八月十三日に、北京城に総攻撃を開始して、翌日に、各国公使館員と居留民を解放した。北京城内の各国公使館（十一カ国）が六月二十日に、義和団に包囲されてから、実に五十五日目のことであった。

この総攻撃で日本軍の被害は、一〇〇五人（戦死者二四四人、戦傷者八六六人、戦病者六七五人）を数えたが、この数も連合軍の中で一番多いものであった。

世界を感銘させた日本軍の大活躍

八カ国連合軍が北京城を解放するまでの五十五日間、義和団に包囲された北京城の東交民巷《こう》にある公使館区域に籠城して、十倍以上の敵を相手に守り抜いたのが陸軍砲兵中佐柴五郎（後に大将）を指揮官とする日本人と帝国陸海軍の将兵であった。

各国公使館を代表して、イギリス公使マクドナルドが総指揮官に選ばれたが、当時、北京公使館付武官だった柴中佐が、八カ国連合軍が北京に到着するまでの間、あらゆる防御計画の中心となった実質的な総指揮官であり、また参謀長でもあった。

柴 五郎

柴中佐は、マクドナルド公使から、列強五カ国の兵士の指揮と日英の公使館に隣接する最大の激戦地、粛親王《しゅくしんおう》府（皇族粛親王の邸宅）の防御を任されると、少数の兵士とともに敵情視察に出た。そして「自ら抜刀して敵陣地に切り込むなど、その勇敢さ、優れた指揮官ぶりは外国人の賞賛の的となった」

例えば、イギリス公使館書記生のランスロット・ジャイルズは日記の中で、

「日本兵が最も優秀であることは確かだし、ここにいる士官の中では柴中佐が最優秀と見做《みな》されている。日本兵の勇気と大胆さは驚くべきものだ。わがイギリス軍の水兵が、これにつづく。しかし日本兵はずば抜けて一番だと思う」

と述べ、また一般居留民として籠城したアメリカ人女性のポリー・C・スミスも、

「柴中佐は、小柄な素晴らしい人です。彼が交民巷（ママ）で現在の地位を占めるようになったのは、一に彼の智力と実行力によるものです。最初の会議では、各国公使も守備隊指揮官も、別に柴中佐の見解を求めようとはしませんでした。でも、今ではすべてが変わりました」

と述べている。

これらの日記を発掘した『北京籠城』の著者ピーター・フレミングも、「日本軍を指揮した柴中佐は、籠城中のどの士官よりも有能で経験もゆたかであったばかりか、誰からも好かれ、尊敬された。

当時、日本人とつきあう欧米人はほとんどいなかったが、この籠城をつうじてそれが変わった。日本人の姿が模範生として、みなの目に映るようになった。

日本人の勇気、信頼性、そして明朗さは、籠城者一同の賞賛の的となった。籠城に関する数多い記録の中で、直接的にも間接的も、一言の非難も浴びていないのは、日本人だけである」

と述べているように、「兵力においては僅少だったが、日本兵の勇敢さなしには、北京の公使館区域の籠城は、とうてい覚束《おぼつか》なかっただろう」

世界を瞠目させた日本軍の武士道精神

八カ国連合軍が北京城内に入城すると、清国の皇帝徳宗、西大后、政府要人が北京城を脱出して西安に逃れたため、北京城内は一時無政府状態になった。

このため連合軍兵士による略奪事件が相次いだが、前出の山口中将が出陣式で訓示したように、日本軍は「軍紀が厳正であり、中国人を実によく保護したため、中佐の徳を慕って、他国軍の管区から、日本管区へ移住する住民が続出した」という。

この籠城に参加した英紙『タイムス』の北京駐在特派員G・E・モリソンは、柴中佐や日本軍の大活躍を大々的に報じたことから、欧米人は、日本軍の勇敢さ、紀律の厳正さ、そして国際法をよく守った誠実さに感嘆したと言われている。

また大東亜戦争の後に、連合国軍によって東京裁判が実施されたが、このときのオランダ代表レーリング判事も
「日清戦争や日露戦争のころの日本軍のふるまいは、ヨーロッパでは敬意をもって取沙汰されたものだった。ことに団匪《だんぴ》（北清事変）のときには、ヨーロッパ諸国の軍隊は甚だしい狼藉をはたらいたが、初めて世界に知られた日本軍は模範的だった」

と述べている。

柴中佐は、帰国すると、「さっそく大山巌参謀総長に伴われて宮中に参内、明治天皇の御前で北京籠城の経緯を報告、上奏した」が、その後も歓迎会、講演会が引きもきらず続き、一躍日本の有名人になったばかりでなく、「イギリスの武功勲章を筆頭に、フランス、ロシア、オーストリー、ドイツ、イタリア、ベルギー、スペインなど、多くの国々の政府からも勲章の授与があいついだ」のである。

このように、後の日露戦争で、ノギ（乃木）、トウゴウ（東郷）の名が世界に伝わるまで、

日本の軍人の中で、最もその名を世界に轟《とどろ》かせたのは、リュートナン・コロネル・シバ、すなわち柴五郎中佐であった。

増派部隊の第五師団が北京や天津を去るにあたって、各国の軍隊は盛大な見送りを行い、また日本の軍人を軍人の模範とまで賞賛したが、『これはすなわち日本が「文明国」の一員だと認識されたことを意味した』のである。

前出の小村寿太郎も回想録で、

「その鎮圧に際し最も強力な先鋒となり、更に最も忠実に列強の方針に随従することに依って、日本は始めて（ママ）列国と対等の立場を獲得し世界の舞台に登場するに到り愈々《いよいよ》極東の憲兵としての実力を買われたのであった」

と述べているように、「この事実は日本の軍事的地位を国際的に認知させ、東アジアの勢力バランスを大きく変化させたのであった」

一九〇二年二月十四日付の仏紙『ル・タン』は、「ある意味では国際的な新時代の出発点をなすものだ。こうして、世界政治の舞台へ、いよいよ日本が登場だ」と述べているが、その象徴こそが日英同盟であった。

このように、日本の軍事的地位が国際的に認知されると、日本は二年後に、イギリスと「日英同盟」を結ぶことになるが、このとき、イギリスに日英同盟を決断させたのは、北清事変での日本軍の活躍ぶりだったと言われている。

列強の進出を加速させた義和団事件

義和団事件が終止符を打つと、清国は明治三十四（一九〇一）年九月七日に、北京で列強十一カ国と戦後処理に関する「北京議定書」（「辛丑《しんちゅう》和約」）を調印し、連合国側に四億五千万両《テール》（約六億三千万円）の賠償金を支払うことで講和が成立した。

しかも、その支払い方法は三十九年間の分割払いで、その利子の合計は九億八千万両であったが、これは清国の歳入の十二年分に相当するものだった。

このほかに、清国は、北京公使館所在区域に対する治外法権と北京から山海関にいたる沿海の要地に駐留する各国守備隊の駐留権を連合国側に承認したため、日本軍とほかの連合軍は、北京・天津・山海関付近の警備のために駐屯することになった。

後の昭和十二（一九三七）年七月七日に、北平（北京から改称）近郊で演習中の支那駐屯軍歩兵第一連隊第三大隊第八中隊が蔣介石の国府軍から発砲される事件（盧溝橋事件）が起こったが、このときの日本軍は、この条約に従って駐屯していたのである。

やがて、この義和団の乱が満州にまで波及すると、義和団によってロシアの教会が焼かれた上に、宣教師も殺害され、建設の途上だった東清鉄道も破壊された。

後年、ウイッテ蔵相が回想録で、

「陸相クロパトキンは北清事変の報を聴いて膝を打って喜び、これ我が露国に満洲占領の好口実を与うるもの、露国は近く満洲を第二のボーハラ（トルキスタンの一州）に化せしむべし」

と語ったと述べているように、この事件は、後に満州を経由するシベリア横断鉄道の開通に成功するロシアに対して、満州を占領するために必要な格好の口実を与えたのである。

ロシアは、シベリア鉄道の一部として建設中だった東清鉄道の支線が義和団によって人的・物的に大きな被害を受けたことから、八カ国連合軍が天津の攻撃を行っている間に、満州の義和団を鎮圧するため十六万人の軍隊を奉天（現在の遼寧省瀋陽）以北の満州に出兵して全域を占領した。

「帝国主義の時代の列強間の常識では、このような被害を受けた列強が撤兵する条件は、領土か利権・賠償金を受け、今後そのような事態が起きない保障を得ることだった」

そこで、旅順の極東総督エフゲニ・I・アレクセーエフは、奉天将軍の増棋《ぞうき》と密約（露清密約）を交わし、ロシア軍の満州駐留を清国に認めさせたのである。

既に、ロシアは、清国から租借した遼東半島を関東省と改め、旅順を実質的な省都として、軍事基地化を推進していた。またロシアは同年に、満州占領を合法化するために、李鴻章を懐柔して清国との単独講和を要求していた。

明治政府は、「清国政府に単独講和拒否を勧告し、あわせてロシアにも抗議を行った」ことで、清国政府は日本の勧告を受け入れ、後日、明治政府に感謝の念を伝えた。

こうした中で、日本の民間団体である「国民同盟会」の近衛篤麿（元貴族院議長）は、ロシアの満州侵略に反対するため清国政府に対して、和議を急ぐように意見を具申した。

この勧告に従って、清国政府が北京議定書を調印した後、他の連合国軍は、兵力を撤退させたにもかかわらず、ロシア軍だけは満州から撤兵させなかったため、日本を始め、アメリカ、イギリスから強い抗議を受けたが、ロシアは、「平和が回復すれば撤退する」と弁解して、なかなか撤兵しようとはしなかったのである。

「西＝ローゼン協定」の締結

日清戦争後、第三次伊藤内閣の外相西徳次郎は明治三十一（一八九八）年四月二十五日に、朝鮮半島の安全保障をめぐって、駐日ロシア特命全権公使ローゼンとの間で「西＝ローゼン協定」（「第二次日露協商」）を締結した。

この協定の内容は、「①韓国の完全独立を確認し、日露は韓国の内政に直接干渉しない、②韓国の要請で練兵教官、財務顧問官を任命するときは日露はあらかじめ協議する、③ロシアは日韓間の商工業の発達を妨害しない」というものであった。

これは、「日本の韓国における優越権とロシアの満州経営の自由を相互に認め合う」という日露協商派が主張した「満韓交換論」（「日露協商論」）に基づくもので、日英同盟論と対立するものであったが、この協定を結んでも日露関係は安定しなかった。

日本は明治二十七年に、韓国と結んだ「日韓暫定合同条款」の京釜・京仁鉄道の敷設権を「再確認する一方、ロシアは借地権を得、日本を仮想的とする密約を韓国」と結ぶのである。

日英同盟の締結

こうした中で、オスマン帝国やアフガニスタンに南下しようとしているロシアの動向に対して危機感を抱いたイギリスは、「第二次南アフリカ戦争」に膨大な兵力と軍事費を投入しなければならなかったことから、急速に力をつけてきた日本を利用することが必要となってきたのである。

当時、イギリスは、世界最大の帝国で「本国の面積は小さいが、アフリカ、エジプト、中近東に勢力を張りめぐらし、スエズ運河を保有し、インド、シンガポール、マレー半島を支配下に置いていた」が、産業、軍事両面でイギリスの世界貿易に大きな影響をもたらし始めていたドイツに対して警戒感を強めていた。

「アフリカ、オセアニアでは英独の植民地争奪戦が熾烈さを増す中、一八九七年にいよいよドイツが中国から膠州湾を租借し、あるいはドイツ資本がロシアの満州への南下を支えるという局面を」を迎えたからである。

そこで、イギリスは、アメリカやフランスにも歩み寄り、ドイツ包囲網を強化しようとした。またロシアが遼東半島の不凍港である旅順を租借したことは、イギリスの世界政策に反していたし、韓国へ進出することにも大きな脅威を感じていた。

日本の首脳たちの中には、日本と同じようにロシアの動向を警戒するイギリスと攻守同盟を結ぶことで、ロシアを牽制しようとする「日英同盟派」（桂太郎、小村寿太郎）とロシアとの協調の道を探ろうとする「日露協商派」（伊藤博文、井上馨）との対立があった。

ところが、明治三十四（一九〇一）年五月に、財政問題をめぐって第四次伊藤内閣が倒れ、翌月に山県有朋の後継として桂太郎が組閣したことから、日英同盟を結ぶ方針が内閣の重要な方針の一つになった。

そして、桂内閣は同年から、イギリスより軍事同盟をもちかけてきたことから、半信半疑で交渉に入っていたが、結局、駐英公使の林董《はやしただす》を通じて、明治三十五（一九〇二）年一月三十日に、「日英同盟協約」をイギリス政府と締結した。この背景には元老の伊藤博文がアメリカのイェール大学から名誉博士号授与の招待を受けたことから、アメリカに行くついでにロシアを訪問し、ロシアと協商を図ろうとしたことが影響しているとも言われている。言わば、伊藤がロシアと条約を結ぶことに対して、イギリスは焦りを覚えたということである。

この日英同盟の協約は、全文六カ条からなっており、そこには「イギリスの清国における利益と、日本の清・韓両国における利益を守るため必要な措置をとること、第三国との戦争では厳正中立を守ること、戦争の相手国に他の国が同盟して参加したときは協同して参戦すること」などが定められていた。

特に、外交交渉に時間を費やした第一条には次のような内容が定められていた。

「日英両国はともに、清国・韓国の独立を承認して、両国に対してなんらの侵略的意図を持たないこと。イギリスは主として清国に関する利益、日本は清国に有する利益に加えて、韓国においで政治上・商業上・工業上に格段の利益を有するから、これらの利益が列国の侵略行動や、あるいは清・韓両国において生命や財産を保護する必要のあるような騒動が発生した場合は、日英両国はその利益を守るために、必要欠くべからざる措置をとることができる」

軍備の拡大

日清戦争の後、日本は、三国干渉によって列強の力を思い知らされるのであるが、それはまだ日本には列強に対抗できるだけの軍備が整っていなかったからである。

このため明治政府は、明治二十九（一八九六）年から臥薪嘗胆を合言葉に軍備の拡大に奔走していった。この年に行われた第九回帝国議会で、「政府提出の総経費七億八一〇五万円、軍備拡張一〇年計画」が可決されたことで、「国家予算に占める軍事費の割合はしだいに高くなり」、明治三十一年の陸海軍の軍事費（一億一二四二万八千円）は、なんと国家予算（二億一九七五万八千円）の五一・一パーセントにも達した。

その軍事費の内訳を見ると、帝国陸軍は明治二十九年に、五三二三万円、同三十一年に、五三八九万円、同三十三年に、六四八三万円、明治三十五年に、四六六九万円となっている。

また帝国陸軍の師団数は、日清戦争のときに七個師団だったのを六個師団（旭川第七師団・弘前第八師団・金沢第九師団・姫路第十師団・丸亀第十一師団・小倉第十二師団）増設して、全部で十三個師団にまで拡大したほか、騎兵・砲兵各々二個旅団、一個鉄道大隊を新設した。

兵員数は、日清戦争のときに現役約六万人、予備役約九万人、後備役約十四万人だったのを現役約十三万六千人にまで増大したが、これは日清戦争のときの約二倍に相当する。

これに対して、ロシア陸軍は、「プリアムール軍管区と関東要塞区に六八個歩兵大隊、騎兵三五個中隊、歩兵一七個中隊（一四八門）、工兵一三個中隊と要塞守備隊が配備され、正規軍九万八〇〇〇人、警備隊員二万四〇〇〇人であったが、それはロシアの戦時総兵力の四パーセントにすぎなかった。ヨーロッパ方面には歩兵一六八万人、騎兵一八万二〇〇〇人、工兵五万七〇〇〇人など、正規兵二〇七万人、予備兵あわせて四〇〇万人以上いた」

一方、帝国海軍も、「海軍拡張十年計画」を策定して、海軍の拡張計画に着手した。この計画は、基本的には「六・四艦隊」の整備であったが、翌年五月に提出された追加案によって「六・六艦隊」に改訂された。

六・六艦隊は、元々、一万二千トン級や一万五千トン級の戦艦六隻（「富士」「八島」「敷島」「朝日」「初瀬」「三笠」）と、一万トン級の一等巡洋艦四隻（「八雲」「吾妻」「出雲」「磐手」）からなる六・四艦隊に対して、さらに二隻の一等巡洋艦（「浅間」「常磐」）を追加した艦隊であった。

帝国海軍が一万五千トン級の戦艦の建造にこだわったのは、「ロシア海軍が同クラスの戦艦を本国から遠征させるとしたら、吃水の点から考えてスエズ運河を通れないので、航海に時間がかかり、それだけダメージが大きいだろうという」読みからであった。

この拡張計画に対応するために、帝国海軍の軍事費も、明治二十九年に、二千万円、同三十一年に、五八三二万円、同三十三年に、五七二七万円、同三十五年に、二八四一万円まで増大していった。

この計画の経費の約半分は、清国からの賠償金で賄われたが、残りの半分は「公債募集、地租・酒税の増徴、国税・営業税の新設、葉たばこの専売など増税強化で賄われた」

このように、国民生活は、日清戦争が終わっても、決して楽なものではなかったが、国民は列強の三国干渉を跳ね除けるために一丸となって、軍備の増強に努力したのである。

だが、当時の日露海軍の総兵力を比較すると、日本の連合艦隊は戦艦六隻、一等巡洋艦（装甲巡洋艦）八隻、軽巡洋艦十二隻、駆逐艦十九隻、旧式艦四隻、航用砲艦八隻、水雷艇二十六隻で、総排水量は、二十三万三二〇〇トン余であった。

これに対して、ロシア太平洋艦隊は戦艦七隻、一等巡洋艦（装甲巡洋艦）四隻、軽巡洋艦十隻、旧式艦〇隻、駆逐艦二十五隻、航用砲艦七隻、水雷艇十隻で、総排水量は十九万一千トン余であった。

このように、連合艦隊は駆逐艦を除いて、ロシア太平洋艦隊とほぼ互角であったが、日露戦争勃発後に編制されたロシア海軍の主力であるバルチック艦隊（第二太平洋艦隊、第三太平洋艦隊）三十六隻（戦艦八隻・防護巡洋艦三隻・装甲巡洋艦六隻・巡洋艦三隻・仮装巡洋艦六隻・駆逐艦九隻・工作船一隻）と、その他二十三隻（運送船十九隻・工作船一隻、病院船二隻・特別任務船一隻）を加えた総兵力ではロシア海軍が圧倒的に有利だったのである。

このような戦力の格差から、日露開戦までの四年間、駐日武官だったバノフスキー陸軍大佐は、「日本陸軍がヨーロッパにおける最弱の軍隊の水準に達するのに、百年は必要であろう」と述べ、また巡洋艦アスコリッドの艦長も、明治三十六（一九〇三）年四月に神戸に寄港した際に、「日本海軍は外国から艦艇を購入し、物質的な装備だけは整えたが、海軍軍人としての精神は到底われわれにはおよばない。軍艦の操縦や運用はきわめて幼稚である」と、ローゼン公使に語っている。

さらに、同年六月十二日に訪日した陸相クロパトキン大将も、「日本兵三人にロシア兵は一人でまにあう。来るべき戦争は、単に軍事的散歩にすぎない」と豪語したが、これらの言葉から、いかに日本がロシアから見くびられていたかが分かるだろう。

困難を極めた対露交渉

日本は、日英同盟によって、イギリスに韓国の政治・経済上の優先権を認めさせることに成功すると、これをバックにロシアに満州からの撤兵を強く要求した。

日英同盟に強い脅威を感じたロシアは明治三十五年四月八日に、清国と六カ月ごとに三次にわたって満州から撤兵し、清国に満州を返還する還付条約に調印したが、その理由は「首相のいないロシアの事実上の首相であるウイッテ蔵相やクロパトキン陸相らが、いたずらに満州に駐留する財政上の負担やロシアのヨーロッパ方面の防衛を心配」してのことだったのである。

このためロシアは、十月八日から第一期撤兵を実施し、東清鉄道の一部を清国に引き渡したが、「ロシアの専制君主であるニコライ二世は、ウイッテを中心とした官僚の力が台頭しすぎると、自らの権力が脅かされると思い、極東政策を再検討する会議をリード」し、翌年四月八日からの第二期撤兵を実施しないだけでなく、むしろ増兵の気配を示してきた。

しかも、一方では清国に対して「七カ条の新しい要求を突き付け、撤兵の引き伸ばしを謀《はか》ってきた」。その内容は、「ロシアが撤兵した満州の地域は、いかなる理由があろうとも外国に租借や譲渡をしない、また外国に対していかなる利権も許可してはならないし、ロシアの同意なしに外国の領事を満州に置いてはならない」というものであった。

言うなれば、「ロシア以外の国は満州に足を踏み入れてならない」ということである。このように「ロシアが一転して強硬姿勢に転じたのは、ロシア宮廷内の権力争いで、穏健派の蔵相ウイッテが敗れ、宮廷派の皇帝顧問官ベゾブラゾフが主導権を握ったからだった」が、このことは、日露戦争の原因を考察する上で非常に重要なポイントになるだろう。

後年、ウイッテ蔵相が回想録で「日本人が、われわれに反抗的になったのは自然のことだ。われわれが日本と約束を守り、朝鮮で怪しい動きをとらなかったら、日本はわれわれと戦う決心をしなかっただろう」と述べているからである。

このようなロシアの内情を知らない桂太郎首相、伊藤博文枢密院議長、山県有朋元帥、小村寿太郎外相は四月二十一日に、京都にある山県元帥の別荘無隣庵《むりんあん》で秘密会談を開いて、対露策を協議した結果、次の四点を申し合わせた。

①満州からロシア軍が撤兵しない場合、日本はロシアに対して抗議する、②朝鮮問題を解決するために、ロシアと交渉を開始する、③朝鮮に対する日本の優越権を認めさせる、④満州問

題に対して、日本はロシアの優越権を認める。

清国は四月二十七日に、「ロシアに対し、七カ条要求の拒絶と、満州還付条約の履行を要請した」が、ロシアは撤兵しようとはしなかった。

ロシアは五月に、砲台を築くために「鴨緑江河口の韓清国境の町、平安北道龍巌浦《りゅうがんほ》に土地を買収して大がかりな工事」を始めたかと思うと、さらに龍巌浦一帯の租借を韓国に要求してきた。

このようなロシアの行為に対して、日本の軍部の中では主戦論（対露開戦を主張する強硬論）が次第に高まり、また新聞や政治団体、学識経験者らも「断固戦うべし」と世論を煽ったが、まだ明治政府は対露戦争を決意していなかった。

六月十二日に、日本の軍備視察のために訪日したクロパトキン陸相は、桂首相と小村外相と会談し、シベリア鉄道と東清鉄道の安全のために満州駐留を続けることを説明したが、これに対して、「日本は、ロシアが清韓の独立をおかしていることへの異義」を伝えた。

大山巌参謀総長は六月二十二日に、政府と天皇陛下に対して「朝鮮問題解決ニ関スル意見書」を提出して、早期開戦の旨を伏奏した。

翌日、対露問題について御前会議が開かれると、数時間の審議を経て、先の無隣庵会談で申し合わせた対露交渉策を決定した。こうした中で、ロシアは七月一日に、満州里から横断してウラジオストックまでを結びつける東清鉄道を開通させるのである。

満韓交換案の挫折

一方、日本も七月三日に、イギリスに対露交渉の開始について通告すると、八月十二日に、最初のロシアに対する協約案として、満韓交換案の基本原則をロシア側に提出したが、ロシアは十月三日に、この提案に対して第一次対案を提出し、日本が「満州および韓国」を討議の対象にしたにもかかわらず、「韓国」における日本の優越的な利益を認めるものの、満州およびその沿岸は日本の利益の範囲外であるとしてきた。

当時、「最高権力者のニコライ二世は、日本の韓国における利権を相互に承認してもよいという満韓交換の立場に立っていた」ようであるが、『「小国」の日本に驚かされてロシアが弱腰になって妥協したと思われたくないとも考えた』ことから、「二カ月近くもたって強硬な回答を日本側」にしてきたのである。

一九〇三年七月十三日付の英紙『タイムス』が「満州について日本は冷静な力と自制の態度をとってきた」と日本を評価しているように、日本はロシア側に対して満州も討議の対象にすべきだと主張したが、ロシアは決して主張を変えようとはしなかったのである。

さらに日本は、ロシア側に対して「満州を日本の利益範囲外とするなら、ロシアも韓国に対して同様の保障を与えるべきである」と迫ったが、「ロシア側は回答の期日すら明示せず、いたずらに交渉の引き延ばしをはかるだけ」だったことから、日露交渉は暗礁に乗り上げるのである。

十月八日に、日本が清国と「追加通商航海条約」を締結して、満州の奉天と大東溝の開市・開港、日本人居留地を設定し、領事駐在を決めると、ロシアは奉天を占領して、清軍を城外に退去させた。

対露交渉の継続

十二月十一日に、ロシアは、ローゼン公使を通じて日本の修正案に対して、対案を提出してきた。それを見ると、第一次案とは「類似した点を残していたが、第一回回答にあった満州は日本の利益の範囲外という条項が削除され、ロシア側の譲歩の姿勢を示していた。これは、ニコライ二世らロシア側の首脳が、日本がロシアに戦争を仕掛けるかもしれないと、日本を追いつめることに不安を感じ出したからである」

「元老の山県は八月十九日に、桂首相に対して、対露開戦を覚悟する気持ちを示していた」。その理由は、最初、「山県は桂首相・小村外相よりも対露開戦に慎重な態度を取っていたが、日本の在満州領事や駐在武官、満州からの情報を伝える駐清公使の情報に数百人からせいぜい数千人のロシア将兵の移動が論じられているのを、ロシアの対日戦争準備と誤解していたからである（対日戦のためなら、少なくとも数万人規模の将兵の移動が必要）」

このため明治政府と元老は十二月十六日に、会議を開いて協議した結果、ロシアに韓国進出を断念させることは不可能であると判断し、陸海軍が開戦の準備を整えるまで時間を稼ぎ、開戦の時期をつかむまで、対露交渉を継続することにした。

しかし、桂首相は二十一日に、元老山県有朋に宛てた書簡で対露交渉では満州問題について「多少譲歩して戦争に訴えないが、朝鮮問題では戦争に訴えてでも絶対に譲歩しない」との決意を表明していた。

明治政府は二十八日に、枢密院会議を開いて、具体的な戦争準備を実施するために緊急勅令を公布した。そして「常備艦隊を第一・第二・第三艦隊に再編し、第一・第二艦隊をもって連合艦隊を組織し、司令長官を東郷平八郎中将とした」が、このときの連合艦隊は、日清戦争のときと比べ、質と量ともに一新されていた。

翌二十九日に、明治政府は、陸軍参謀総長と海軍軍令部総長に対して、出撃準備を通告した。そして、陸軍参謀本部と海軍軍令部の首脳は翌日に「合同会議を開き、開戦時の陸海軍共同作戦計画を決定した」

三十一日に、「小村外相は、駐英林公使に対し、対露開戦前の財政援助をイギリス政府に要請するよう訓令した」

かくして、明治三十七（一九〇四）年の夜は明けた。翌二日、イギリスから財政援助は、財政にゆとりがないことから無理であるという返答がやってきた。年明け早々、日本にとっては厳しい幕開けとなったが、事態はさらに悪化していった。

一月六日、ローゼン公使は、ロシア側の最終提案を小村外相に提出したが、その内容は「韓国の北三分の一を中立地帯とする等」で日本側を満足させるものではなかった。七日に、閣議で日露開戦が協議されたが、海軍の戦闘準備が二十日までかかることになったので、開戦はそのときまで待つことになった。

十二日の御前会議で、「韓国領土内の一部といえども軍事上の目的に使用しない」「北緯三九度以北を中立地帯にする」の条項を拒否する対露交渉最終案が決定され、ロシア側へ提出し、回答を求めることになった。

このとき、大山巌参謀総長は、「シベリア鉄道は完成しても、今の段階ではロシアの軍隊輸送能力は十分ではなく、海軍力も、現在四対三の比率で日本に有利である。開戦を遅らせれば、日一日と日本に不利になる」と早期開戦を伏奏した。

それでも、「日本の首脳は、陸海軍を含め日露戦争に勝つ自信を持っていなかった」ことから、十六日に、日本は「改めて韓国全土を勢力圏とし、中立地帯設定を削除する第四回目の要求を出した」

ロシア側は一月二十八日に、「第四回目の回答を決め、二月二日に皇帝の承認を得て日本に送った。この内容は、中立地帯の条件を削除し、日本が韓国全土を軍事上の目的で使用しないという条件で日本の韓国での勢力圏を認めるもので、日本に大幅に譲歩しており、日本政府首脳の呑めるものであった。しかし、電文の遅れもあって、回答は二月七日にようやく駐日公使ローゼンのもとに届いたが、日本政府に渡されることはなかった」

後述するように、明治政府は二月五日に、対露開戦を決意し、八日にロシアとの戦争を開始したからである。

対露開戦の決断

二月三日午後、渤海湾を挟んで遼東半島旅順の対岸にある山東省の芝罘《チーフ》駐在の森中佐から、午前十時に「旅順港在泊のロシア艦隊は、修理中の一隻を除いて全艦出港したが、行方は不明である」と海軍省へ連絡が入ったことから海軍は色めき立った。

この情報でロシアから奇襲攻撃があるのではないかと憂慮した明治政府は翌四日午前に、閣議を開いた後、午後三時からの御前会議で明治天皇、五元老（井上毅、松方正義、大山巌、伊藤博文、山県有朋）とともに、約三時間にわたって協議した結果、ロシアと国交を断絶すると同時に、軍事行動をとることを決定した。

後述するように、「枢密院議長伊藤博文は腹心の金子堅太郎に対米工作を依頼し、陸海軍首脳は合同会議を開いて軍事行動の発端について協議した」

翌五日、駐露公使の栗野慎一郎は、小村外相から国交断絶の最後通告と在露公館撤退の命令を受けると、翌六日、最後通告書をロシア外相のラムズドルフに手交した。

「五日、国交断絶の打電後、前日に続いて御前会議が開かれ、対露開戦を決定した。天皇は陸海軍軍人に勅諭を下し、陸海軍に出動命令を発した。ここに、平時から戦時への移行が行われた。同夜第一軍司令部および同軍隷下の近衛師団、第二師団、第一二師団の動員を天皇は裁可し、ただちに下命された」

開戦前に、日本、清国、朝鮮半島に放ったロシアの諜報機関から「日本がロシアへの敵対心を燃やし、真剣に戦争準備に邁進しているとの至急情報が届いていた」のに対して、ニコライ二世が「（日本との）戦争はあり得ない。なぜなら朕が欲していないからだ」と述べているように、「日露戦争は、日・露とも戦争を望まないにもかかわらず、日露相互の誤解で始まった戦争であった」と言ってよいだろう。

では、日本は、どのようにして世界屈指の軍事大国であるロシアと戦ったのだろうか。

次に、日露戦争の勃発から「日露講和条約」の締結までの流れを時系列で見ていこう。

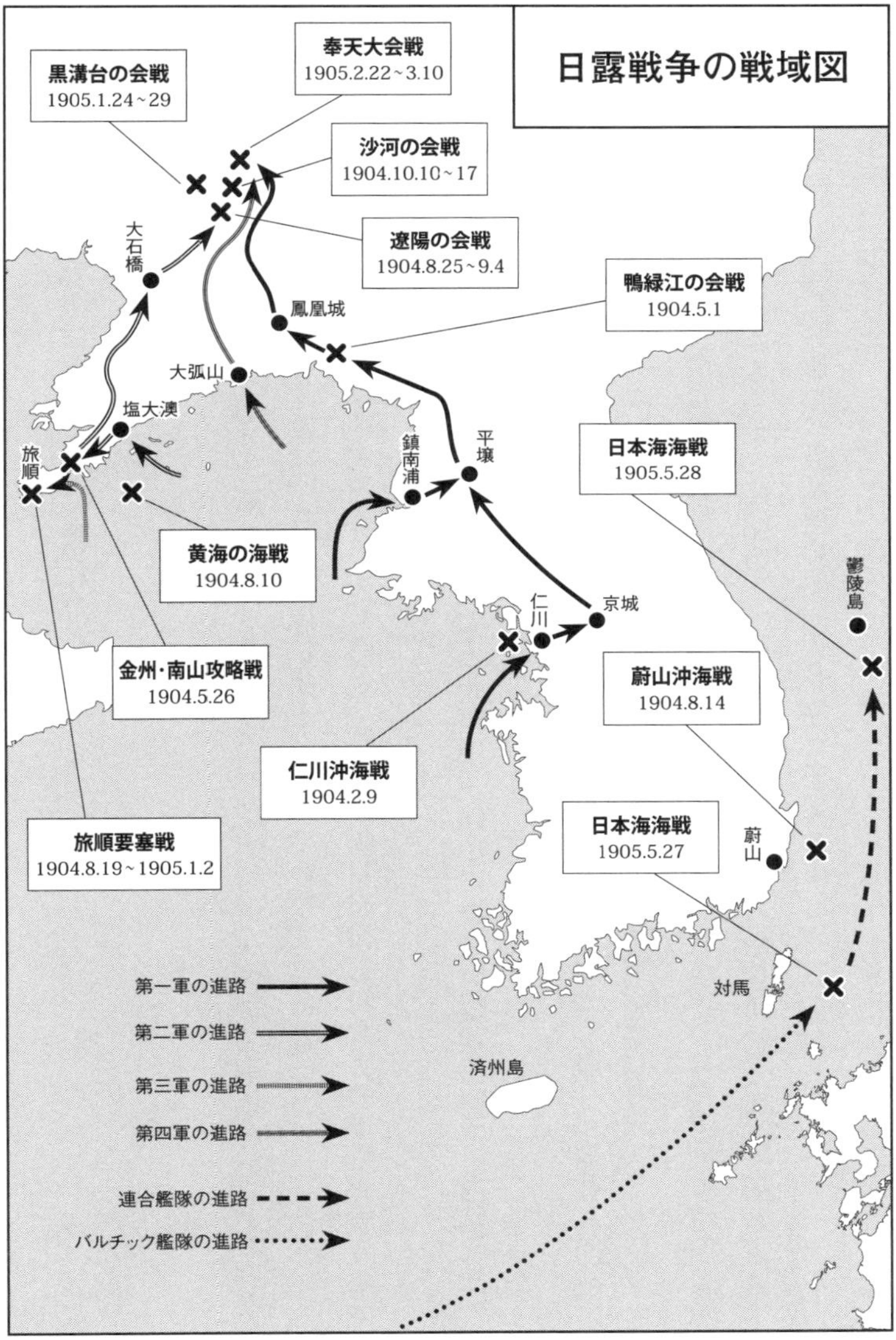

日露戦争の戦域図
黒溝台の会戦
1905.1.24～29
奉天大会戦
1905.2.22～3.10
沙河の会戦
1904.10.10～17
遼陽の会戦
1904.8.25～9.4
鴨緑江の会戦
1904.5.1
大石橋
鳳凰城
大弧山
塩大澳
旅順
鎮南浦
平壌
黄海の海戦
1904.8.10
日本海海戦
1905.5.28
鬱陵島
仁川
京城
金州・南山攻略戦
1904.5.26
蔚山沖海戦
1904.8.14
仁川沖海戦
1904.2.9
日本海海戦
1905.5.27
蔚山
旅順要塞戦
1904.8.19～1905.1.2
対馬
済州島
第一軍の進路
第二軍の進路
第三軍の進路
第四軍の進路
連合艦隊の進路
バルチック艦隊の進路

第二節　日露戦争はどのように戦われたのか

開戦

元々、ニコライ二世には日本と戦争をする気持ちはなく、「外交交渉で引き伸ばしを画《はか》り、その間に極東の軍備を強化すれば、日本は屈伏すると読んでいた」

ところが、日本はロシアに圧力をかけられると、それが裏目に出てロシアの軍備が整う前に先制攻撃で叩くのが得策であると判断するのである。

このため「開戦当時、日本にとっての最大の問題は、いかにロシア艦隊の妨害を排除して、無傷のまま陸軍を朝鮮に上陸させるかであった」

既に、陸軍は前年十月に、早期開戦を主張して開戦時の作戦を決定しており、開戦と同時に韓国への臨時派遣部隊を派遣して、すぐに漢城を占領することになっていた。

このため第一軍（軍司令官黒木為楨大将）麾下《きか》の第十二師団から選抜された韓国臨時派遣隊の司令官木越安綱《きごしやすつな》少将（兼第十二師団第二十三旅団長）の率いる歩兵四個大隊（二千二百人）は二月五日に、鉄道で移動し、長崎県の早岐《はいき》に集結していた。

木越司令官は、師団参謀から陸軍大臣の訓令を受けると、午後十時半に「佐世保東方付近で、輸送船大連丸・小樽丸・平壌丸への乗船を開始し、六日午前二時一五分、乗船を完了し出航の時」を待っていた。

五日の夕方、佐世保に集結していた連合艦隊の主力、第一艦隊（司令長官東郷平八郎中将）と第二艦隊（司令長官上村彦之丞《かみむらひこのじょう》中将）は、出撃の勅語が下ると、翌日午前九時に、軍楽隊の演奏する「軍艦行進曲」をバックに、提灯を持った何千という婦人や子供たちに見送られて、黄海方面の旅順に在泊するロシア太平洋艦隊の撃滅を目指して出撃していった。

第一艦隊（第一戦隊六隻・第三戦隊四隻・通報艦一隻・駆逐隊十一隻・水雷艇隊八隻）と第二艦隊（第二戦隊六隻・第四戦隊四隻・通報艦一隻・駆逐隊八隻・水雷艇隊八隻・付属特務艦船および仮装巡洋艦十七隻）の任務は、「旅順艦隊とウラジオ艦隊を合同させることなく黄海の制海権を把握し」、陸軍の上陸部隊を無事に仁川港に揚陸させることであった。

同日午後早く、佐世保を出港した第二艦隊の瓜生外吉《うりゅうそときち》少将（アナポリス米海軍兵学校出身）の率いる瓜生部隊（第四戦隊・第二戦隊の装甲巡洋艦浅間・第九・第十四水雷艇隊）は、途中、港外で待ち受けていた韓国臨時派遣隊（三千人）を乗せた輸送船三隻と合流した後、朝鮮半島西部の仁川港へと向かった。

上村彦之丞

瓜生部隊の任務は、この輸送船三隻の護衛と仁川在泊中のロシア太平洋艦隊の支隊（二等巡洋艦ワリャーグおよび砲艦コレーツ）の撃滅であり、「仁川と日本を結ぶ海上輸送路の安全を確保すること」であった。

このほかに、連合艦隊には片岡七郎《しちろう》中将率いる第三艦隊（第五戦隊四隻・第六戦隊四隻、第七戦隊十隻、通報艦一隻、水雷艇隊十二隻、付属特務艦船一隻・仮装巡洋艦一隻）があった。どれも老朽艦や小型艦ばかりの寄せ集めであったが、その任務は、当初ウラジオストックを本拠地とするウラジオ艦隊が旅順艦隊と合流できないように、通過地点の対馬海峡を封鎖し、警戒することであった。

日露戦争の第一戦

列強の圧力によって、韓国が渋々開港した仁川港には自国の居留民保護の目的から、各国の艦船が多数在泊していたが、その中に居留民保護の大義名分のもとに、仁川港に在泊するロシア軍艦二隻の動静を監視していた第三艦隊第六戦隊の小型巡洋艦千代田の姿もあった。

元々、千代田は、義和団事件以来、「北清の警備に就いていたが、韓国の警備を兼務する命令を受け、明治三十六年十二月十八日に仁川に移動していた」

五日に、日露交渉断絶の連絡を受けて緊張状態にあった千代田は翌日に、瓜生隊に合流せよという電信を受けると、七日夜半、暗闇の中をそっと抜け出して南下した。

千代田艦長村上格一《かくいち》大佐（後に大将）は八日未明、会合地である「豊島沖のベーカー島付近で、黒煙をたなびかせる」瓜生部隊（旗艦浪速）を発見すると、仁川港に在泊しているロシア軍艦二隻（二等巡洋艦ワリャーグ・砲艦コレーツ）を瓜生司令官に報告した。

そこで、瓜生部隊は八日午後四時二十分、千代田を先鋒に、三隻の輸送船を護衛しながら仁川港に向かったが、仁川港の入口から八浬《カイリ》離れた八尾島にさしかかったとき、港湾から出てくる旧式の砲艦コレーツと遭遇した。

コレーツは、瓜生部隊が「航路を遮ってきたため艦を急反転させ、仁川港に引き返そうとした」が、水雷艇「雁《かり》」から魚雷が発射されてきたため応戦した。だが、コレーツは、間一髪のところで針路を変えたため魚雷がはずれ、そのまま仁川港へと逃げ帰ったのである。

明治三十七（一九〇四）年二月八日午後四時過ぎ、新興日本が国運を賭けた日露戦争の第一戦が、ここから本格的に始まっていくのであるが、この戦いが近代戦における「有色人種対白人」の最初の戦いであったことを忘れてはならないだろう。

このときも、日本は、日清戦争と同様に攻撃前にロシアに対して宣戦布告を行わなかったわけであるが、正式な宣戦布告前に行う先制攻撃については、当時の英紙『タイムス』が「わが同盟国は、その海軍を迅速かつ勇気をもって活動を開始せしめるに至った。その結果、世界の称賛を得た。正式の宣戦布告前に戦争を開始した同国の行為は、国際法違反となるどころか、近代における多くの戦争で実施された一般のやり方に合致したものである」

と述べ、また六日に国交断絶の通告を受けたニコライ二世も、前出の極東総督アレクセーエフに対して、
「もし日本艦隊が朝鮮西岸三八度の線を越えたならば、その上陸の有無にかかわらず、日本側の発砲を待つことなく、貴官は自由裁量によって日本艦隊を攻撃してもよろしい」
と命じているように、当時の戦時国際法（ジュネーブ条約）では特に問題はなかったのである。七日午前十時に、瓜生部隊には戦艦三笠からロシア商船「ロシア号」を拿捕したという連絡が入っていたことから、正確には、このときから日本とロシアは交戦状態に入ったと言ってよいだろう。

瓜生部隊は、逃走するコレーツを追って護衛の輸送船三隻とともに、仁川港に向けて航行し、八日午後五時半に、仁川港に到着してロシア艦隊を睨みすえるように投錨した。

だが、仁川港は中立港のため国際法上、湾内でロシア艦隊に攻撃はできないことになる。そこで、瓜生司令官は九日未明までに、兵員の上陸と物資の陸揚げを終了できると判断すると、「八日夜半に、仁川の日本領事館を通じ、ワリャーグ艦長ルードネフ大佐」に対して、次のような最後通告を送るのである。

「いまや日露両国は交戦状態にある。よって予は貴官に対し、麾下の兵力を率いて二月九日正午までに仁川港を退去されんことを要請する。もしこれに応ぜざる場合には、予は港内におい

て貴国の軍艦に対し戦闘行為をとる」

仁川沖海戦

九日午前十一時、「瓜生司令官は、麾下の全艦艇に戦闘準備を命じ、敵艦を仁川の港口で撃沈するように準備を整えた」。これに対して、ワリャーグは正午過ぎに、戦闘旗をマストに掲げ、先頭を切ってコレーツとともに、旅順に向けて出港してきた。

これが有名な「仁川沖海戦」の始まりであるが、いくら「六五〇〇トンの新鋭巡洋艦とはいえ、彼我の関係は一四対二」である。「しかも、日本側には、九七〇〇トンの装甲巡洋艦浅間もいる、勝敗は目に見えていた」

ワリャーグは、六八〇〇メートルの距離から浅間の八インチ砲で撃たれると、「火炎に包まれながら仁川港内へ引返し、コレーツもこれにしたがった」。この戦いは一時間四十分におよび、「ルードネフ艦長は頭を負傷して血だるまになって指揮を執っていた」が、「ワリャーグは、三十一人が戦死し、百九十人以上が負傷していた」

この海戦を観戦していた『コリア・レビュー』誌の発行人兼編集長のホーマー・ベザリール・ハルバードは、ワリャーグが行動不能となった原因の大半は、『「浅間」と「千代田」の砲撃によるものであり、日本艦艇からの砲撃はすべて「ワリャーグ」に指向され、「恐ろしい破壊力を持つ大砲の発射音は、風のない港内の静寂をズタズタに切り裂き、市内の家並みを震動させた」』と述べている。

また英紙『タイムス』の特派員も、「これは自殺的な戦闘であった。なぜならロシア側は大砲を敵の方に向けて撃つというよりも、ただやみくもに射撃したので、日本艦隊に被害を与えることには、完全に失敗したからである」と述べている。

こうして瓜生隊は、満身創痍《まんしんそうい》のワリャーグを追って仁川港へと向かったが、港内では戦闘ができなかったため港外で監視を続けた。すると、「午後四時四〇分ごろ、仁川港奥深くで爆発が起こった」のである。

ルードネフ大佐が港内にいるイギリス、フランス、イタリアなどの軍艦に兵員の救済を要請すると、鹵獲《ろかく》を防ぐためにワリャーグを自沈させ、コレーツを自爆させたからである。仁川港に在泊していた商船「スンガリー」にも、火が放たれて沈没した。

自沈したワリャーグは明治三十八年八月八日に、帝国海軍によって引き揚げられ、軍艦「宗谷」として長く活躍することになる。

この海戦で、瓜生部隊は、最初に水雷艇一隻が座礁しただけで、どこにも損害はなかったことから、「国民の士気をいやがうえにも高めることになった」のである。

旅順港奇襲攻撃

ちょうど瓜生隊が韓国臨時派遣隊の上陸作戦を展開していた八日夕刻、連合艦隊の主力は、旅順港から東方沖合約四十五浬離れた円島（ラウンド島）の東南に到達していた。

六日に、佐世保港を出港した第一艦隊に「芝罘《チーフ》在勤の駐在武官から旅順での敵艦隊停泊位置の情報」が入ると、東郷長官（六月六日に大将に進級）は八日午後六時に、駆逐隊の夜襲攻撃で旅順と大連の敵に損傷を与えた後、主力によって砲撃を行うという作戦計画に従って、第一艦隊の第一・第二・第三駆逐隊と第二艦隊の第四・第五駆逐隊を夜間雷撃戦のために二手に分けて、芝罘の北二〇カイリに待機させた。

旅順攻撃へと向かう第一・第二・第三駆逐隊の十一隻は午後十時半に、港外に在泊しているロシア艦隊の光を認めると、全艦が消灯して単縦陣を組み、暗闇にまぎれて密かに旅順港へと接近した。

ところが、午後十一時に、第二駆逐隊の雷《いかずち》と朧《おぼろ》が哨戒中のロシア駆逐艦とすれ違い、操舵を誤って衝突し、後続の第三駆逐隊も前方を進む僚艦を見失ったため陣形を乱してしまった。

午前零時二十分、そのまま進撃する第一駆逐隊四隻のうち、まず白雲が巨艦めがけて最初の魚雷を発射すると、「さらに他の一艦にも雷撃を加えて左に転針した。つづいて、朝潮・霞・暁がそれぞれ魚雷を二発ずつ発射して、白雲のあとを追った。混乱していた第二・第三駆逐隊も、ややおくれて各艦個別にロシア軍艦を雷撃した。攻撃は一二時四五分に終了し、全艦帰投（攻撃を終え基地に帰ること）した」

この奇襲攻撃によって、旅順港に在泊していたロシア艦隊十四隻の内、「戦艦ツェザレウイッチとレトウィンザ、巡洋艦パルラーダが大破して座礁したほか、別の四隻も被害を被った」

このように、「完全な奇襲であったにもかかわらず、二十発中三発の魚雷しか敵主力艦に命中」しなかったのは、各隊の「事前の打ち合わせが不十分で、さらに離脱を急ぐ隊形をとった」からであった。

先に述べたように、当時のロシア政府は、戦力の格差から日本から先に戦争を仕掛けてくるとは思っていなかった。従って、当時の軍部も、ロシア太平洋艦隊参謀長のウィトゲフト少将が「戦争などありはしないさ」と言っているように、「日本軍の攻撃など夢想もしていなかった」のである。このため「哨戒が完全に実施されておらず、漏れた灯火を日本が発見したことが奇襲攻撃の成功に繋がったわけである」

この日、旅順ではロシア太平洋艦隊司令長官スタルク中将主催のパーティが開かれていたが、スタルク中将は、日本軍からの攻撃に対して何ら反撃を行わず、パーティを続けたため、後に、バルチック艦隊司令長官で、クロンシュタット軍港司令官を務めたマカロフ中将と交替させられた。

一方、東郷長官の命令で第二艦隊の第四・第五駆逐隊八隻も、大連湾に在泊するロシア太平洋艦隊の撃滅を目指して出撃したが、あいにく大連湾には旅順艦隊が不在で日本の避難民を満載した「福州号」がいるだけだったことから、旅順港から三十浬離れた円島に帰投した。

九日朝、東郷長官は旗艦「三笠」を先鋒に、第一・第二・第三戦隊を率いて、もう一つのロシア太平洋艦隊がたむろしている旅順港を目指して単縦陣で出撃した。先に、第三戦隊（司令官出羽重遠《しげとお》中将）の巡洋艦四隻を前進させ、旅順港の敵状を偵察させたところ、七千メートルに接近した第三艦隊に対して敵艦隊からの砲撃がないことを確認すると、第一・第二戦隊は攻撃を決意して前進した。

先鋒の旗艦三笠は午前十一時四十五分頃に、旅順港に在泊する敵艦隊の主力を距離八五〇〇メートルの位置で望見すると、さっそく三〇センチ主砲から第一弾を発射したが、ロシアは、水上艦に加えて旅順要塞からも撃ち返してきたことから、「東郷の連合艦隊は港口から六千キロメートル以内に接近することができなかった」

約七分間の砲撃戦となり、双方の主力艦に相当な被害を与えたが、いずれも致命傷を与えることができなかったことから沈没艦はなかった。

このとき、旗艦三笠のマストには「皇国の興廃此ノ一戦ニ在り。各員一層奮励努力セヨ」との戦闘開始を告げる有名な信号旗、「Z旗」が初めて掲げられた。

この戦闘で、「戦艦主砲一門当たりの砲撃は七発前後、被弾による損害は戦死四名、戦傷八十六名にも達した」。また旗艦三笠にも三発の砲弾が命中し、「富士、敷島、初瀬、吾妻、八雲、磐手、笠置も砲弾が命中した。要塞砲の命中精度は高く、洋上の比ではなかったのである」「帰途、上村第二艦隊司令長官より、再攻撃の希望が寄せられたが、東郷長官は敵艦隊を旅順の内港に押し込むことは成功したと判断し再攻撃の要請を却下した」

これによって、東郷長官が事前に考えた「開戦第一撃でロシア太平洋艦隊に大打撃を与えて無力化する」という計画は、遂に達成できなかった。「戦闘水域を脱した連合艦隊は翌十日午後、仁川港外に引き揚げ、投錨した」のである。

二月九日に、ロシアが対日宣戦を布告すると、日本も紀元節（二月十一日）の前日に対露宣戦布告の詔書を発布した。こうして日露両国は、本格的に交戦状態に入っていくのである。

旅順港口閉塞作戦

当時、満州を主戦場と考えていたロシアは、シベリア鉄道を使って着々と兵士を満州に輸送していたことから、日本軍としてはロシア軍が戦う準備をする前に、満州への攻撃を開始したいと思っていた。

そのためには、先に遼東半島に上陸作戦を展開しなければならなかったが、上陸する兵員の輸送を妨害しようとする旅順艦隊がいるので、先に旅順艦隊を撃滅して、日本が制海権を確保しなければならなかった。

またロシア太平洋艦隊の戦力は、連合艦隊の戦力と五分五分であったが、バルチック艦隊がバルト海のリバウ港から旅順港まで回航して、ロシア太平洋艦隊と合流すれば日本は俄然不利になる。そうなる前に、日本は旅順艦隊を撃滅する必要があった。

ところが、この旅順艦隊は、堅固な旅順要塞の奥深くに籠って旅順港からなかなか、出てこようとはしなかったのである。前出のスタルク司令長官は、旅順艦隊を温存させて援軍のバルチック艦隊が本国から回航してくるまで、出動しない方針をとったからである。

このように、決戦を望まない旅順艦隊に対しては、山越えで艦砲射撃を行って撃滅するか、それとも旅順港口（港の出入口）を閉塞して出られないようにするしかない。

そこで、東郷長官は二月十四日に、これまで二度にわたる旅順艦隊への攻撃でも、十分な成果を上げることができかったことから、海戦による旅順艦隊の撃滅を諦めて、旅順港口を閉塞することで旅順艦隊を無力化することに方針を転換するのである。

元々、この作戦は開戦当初から立案されていたが、旅順港の高台には砲台が築かれていたことから危険なため、あまり乗り気ではなかった。

ここに、旅順港口閉塞作戦が実施されることになったのであるが、旅順港の地形は袋口にも似た特異な形状をしており、その旅順港口の水路の幅は二七三メートルしかなく、そのうち、大型船が通行できる幅は九一メートルしかなかった。

そこで、この狭い港口に「老朽船を数隻沈めて交通を遮断、敵艦隊を港湾に閉じ込めて」しまえば、「艦隊撃滅と同等の効果が得られる」というのが旅順港口閉塞作戦である。

港口の閉塞に使う汽船は、五隻であるから一隻あたり、十四、五人が必要になってくる。そこで、閉塞隊の隊員を募ったところ、下士官と兵卒が二千数百人以上も志願してきた。

早速、第一艦隊兼連合艦隊先任参謀の秋山真之《さねゆき》少佐（後に中将）は、大本営に対して、次のように報告した。

「旅順閉塞のため、艦隊中より決死の者を募りしに、即座に二千余名の勇士を得たり、中には血書を出せし者あり、その敵愾心《てきがいしん》大にして、士気の旺盛なること、この一事をもって明らかなり」

この志願者の中から、独身者と長男でない者などが選抜され、閉塞作戦に参加する者は指揮官と機関長とを合わせて、全員で七十七名（その内、六十七人が下士官と兵卒）となったが、士族出身でない者が大量に志願してきたことは驚くべきことであった。明治維新を通じて身分制が廃止され、誰もが戦争で自己犠牲を負うことが国民の義務であると自覚するようになったからであろう。

秋山真之

こうして、人選が決まると、第一回閉塞作戦は二月二十三日夕方に、水上戦による旅順艦隊の撃滅が失敗したときのことを考えて、開戦前に借用していた天津丸・報告丸・仁川丸・武陽丸・武州丸の五隻を使って実施することになった。

元々、この作戦は六年前に、米西戦争ときに起こった「サンチャゴ港の戦い」を観戦した秋山参謀の報告書を基に、有馬良橘《りょうきつ》中佐が立案したものである。

アメリカ留学中に、サンチャゴ港の閉塞作戦を観戦した秋山参謀は、「閉塞船は目標地点に到達する前に撃沈される可能性が高い」ことから、強く反対していたが、結局、東郷長官は、「旅順口の左右にはサンチャゴとは比べものにならないほど強力なロシア軍の砲台が並んでいる」にもかかわらず、有馬中佐が進言した閉塞作戦の実施を決意したのである。

こうして、閉塞船隊は、「円島付近で各艦から送られ、第九・第一四艇隊にまもられて、老鉄山の山かげに入り、二四日午前四時一五分、月が没し、暗夜となるとともに発進した」が、この作戦は、「旅順を見下ろす無数の敵砲台からの射程内で行う」ことから閉塞船を沈めたら、すぐにボートに飛び乗り、「砲弾が飛び交う中を漕いで帰ってくる」ことになる。

秋山参謀が予想した通り、閉塞船隊が探照灯の射界に入ると、いきなり砲台から雨霰《あめあられ》のように弾丸が浴びせられてきたため、天津丸・武陽丸・武州丸の三隻は、「誤って港口西端付近に座礁し爆沈した。

かろうじて報国丸・仁川丸の二隻が予定位置で爆沈したが、湾口の閉塞にはいたらなかった」のである。

この第一回閉塞作戦のときに、老朽船「報国丸」の指揮官となったのが、秋山参謀と江田島の海軍兵学校で同期生（十五期）だった広瀬武夫少佐（戦艦「朝日」の水雷長兼分隊長）であった。広瀬少佐は四年間、ロシア駐在武官を務めていたことから、旅順港へ向かう途中で、「報国丸」の艦橋の周囲に大きな幕を張ってロシア語で次のように認《したた》めて閉塞作戦に臨んだ。

「予は日本の広瀬武夫なり。今来たりて貴軍港を閉塞す。ただしこれはその第一回目のみ。今後、幾度も来るやも知れず」

この閉塞作戦は、不十分だったことから、三月二十七日から第二回目の閉塞作戦が四隻の閉塞船（六十八人）によって実施されたが、「前回よりもやや湾口に達したとはいうものの、やはり閉塞するにはいたらなかった」のである。

そこで、責任感の人一倍強い広瀬少佐は、周囲の反対を押し切って、二回目の閉塞作戦にも参加することにしたが、航行の途中で、少佐の指揮する老朽船「福井丸」（四千トン）の船首左舷に敵の魚雷が命中し、海水が浸入して福井丸がゆっくりと沈み始めるのである。

広瀬武夫

広瀬少佐が点呼をとると、杉野孫七《まごしち》上等兵曹の姿が見えないので、「杉野！　杉野！」と繰り返し叫んで三度捜索したが、遂に見つけることができなかった。

広瀬少佐は、やむなくボートに乗り移り、「福井丸から四、五艇離れたところで、自ら爆破装置のスイッチ」を押し、敵の集中砲火を浴びる中で「掩護船に向かったが、その途中、一弾が広瀬中佐に命中、ボートに肉片一片を残しその姿は消えた」のである。

杉野兵曹の捜索のために脱出が遅れたことで、菅波、小池三郎二等機関兵の二人が戦死、杉野兵曹が行方不明、栗田ら四人が負傷したが、広瀬少佐の判断を「批判する声は、海軍内からも世間からも起きなかった」のである。

四月十三日に行われた海軍葬に参列した杉田兵曹の母親が

「今日の御仏は、私のせがれ、孫七の姿が見えぬと三度までもお捜し下されたばかりに、こういうことになりました。その優しきお心になんと申してもお礼の申しようがございません」

と言って号泣したように、決死の閉塞作戦の指揮をとり、行方不明の部下を最後まで捜索した広瀬少佐の行動は、責任感の強い、部下思いの指揮官として国民の涙を誘った。

この広瀬少佐（戦死により中佐に昇進）の壮烈な最期は、日本で「広瀬中佐」という歌にも唄われ、日露戦争の「軍神《ぐんしん》」（「武勲をたてて戦死し、軍人の模範となった将兵に対する非公式の尊称」）第一号となって讃えられたのである。

欧米でも広瀬少佐の戦死が報道されると、「ドイツでは広瀬の絵葉書が発行され」、また「英国ではローマを守るために単身で戦った勇士になぞられて、讃えられた。閉塞隊の作戦が二度まで同じ指揮官によって決行されたことが彼らを驚かせた」からである。

ある東京駐在のイギリス海軍武官が「日本は必ず勝つ」と報告しているように、戦争とは肉体だけで戦うのではなく、あるレベルに達すると、精神力がものをいってくるからであろう。「広瀬中佐の死がこれほどに国際的な賛美と哀惜を集めたのは類を見ないことであった」

一方、広瀬少佐と同じ福井丸に乗船した杉野兵曹は、広瀬少佐の人柄を慕って第一回目の閉塞作戦にも志願していたが、長男を理由に人選から外されていた。杉野兵曹は、第二回目の閉塞船に選ばれると、出撃の一週間前に、妻の柳子に宛てて、次のような書簡を送ったのである。

「若《も》しもわたしが死骸で帰ったら国元に葬ってくれ。（中略）子供が世に出るまで田舎で教育せよ。その内一人は広瀬少佐へ高等小学校卒業後預けて海軍軍人に仕立ててもらふのだよ。（中略）今度は一寸《ちょっと》したあぶない仕事をやるから一寸申し遺《(ママ)》す置くよ。しかし心配するには及ばぬ。何事も運だ」

日露戦争後、二人の銅像が万世橋駅（現在のＪＲ中央線の神田駅とお茶の水駅間にあった駅）前に建立されたが、大東亜戦争後に、ＧＨＱ（連合国軍総司令部）によって撤去されるのである。

ところで、この第二回閉塞作戦が失敗した後、四月上旬に、いよいよ平壌近郊の鎮南浦《ちんなんほ》（現在の南浦）に集結している第二軍（軍司令官奥保鞏《おくやすたか》中将）が旅順半島大連湾の張家店に近い塩大澳《えんたいおう》に上陸することになった。しかし、旅順艦隊が出動してきたら第二軍の上陸作戦は失敗することになるだろう。そうならないためには、第三回目の閉塞作戦が必要になってくる。

しかし、大本営は「これ以上の船舶の消費は以後の輸送に支障をきたす」と渋ったが、東郷長官の強い要望によって、第三回目の閉塞作戦が「十二隻の老朽船と、これを護衛する艦艇合わせて五十隻余」をもって実施されることになった。

ところが、五月一日午後五時に出発した釜山丸が途中で故障したため、残りの十一隻が旅順港へと向かった。

この作戦は、昼過ぎから吹き出した暴風雨で混乱したため中止されたが、連絡が不徹底だったことから、三日午前二時頃に八隻が突入し、一五八人中、四十三人しか無事に収容することができなかった。

結局、合計三回の閉塞作戦で老朽船を十四隻沈めたが、効果はほとんど得られず、戦死・行方不明者は、全部で八十四人となった。

大東亜戦争後、日本では特攻作戦を引き合いに出して、まるで戦前の日本軍は、人命軽視だったかのように言われているが、果たしてそうであろうか。元来、帝国海軍では大戦末期の特攻戦法を別にして、「九死に一生」が大原則であった。

日露戦争の緒戦においても、東郷長官は、「つねにこの種の特攻攻撃を許さず、生還の方法が付帯した場合にのみこれを認めたので有名である」

第一回閉塞作戦のときに、東郷長官は、兵員の「収容に万全を期するまでは計画を許可せず、五隻の閉塞船に直衛水雷艇八隻を動員してこれを実施し、大部分の兵員を生還させた」のである。

確かに、東郷長官は、三回にわたる閉塞作戦の失敗によって作戦を断念したが、この間、日本海や黄海の制海権を日本側が掌握し、旅順艦隊は制海権を失うことになったため、第二軍の上陸部隊は、五月五日から塩大墺に上陸し、ここから旅順要塞を攻略することが可能になったのである。

旅順港封鎖作戦

四月十三日に、前日に「皎龍丸《こうりゅう》」が敷設したばかりの機雷に触れて、旅順艦隊の旗艦「ペトロパウロスク」が沈没し、司令長官のマカロフ中将が戦死した。「以来、ロシア艦隊は再び港に閉じこもり、艦艇の温存」をはかるようになった。

一方、五月十四日に、通報艦「宮古」が触雷で沈没し、同日に巡洋艦「吉野」が「春日」と衝突して沈没する事件が起こった。さらに翌日も、哨戒中の戦艦「初瀬」と「八島」が触雷で沈没し、十六日も砲艦「大島」と「赤城」が衝突して沈没した。

翌十七日も、駆逐艦「暁」が触雷で沈没するという事件が起こったが、後に、帝国海軍では、この月を「魔の月」と呼ぶようになったように、日露戦争で沈没した艦船の約八割が、この間に沈没したものであった。

当時の英紙『タイムス』は、この触雷による日本艦船の沈没に対して、『「吉野」と「初瀬」の喪失は、日本の国民の精神に大きな打撃とはなっていない。国民は依然、東郷提督を固く信じている。海外特派員は全員、公海の航路上に機雷を敷設したロシアの不法行為を厳しく非難している』と、ロシア海軍の国際法違反を報じた。

東郷長官は五月二十六日に、遼東半島の関東州南部沿岸において国際法で認められている戦時封鎖を実施すると宣言した。これによって第一艦隊は、汽船を改造した仮装砲艦や艦載水雷艇で機雷敷設を実施した。また「昼間は艦隊が、夜は駆逐隊が湾口を哨戒し、敵性船舶の臨検拿捕に勤め、ジャンク百二隻、汽船十二隻を臨検した」

一方、旅順港のロシア太平洋艦隊六隻は六月二十三日に、ウラジオストックへ向けて出航したが、午後六時に連合艦隊の艦影を発見すると、港湾に引き返した。「わが海軍は駆逐艦、水雷艇の多数がこれを追跡し、湾口五浬《カイリ》付近で敵艦隊の後尾に雷撃を試みたが、戦果を上げるには至らなかった」のである。

朝鮮半島西岸に上陸する日本軍

日本軍は、仁川沖海戦と旅順港口閉塞作戦の結果、「朝鮮西岸一帯における行動の自由を与えられた」ことによって、次々と上陸部隊を朝鮮半島西岸に上陸させた。

二月九日に、木越少将率いる韓国臨時派遣隊は仁川に上陸すると、京仁鉄道を使って漢城に入った。続いて第一軍麾下の第十二師団（師団長井上光中将）の主力も、十六日に仁川に上陸を開始し、「十九日には漢城に集結して平壌に向けて順次進撃を開始していた」

「残るは韓国との条約締結である。日本は前年の明治三十六年末から日露の交渉不成立を前提に、韓国側に保護協約もしくは攻守同盟的な条約の締結を迫っていた。

しかし、韓国側は日本が求める不平等条約を嫌い、局外中立を宣言することによって国難を切り抜けようとしていた。そのため日韓の交渉は進まず、ついに日露の開戦を迎えてしまったのである」

明治政府は二月十日に、対露宣戦を布告すると、林権助を駐韓全権公使に任命して、韓国側と交渉させたが、韓国側は容易に調印に応じようとはしなかった。

こうした中で、木越旅団が漢城に入ると、林公使は韓国政府に対して、韓国国内での日本軍の行動に便宜（軍需品の徴発や宿営の援助）を与えてほしいと要望した。「韓国の皇帝や政府は、日本の対露国交断絶と軍事行動の開始をみて、日露どちらに組みするかで動揺していた」が、仁川・旅順の海戦で日本軍が勝利したという知らせが届くと、二月二十三日に、林公使が提示した「日韓議定書」に調印した。

こうして、日本軍は、韓国国内での「駐兵権と戦闘行為が承認され、兵站線が確保されることなった」のである。

三月八日に、広島市南部の宇品《うじな》港から出発した第一軍の主力、近衛師団（師団長長谷川好道中将）と仙台第二師団（師団長西寛二郎中将）も十日に、朝鮮半島西岸の鎮南浦に上陸を開始して二十九日までに揚陸を完了すると、先発の第十二師団とともに、満韓国境を流れる鴨緑江を目指して北進を開始した。

「こうして四月二十一日にまでに、第一軍は、鴨緑江左岸の義州《ぎしゅう》付近に開進を終えた。宣戦布告から二カ月後、第一軍約四万の軍勢は、世界的大陸軍をほこるロシア軍がまちかまえる朝鮮北端、中国東北南部の対岸にたどりついたのである」

鴨緑江の会戦

第一軍（兵力四万二五〇〇人）には四月下旬までに鴨緑江左岸の義州付近に進出した後、鴨緑江を渡河して対岸の九連城要塞を守備する兵力二万六千人のロシア軍（満州軍東部支隊）を包囲して撃滅するという任務が課されていた。

そこで第一軍の砲兵隊が四月二十九日深夜から、河口から遡航《そこう》してくる海軍の小艇とともに砲撃を開始し、その援護の下で鴨緑江に橋を架け、五月一日早朝から渡河作戦を開始することにした。

日清戦争のときの鴨緑江渡河作戦から数えて、実に十年ぶりのことであるが、この作戦に成功するかどうかが、日露戦争の最初の関門であった。

「鴨緑江を敵前渡河して前進根拠地の九連城を抜き、遼東半島の旅順港を落として満州南部で会戦するコースは、すでに日清戦争で実験済みであり、戦場の資料である兵要地誌もそろっていた」

だが、今度の戦争は、一つだけ違う点があった。それは、今度の敵は清軍と比べて、「装備も兵力も格段に上の、ヨーロッパ随一のロシア軍」という点であった。

そこで、黒木大将は、兵備、補給線、食糧、弾薬のほかに、野砲・山砲一〇二門と「新鋭のクルップ式一二センチ榴弾《りゅうだん》砲二〇門を」、「敵に悟られないように夜間に運び入れ、左岸に砲兵陣地を構築」するなど、打てる限りの手を打って、鴨緑江北岸の九連城付近に展開するロシア軍に対して大規模な砲撃を開始することにした。

こうして、満州に展開する世界最強のロシア陸軍と帝国陸軍との戦いは始まっていくのであるが、第一軍は、五月一日早朝から再び大口径の一二センチ榴弾砲を敵陣地に浴びせたことでロシア軍はたちまち混乱に陥った。

第一軍が近衛工兵大隊によって鴨緑江の支流に架けられた全長二三〇メートルの二つの橋の上を約一〇キロの幅で渡河すると、その内の「一二師団は葦子溝からロシア軍を包囲するようにまわりこみ、近衛師団、第二師団は虎山方向からロシア軍主力のいる九連城へ直進した」

午前九時、第一軍は、「葦子溝付近から九連城に至る靉河《あいが》右岸一帯の高台を占領した。そして午後二時には九連城を手中にして残敵を撃退し、渡河作戦を成功させた。夕方、近衛師団と第一二師団の一部は、蛤蟆塘《ハマタン》付近に進出し、東部シベリア狙撃兵第六師団の一部と三時間におよぶ激闘を演じ、ようやく午後六時、これを殲滅した」のである。

では、第一軍は、なぜ緒戦でロシア軍に圧勝できたのだろうか。その理由は、第一軍が三個師団（四万二五〇〇人）の兵力を集中配置したのに対して、ロシア軍は二万六千人の兵力を二七五キロにおよぶ鴨緑江岸に分散配置して不利な戦いを行ったからである。

また日本には、この緒戦で勝たなければ国は滅びるという危機感があったが、ロシア軍には「本国から遠く離れた土地での戦争で、この地を失ったところで国が滅びるという危機感はまったく」なかったからである。

このためワルシャワから着任した満州軍東部支隊の司令官ザスリッチ中将にはロシア満州軍総司令官クロパトキン大将と参謀長サハロフ中将から「優勢な敵との不利な戦いを避けて、敵の編制、配備および前進方向を確かめながら、できるかぎり徐々に退却して敵との接触を保て」という指示が出されていた。

こうしたことから、ロシア軍は、第一軍に九連城を包囲されると、「大砲類を破壊して退却した」のである。

さらにロシア軍は九連城を脱出すると、西方の鳳凰《ほうおう》城に立てこもって抵抗する姿勢をとったが、第一軍から攻撃を受けると、数日の戦闘で城を捨てて退却した（五月十一日）。

その理由は、新たな日本軍の大部隊（第二軍）が遼東半島に上陸したという報告が旅順の極東総督府からザスリッチ司令官に入り、鳳凰城から撤収して後方に集結するように命令が出されたからである。

クロパトキンが、「この戦略的な後退を〝予定の退却〟と公言して」いるように、ロシア軍の後退は、本国からの援軍の到着を待つための時間稼ぎの作戦だったことから、彼らには敗退感はなかった。

この鴨緑江渡河から鳳凰城までの戦闘で、第一軍から激しい砲撃を受けたロシア軍は総崩れとなり、戦闘力を失ったことから、戦死者は一三六三人、捕虜は一九七六人を数えた。

これに対して、第一軍は、渡河作戦だけでも約六千人の死傷者が出ると考えられていたが、実際には鳳凰城までの戦闘で戦死者が二二三人、負傷者は八一六人であった。

この世界最強のロシア陸軍に対する日本軍の緒戦の勝利は、ロイター通信を通じてたちまちのうちに欧米列強に伝わったのである。

例えば、五月二日付の独紙『フランクフルター・ツァイトゥング』は、この渡河作戦について「彼らが数においてもあらゆる点でロシア軍よりはるかにまさっている」と論評し、また三日付の英紙『タイムス』も、「この戦いにおける黒木第一軍司令官の指揮を称賛し、また日本軍の砲兵火力の運用の巧みさと、その逆にロシア側の狼狽ぶり」を報じている。

金州・南山攻略戦

第一軍が九連城を占領してロシア軍を追撃しているとき、第二軍の一部（第一、第三、第四師団）は五月五日より、平壌から南西四十キロ離れた鎮南浦から比較的防備の弱い遼東半島大連湾の北東八〇キロの塩大澳に上陸を開始し、十二日に上陸を完了した。

残りの第二軍（第五、第十一師団）は十七日より、塩大澳に上陸し、月末までに完了した。十九日には先発の第一軍と第二軍の間をつなぐために独立第十師団が鴨緑江と塩大澳の中間にある大孤山《だいこさん》付近に上陸した。そのほかに、「秋山好古少将が苦心して作り上げた日本陸軍唯一の騎兵第一旅団」と野戦砲第一旅団が加わった。

まだ世界では騎兵の任務は偵察が常識だった時代に、秋山少将は、後に黒溝台と奉天の会戦で十倍のロシアの騎兵（コサック兵）に対して、第一旅団の騎兵を下馬させて、最新兵器のホチキス機関銃を使って制圧するのである。

もし、秋山少将に、このコペルニクス的な発想がなければ、コサック兵は、伸びきった満州軍の戦線を思うがままに断ちきって、満州軍を窮地に陥れたことは間違いないだろう。

こうして、第二軍の総兵力は六個師団と二個旅団となり、南満州への上陸に成功した。この間、ロシア軍からの攻撃が一切なかったが、これは、ロシア軍が根拠地の遼陽《りょうよう》（満州東部の都市）方面に集結して、内陸部で迎え撃つ作戦をとったからである。

このため第二軍は南満州に上陸すると、第一軍と連携して塩大澳から北上しながら東清鉄道の南満州支線（ハルピン～旅順）の沿線にたむろするロシア軍を撃破し、遼陽方面に大部隊を集結させているロシア軍と直接対決することになった。

また第二軍は、後で旅順要塞を攻撃する第三軍（軍司令官乃木希典大将）のためにも、「半島を完全に制圧して、大連を開放し、上陸港を確保して」おかなければならなくなった。

このため第二軍の先発隊（第一、第三、第四師団）は五月十七日に、塩大澳の付近にある金州城と、南に位置する南山のロシア軍を攻撃するために前進を開始した。

そして二十五日に、第四師団（師団長小川又次中将）が右翼に、第一師団（師団長貞愛親王中将）が中央に、第三師団（師団長大島義昌中将）が左翼に配置された。

この南山の陣地は高さ一一五メートルの高台にあり、「ロシア軍はここに、十数座の半永久砲台を築き、七〇余門の大砲を備え、掩蔽《えんぺい》のある防塁」をめぐらしていた。「さらに山麓全面には鉄条網をはりめぐらし、地雷を敷設し、その間に多数の機関銃を配していた」

まず第四師団の一部が翌日早朝から、側面からの第一師団の掩護で金州城を攻撃し、午後五時にようやく陥落させることに成功した。

一方、第一、第三、第四師団の主力も、この難攻不落の南山陣地を攻略するために、「野戦砲第一旅団の野砲一九八門を投入して南山陣地への集中砲撃を実施、続いて歩兵部隊が前進したが、狭い地域に三個師団もの兵力を投入したために、兵員が密集してしまい、ロシア側の砲撃と機関銃によって大損害を受けることになった。

また大連湾からロシア駆逐艦・砲艦が第三師団に艦砲射撃を浴びせ、日本軍は前進を阻まれた。夕方まで激戦が展開されたが、日本側は損害も多く、砲弾も欠乏してきたため、攻撃は挫折するかに思われた」

ところが、ここで帝国海軍の砲艦「赤城」、「鳥海」、「筑紫」、「平遠」、水雷艇二隻が第四師団の担当する金州湾側にかけつけ、南山の西側陣地に対して艦砲射撃を行ってきた。「野砲を持っていなかった第二軍にとっては貴重な援軍であった。二〇センチを超える砲弾を浴びた南山西側陣地は随所で破壊され、ロシア側砲火も弱まり、陣地に配置されていた歩兵も後退した。

この機に乗じて、一八時三〇分、第四師団歩兵第八連隊は、堡塁に突入し、南山西北部の陣地を占領した。南山のロシア軍守備隊は、陣地への日本軍の突入に驚き、一九時三〇分、すべての陣地を放棄して旅順方面へと撤退した」

「大本営も第二軍も、南山がこれほどの防塁となっているとは、まったく考えていなかった」ため、この連続十四時間にもわたる戦闘で、第二軍は兵員三万六四〇〇人のうち、戦死者が七〇二人、負傷者は三六八五人に達した。

この二日間の戦闘で、日本は投入戦力の十二パーセントを失ったことになるが、これは日清戦争のときの三倍の数であったことから、当然、奥司令官の責任を問う者が出てきた。

一方、負けたロシア軍の戦傷者は、兵員三万五千人のうち、わずか一一三七人（全体の三パーセント）に過ぎなく、無傷の三万四千人は旅順に撤退して温存された。

第二軍は、この戦闘で保有していた砲弾と銃弾を撃ち尽くしてしまったことから、旅順に「撤退したロシア軍を追撃することはできなかった」が、この影響で二十七日にロシア軍の大連守備隊も撤退したため、第二軍は三十日に、無防備の大連を占領した。

以後、大連は、「日本軍の兵站基地として大きな役割」を果たすことになる。こうして第二軍は、当初の予定通り、「半島を完全に制圧して、大連を開放し、上陸港を確保」するという目的を達成するとともに、「北方のロシア軍主力と旅順方面のロシア軍の連絡を遮断」したことで、「旅順要塞は北方のロシア軍主力と分断されて孤立することになった」のである。

この戦闘に従軍した英紙『タイムス』の記者は、戦況報告で

「南山の戦闘で日本軍が示したすばらしい勇気と忍耐力、さらに旅順を攻撃するうえできわめ

て有利な状況になったことは、本国にいるロシア人にたいして旅順要塞と旅順艦隊の安全にたいする大きな脅威を起こさせたに違いない」と日本軍の戦闘ぶりを讃えている。

だが、日本軍は、「次に展開される旅順攻防戦で南山に数倍する損害を出そうとは誰一人想像していなかった」のである。

新第二軍と第三軍の編制

日本軍は、この南山の戦いに勝つと、いよいよ満州の奉天から南南西六〇キロ離れた遼陽を目指して北上していくことになるが、南山から遼陽までの行程はおよそ二五〇キロあった。

そこで、大本営は五月二十七日に、遼陽会戦に備えて第二軍の戦闘序列を改め、新しく第三・第四・第五師団と騎兵・砲兵各一旅団に再編制した。

当初、大本営は、第二軍の一部に旅順を監視させ、ロシア軍が反撃に出てこないようにしておけばよいと考えていたが、旅順港口閉塞作戦が失敗した以上、旅順艦隊がいつ出撃してくるか分からない状況であった。

既に、ヨーロッパからはロシア海軍省が四月三十日に、バルト海所在の艦船で極東の増援艦隊であるバルチック艦隊の編制を発表したという情報が伝えられていた。

もし旅順艦隊とバルチック艦隊が合流して、「黄海方面で積極的に作戦を行えば、主戦場であると想定されている遼東半島・南部満州方面への陸軍部隊の輸送と補給は全く困難になり、日本軍は朝鮮半島南端に北上して、陸路を長時間かかって北上しなければならなくなる」

帝国海軍としては、バルチック艦隊がやって来る前に、なんとしても旅順を攻略して旅順艦隊を撃滅し、黄海の制海権を確保して「輸送・補給路を安全なものにしておかなければ、大陸での地上戦そのものが継続」できなくなるのである。

そこで、大本営は五月二十九日に、海上からの旅順艦隊の撃滅を諦めて、第二軍の後方の安全を確保し、陸上から旅順艦隊を撃滅する作戦に変更して、その攻略部隊として第一・第九・第十一師団と攻城砲兵司令部・攻城特種部隊からなる第三軍の編制を決定した。

そして、五月二日に病気を理由に依願休職していた乃木希典中将（六月六日に大将に進級）を第三軍の軍司令官に任命した。

「もちろん、乃木中将の軍司令官就任は藩閥や人脈だけで決まったのではない。日清戦争当時、旅順攻略の指揮を執ったのが歩兵第一旅団長だった乃木であり、旅順の事情に通じているという実績も買われての任命であった」

第三軍司令官となった乃木中将は、軍司令部の一行とともに、「五月三一日に広島に集結し、六月一日に宇品を出発した。一行は四日、塩大澳に上陸し、六日、部隊のいる南山に到着した」

こうして、満州の「日本軍は、第一軍、第二軍、第三軍、独立第十師団の九個師団六個旅団余の三二万の大部隊」となった。

乃木司令官が三十一日に、広島の宇品・大手町の旅館に到着すると、東京から長男の勝典《かつすけ》少尉（第一師団歩兵第一連隊第九中隊少隊長）が二十七日に、南山で戦死したという訃報が届いたため、乃木司令官は、静子夫人に電報を送った。

「カツスケメイヨノセンシ　マンゾクス」

乃木司令官は、東京を出発するとき、「三人出征するのであるが、生還はもとより期せられない、一人、一人葬式を出すことはない、三人の棺がそろってから出すがよい」と、静子夫人に対して淡々と語った。

そして、故国を離れる前に市内の写真館に行き、長男の勝典と次男の保典《やすすけ》とが、「軍装をして並んだ写真の種板を左手に持ち、丁度親子三人相並んで出征を記念するかのような意をこめて写真を撮った」のである。

遼陽の会戦に至るまでの戦い

大本営は六月十日に、第三軍を旅順攻略に従事させることを決定した。これ以後、第一、第二軍、独立第十師団は、遼陽の会戦（八月二十五日～九月四日）までに、ロシア軍と大小合わせて、次のような戦いを行った。

（一）第一、第二軍の戦い
「得利寺《とくりじ》の戦い」（六月十四日〜十五日）、「岫厳《しゅうげん》の戦い」（六月八日）、「摩天嶺の戦い」（七月十七日）、「橋頭の戦い」（七月十八日〜十九日）、「蓋平の戦い」（七月九日）、「大石橋《だいせききょう》の戦い」（七月二十三日〜二十五日）、「楡樹林子《にれじゅりんし》の戦い」（七月三十一日〜八月一日）、「様子嶺の戦い」（七月三十一日〜八月一日）、「析木城の戦い」（七月三十日〜八月一日）。

（二）独立第十師団の戦い
「分水嶺の戦い」（六月二十六日〜二十七日）。

特に、（一）の「大石橋の戦い」は、日本軍（五万六千人）とロシア軍（四万九千人）が東西三〇キロにわたって展開された戦闘で、戦線がこれほど長く伸びた戦いはヨーロッパでも見られなかった。遼陽会戦の後、「大石橋の戦いを上回る戦場も現われるが、大部隊同士が平野（低い丘陵《きゅうりょう》はあるが）で激突するとどのような戦闘になるのかを、日露双方とも初めて理解した戦いだった」のである。

満州軍総司令部の設置

大本営は六月二十日に、「満州軍総司令部」の編制を下命した。当初、大本営では「国内のほぼ全兵力が前線に出てしまうのだから、各軍間の作戦調整が大変である。いちいち東京の大本営を経由していたら間に合わない」という理由で、児玉大将（六月六日に進級）の発案で、大本営を本国と戦地に分ける「戦地大本営」案が作成された。

しかし、大本営が二つ併存することは統帥上まずいという理由で、名称を「陸軍大総督府」に改めたが、「満州に出征している全部隊を指揮下に置き、作戦から人事にいたるまですべてを指揮・監督する陸軍大総督府設置案は、大本営そのものをないがしろにする」という理由で大反対が起こった。

そこで、『大総督府よりもはるかに組織も権限も小さい、大本営の補助機関的な野戦軍統一指揮部「満州軍総司令部」が誕生することになった』

満州軍総司令部の編制は二十三日に終わり、総司令官には大本営陸軍参謀総長の大山巌元帥が、総参謀長には参謀本部次長の児玉源太郎大将が任命された。また陸軍参謀総長の後任には枢密顧問官の山県有朋元帥が任命され、参謀本部次長の後任には長岡外史《がいし》中将が任命された。

児玉源太郎

そのほかに、参謀本部の作戦部長松川俊胤《としたね》大佐が満州軍総司令部の第一課長（作戦）に、第二部長福島安正少将も、第二課長（情報）に、総務部長の井口省吾少将も、第三課長（補給）に、それぞれ任命されたが、参謀本部のポストは兼任したままであった。後に、首相となる田中義一少佐も、参謀の一人として参画した。

「満州軍総司令部は七月六日に東京を出発し、広島の宇品で乗船し、途中、旅順に近い、裏長山列島《うらちょうざん》に上陸して、十三日、連合艦隊司令長官・東郷平八郎大将と打ち合わせを行った。その際、東郷は、大山総司令官に対して、早期に旅順を攻略するように要請した」のである。会合の後、満州軍総司令部は、大連を経由して三十一日に、「蓋平南側官家子に到着し、総司令部をここに置いた」

旅順要塞前進陣地攻略戦

第三軍司令部一行は六月四日に、大連北方の塩大澳に上陸すると、大連湾北西岸の北泡子涯《きたほうしがい》に司令部を設置した。

乃木司令官には大本営からの旅順要塞攻略の要請によって、満州軍総司令部から大至急、旅順要塞攻略計画案の作成が求められていた。また七月十四日に大連に上陸した大山総司令官からも、旅順要塞攻略の計画を尋ねられた。そこで、七月十八日に第三軍司令部は、「七月二十五日から旅順要塞の外郭部の前進陣地を攻撃し、八月十八日までに攻城砲兵の陣地を確保、二十一日に総攻撃を開始し、八月末までに要塞を攻略するという」計画案を提出すると、大山総司令官は直ちに、この計画案を大本営に報告した。

こうして、いよいよ日露戦争における最大の激戦といわれる旅順要塞攻略戦が開始されるの

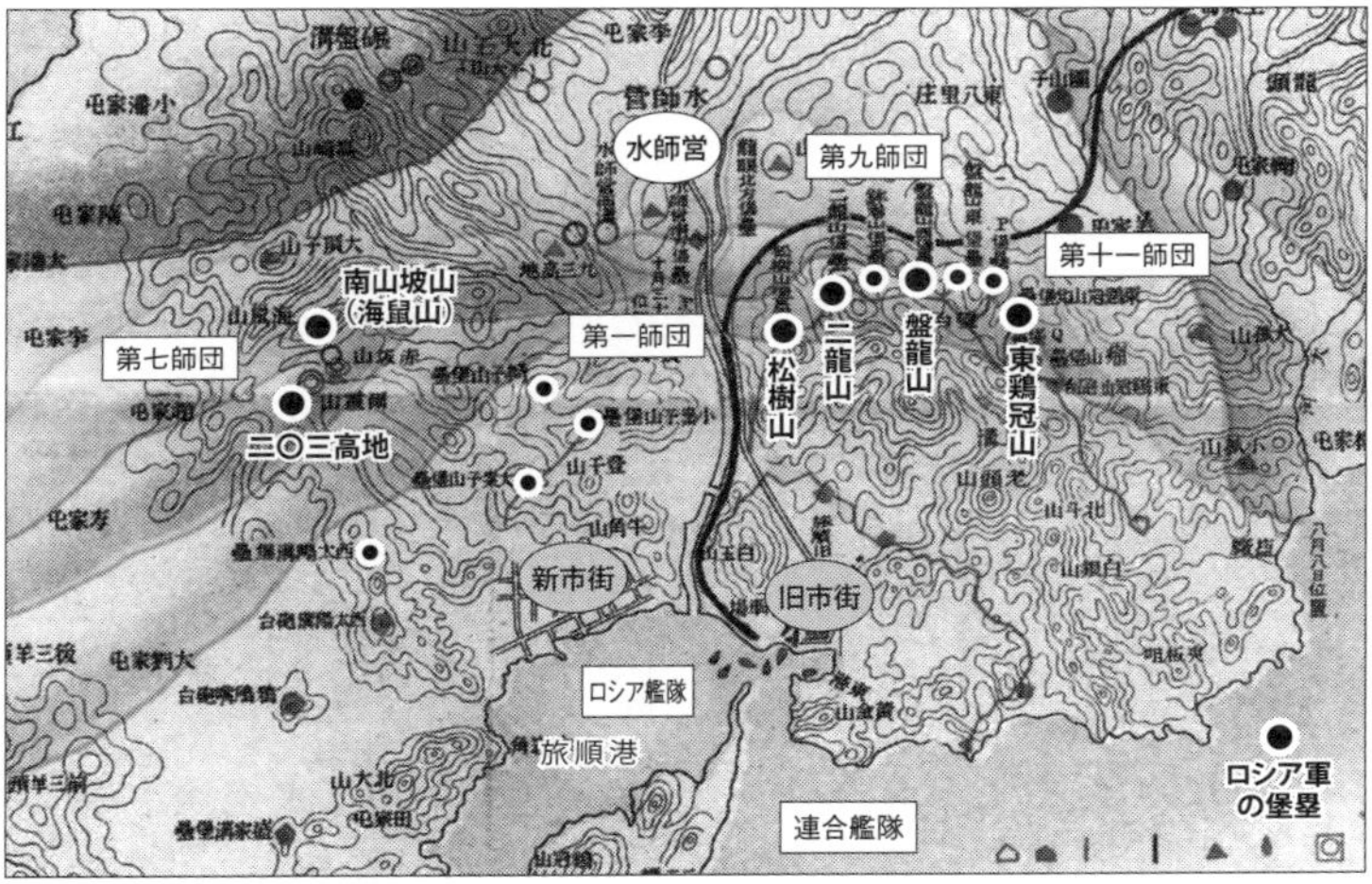

旅順要塞（海軍軍令部作成「旅順要塞攻囲進捗一覧図」より）

であるが、ロシアは明治三十一年に、「清国との間に遼東半島を租借する条約を結び、旅順という念願の不凍港」を手に入れると、「旅順郊外の山岳に旅順港を守るために巨費を投じて延べ二十五キロ以上にもわたるコンクリート製の永久要塞」を築いていたが、そこには大きな大砲だけが設置されていたわけではなかった。

大口径の大砲は外部にさらされ、それを取り囲むようにコンクリート製の堡塁が築かれており、堡塁は半地下形の建物になっていた。「その中には兵員の居室が設けられ、小口径の大砲が隠され機関銃が据えられていた。

乃木第三軍が包囲したとき、ロシア軍陣地には五つの半永久堡塁と三つの簡易な堡塁、五つの独立砲台が設けられていた。そして半永久堡塁の中間には歩兵塹壕、鉄条網、落とし穴、地雷原が設けられていた。さらに要塞には砲六四六門、機関銃六二挺を備えて旅順港と旅順市街を防衛していた。

また野戦陣地などには要塞砲二八三門のほか、港の艦艇から外してきた艦砲一六八門、野砲も六三門が備わっていた。これら各種砲に使う榴弾、榴散弾、爆弾は二七万四五五八発が保管され、砲一門あたりの平均弾数は四二五発」であった。

また各所には多数の機関銃も配備されており、「総兵力は陸軍四万一七八〇名、海兵と志願者が七〇〇〇名もいた」が、このことは旅順要塞を占領するまで誰も知らなかったのである。

ところが、第三軍は、この鉄壁の守りを誇る旅順要塞を攻略する前に、北方の山岳にある小さな要塞から先に攻略していかなければならなかった。南山陣地の激戦の後も、ロシア軍は、騎兵を中心に各地で姿を見せては日本軍と小規模な戦闘を繰り返していたことから、先に旅順の前面に布陣しているロシア軍の要塞を攻略しない限り、本格的に旅順要塞を攻撃することはできない。そこで、土屋光春中将率いる第十一師団歩兵第四十三連隊は六月二十六日早朝に、剣山《つるぎやま》の攻撃から開始した。

第三軍の目前にそびえる剣山は、「大連と旅順の真中に位置し、遼東半島の最高点で要塞外周陣地群の最北にあり、ロシア軍の触覚の役目を果たしていた」。これに対して『日本軍は十倍の圧倒的な兵力で平押しをしたが、この占領には五時間もかかり、第一線の将兵は陣地利用の巧みさと、頑強さに「ロシア兵は強い」との印象を持った』という。

剣山を陥落させた第三軍は、二十七日に大白山を、二十八日に大鉄匠山を占領したことによって、第三軍の一線は、「右翼は安子山から左翼は黄海に臨む小平島にわたる線を確保し、旅順要塞攻略の突破口」を開くことに成功するのである。

この三日間の戦いで払った第三軍（五万七七〇〇人）の犠牲は、戦死者五一八人、戦傷者二三一八人であった。これに対して、ロシア軍（一万八千人）の死傷者は一三九五人であったが、これは守る方よりも攻める方が二倍以上の損害を出したということになる。ここから、ロシア軍の要塞がいかに堅牢だったかが分かるだろう。

さらに日本軍は、「ロシア軍を追いながら、日本軍の大砲が旅順の主要塞に十分に届く距離まで詰めなければならない。それが三十日までかかった。これでようやく旅順の主要塞を取り囲んで砲撃できる地点まで達した」のである。

この激戦で、日本軍の死傷者が一二五八人に達し、ロシア軍は六六七人であった。言わば、二十五日から三十日までの間に、第三軍の死傷者は合計四〇九四人に達したことになる。

次いで三十日からは、「攻城砲兵の陣地確保の作戦を展開し、八月十四日までに必要地点を占領し、要塞攻撃の準備を完了した」。こうして作戦計画は十八日に、総攻撃開始という段階まで、ようやく漕ぎつけたのである。

旅順艦隊を港外に誘い出した海軍陸戦重砲隊

第三軍は、剣山を陥落させると、その山頂に満州軍総司令部と連合艦隊の首脳を集めて戦術会議を開いたが、このとき、連合艦隊から「陸軍の攻城砲力が不足している」ので、「海軍の大口径艦砲（二〇〜三〇センチメートル砲）を陸揚げして貸したい」という要望があった。

これによって陸戦重砲部隊の派遣が決まると、早速、海軍陸戦重砲隊は六月二十六日に、一五センチ加農砲《かのんほう》二門、一二センチ加農砲十門、十二ポンド砲二十門を用意して遼東半島に上陸した。そして、ロシア軍の要塞までわずか六キロ前後の位置にある、火石嶺高地の東方に砲台を設置し、旅順要塞総攻撃の前に旅順市街への間接砲撃を開始するのである。

この中で、八月七日払暁から開始した旅順市街への砲撃は、ロシア海軍の「貯油庫を爆破し、鴨緑江木材会社を焼き、市内をパニック状態」に陥れた。

『砲撃は翌八日にもつづけられ、九日も早朝から開始された。そして午前九時四十分ごろに放った一弾は戦艦「レトヴィザン」に命中、港内を大恐慌に陥れた。さらに二千トンクラスの貨物船が沈没し、白玉山山麓の火薬庫も被弾して火災が発生していた。

旅順艦隊の指揮官ウィトゲフト少将は、艦隊をこのまま港内に停泊させておいては全滅もしかねないと判断、急遽《きゅうきょ》、全艦艇に出港を命じた』のである。

丁字戦法の失敗

前出の極東総督アレクセーエフは六月十一日に、ウラジオストックに艦隊を集結させるために、ウィトゲフト司令長官に対して、ウラジオストックへの出港を命じていた。このため旅順艦隊は二十三日早朝に、「戦艦六隻を中央に、前後に巡洋艦を配し、機雷に神経を使いながら、ごくゆっくりと航行した」

旅順近海の裏長山列島に待機していた連合艦隊は午前七時に、哨戒中の第一駆逐隊から旅順艦隊を発見したという報告を受けると、午前九時に出撃した。そして午後六時に、旅順艦隊を発見すると、「旅順艦隊の前に出て進路を圧しながら接近した」

連合艦隊は、従来からの計画に従って「丁字戦法」をとるための運動を開始したが、旅順艦隊は連合艦隊とは反対方向へ舵を切って、全速力で旅順港へと逃走したため追跡したが、結局、追いつけず逃げられてしまった。

「丁字戦法とは、単縦陣の敵艦隊に対して先頭艦の針路にたちはだかるように横一列の陣形をとり、まず先頭艦に砲撃を集中する戦法である。

このとき、敵艦隊が味方艦隊と同じ方向に進むように舵を切れば戦闘は続行される。しかし、敵艦隊が戦いを避けて逆の方向に舵を切り、味方艦隊の後方に回りこみ、戦いを避けようとすれば簡単に逃げられる」のである。

こうして、旅順艦隊は旅順港の脱出に失敗したが、連合艦隊も「丁字戦法」に敵を誘いこむことに失敗したことで、「艦隊決戦において計画通りの態勢に持ち込むことの難しさを痛感させられることになった。自分（日本側）にとって有利な態勢は、当然のことながら相手（ロシア側）にとって不利な態勢となるわけで」、そう簡単には、こちらのペースに乗ってくれるわけではないのである。

黄海海戦の成功

こうして、最初の黄海海戦の戦いは失敗に終わったわけであるが、先述した海軍陸戦隊の砲撃によって、旅順艦隊は八月十日午前四時三十分に、続々と錨を巻き揚げ、一路、ウラジオストックを目指して、戦艦六隻・巡洋艦四隻・駆逐艦八隻の単縦陣で港内から姿を見せてきた。ロシア皇帝ニコライ二世は、日本軍からの砲撃で旅順が持ちこたえられないと判断してウラジオストックへの回航を命じたからである。

このとき、ウラジオストックへの回航は不可能であると判断して、バルチック艦隊の回航を待っていたウィトゲフト司令官は、イギリスの『デーリーメール』が「長く戦闘を避けている間に、ロシアの水兵は大砲の打ち方を忘れてしまったようだ」と評しているように、二カ月も旅順港に投錨している間に、すっかり世界から笑いものになっていた。

次の旅順艦隊の出港を待って、前回と同じように第一戦隊を率いて円島付近に待機していた東郷長官は、駆逐艦から旅順艦隊発見の報告を受けると、第三・第五・第六戦隊に旅順沖への急行を命じるのである。

ここから、いよいよ日露両海軍による海戦が本格的に開始されていくのであるが、連合艦隊は午後零時三十分に、ウラジオストックへ向かって単縦陣で航行する旅順艦隊を発見すると、六月二十三日の戦訓から「洋上にさそい出し、旅順港へ逃げられないような作戦」をとるために、やや旅順側に回りこむコースをとってから、旗艦「ツェザーレウィチ」を中心に砲撃を開始した。

ところが、旅順艦隊は連合艦隊との海戦が目的ではなく、あくまでウラジオストックを目指して北上することが目的だったことから、いち早く砲戦の距離外に脱出した。

連合艦隊は五時間近く、逃走する旅順艦隊を後方から追跡して午後五時半に、ようやく追いつくと砲撃を再開した。

砲撃戦が一時間近く続いたところで、午後六時三十七分に、旗艦三笠が発射した三〇センチ主砲弾が二列縦隊の先頭にいたツェザーレウィチの艦橋付近に命中したため、司令官ウィトゲフト少将と、その幕僚たちは跡形もなく吹き飛んで戦死した。

またツェザーレウィチの艦橋で舵を操作していた操舵手も、舵にすがりついたまま戦死したためツェザーレウィチは、そのまま左旋回して後続の隊列と衝突しそうになった。さらに、後続の艦船も先頭の艦船に続いて左に舵を切って衝突しそうになったため、旅順艦隊は大混乱を起こした。

やがて旅順艦隊は、バラバラになって行動し始め、最後に「戦艦五隻・巡洋艦一隻・駆逐艦四隻は旅順にもどり、戦艦一隻（旗艦）と駆逐艦三隻は中国の膠州湾《こうしゅう》に、巡洋艦一隻・駆逐艦一隻は上海に、巡洋艦一隻がサイゴンにそれぞれ逃れたが寄港先で武装解除され、巡洋艦ノーウィックはいったん太平洋に出て津軽海峡を通過してウラジオストックに向かおうとしたが樺太で座礁した」のである。

結局、この黄海海戦で連合艦隊は一一七人が戦傷死し、旗艦三笠も命中弾を受けて、損害を受けた。これに対して旅順艦隊は、戦死者が三二〇人を数え、旅順港から「出撃した旅順艦隊十八隻のうち、十隻は旅順にもどり、その他八隻は戦力として失われ、ウラジオストックには一隻もたどり着けなかった」のである。

このように、連合艦隊は五時間にわたって旅順艦隊を追跡し、攻撃をかけて大打撃を与えたが、旅順艦隊が分散して逃走したことから壊滅的打撃を与えることはできなかった。

だが、これ以降、旅順艦隊が再び黄海に姿を見せることがなかったため、連合艦隊は黄海の制海権を掌握して、兵員の輸送と補給活動を展開することができたのである。

後に、東郷長官は、五月二十七日の海軍記念日の講演で「世間ではこの五月二十七、八日の日本海海戦が、日本の命運を決した大切な戦いと思っている向きがある。私にはむしろ八月十日の黄海海戦ほど苦しく重大であった戦いはなかった。だから記念日にするならむしろ八月十日にしてほしかった」と述べているように、この一戦が、その後の日露戦争の勝敗を決める上で、大きな役割を持った戦いであったことは間違いない事実である。

その意味で、この黄海海戦が、後に日本海海戦に「優るとも劣らなかった戦い」として、高い評価を受けたのは当然であろう。

蔚山沖海戦の勝利

日本海に面した沿海州南端にあるウラジオストックにはロシア太平洋艦隊の支隊であるウラジオ艦隊（戦艦・装甲巡洋艦・水雷艇など十七隻）が在泊しており、「開戦以来、活発な活動を続け、しばしば日本側の輸送活動」を脅かしていた。

例えば、二月十一日に、ウラジオ艦隊三隻（装甲巡洋艦ロシア・グロモボイ・リューリック）によって「名古浦丸」が津軽半島沖で撃沈され、四月二十五日にも韓国の元山沖で「金州丸」が、六月二十五日には玄界灘で「常陸丸《ときわ》」と「和泉丸」が撃沈された。

この中で、満州への輸送の途中に撃沈された陸軍輸送船「常陸丸」の事件は、一千余名の近衛師団歩兵第一連隊の兵士と乗組員が死亡する大惨事であったが、このとき、連隊長の須知源次郎中佐は軍旗を焼いた後、割腹自決を遂げている。

このウラジオ艦隊の通商線（シーレーン）の破壊に悩まされた連合艦隊は、上村艦隊（第二艦隊）を「ウラジオ艦隊の追跡にあてていたが、ウラジオ艦隊は日本海の濃霧を巧みに利用して神出鬼没で、それを捕捉することはなかなか難しかった」

このため上村艦隊に対する国民の不満は高まり、「濃霧《のうむ》で見つからないというが、無能《むのう》のまちがいではないか」「露探《ろたん》（ロシアのスパイ）艦隊」などと、「心ない非難が後を絶たず、上村中将の留守宅は投石の被害にもあった」

これまで「ウラジオストック艦隊の跳梁《ちょうりょう》を許し、無念やるかたない思いをしてきた」上村長官が、「今度こそは、この思いをはらそうと、昼夜兼行の哨戒作業」を続けていたとき、ウラジオ艦隊に旅順艦隊が出港したという報告が入ると、旅順艦隊を掩護するために、ウラジオ艦隊三隻は十二日午前六時に、朝鮮海峡（西水道）へ向けて出港してくるのである。

ところが、既に旅順艦隊が連合艦隊からの攻撃を受け、逃走したことを知らないウラジオ艦隊は十四日午前四時四十五分に、朝鮮半島の日本海側の蔚山《うるさん》沖で、上村艦隊麾下の第二戦隊四隻（出雲・磐手・吾妻・常磐）に発見されると、横一線に並ぶ第二戦隊に対して、まっすぐに単縦陣で突進してきた。

第二戦隊は、タイミングよく、ウラジオ艦隊と丁字形になると、ウラジオ艦隊に向かって集中砲火を浴びせた。これによって、航行不能になったロシアとグロモボイの二隻は、リューリックを置き去りにして逃げようとしたので、南南東から姿を現した第四戦隊二隻（浪速・高千穂）にリューリックを任せて、第二戦隊は逃走するロシアとグロモボイを追撃したが、旗艦出雲の砲弾がなくなったため追撃を断念するのである。

大破したロシアとグロモボイは、第二戦隊をふり切って、そのままウラジオストックへ逃げのびたが、再び出撃できないほど、人員と艦船の損害がひどかったため、事実上、ウラジオ艦隊は壊滅したのである。

一方、リューリックは、第四戦隊から砲撃を受けると艦船の後部から沈没していった。それを見た上村長官が、海中に逃れたリューリックの乗組員六二七人（全体の七二パーセント）を半日以上もかけて救出したことで、このニュースは全世界に伝えられ、日本の武士道精神が喧伝された。

後に、このことを聞いた上村長官は、「そうか」と水のごとく答えて、「これでわが制海権が保てる」と「満面の微笑で参謀長に向かっていった」という。

開戦以来、上村艦隊は、ウラジオ艦隊による通商線の破壊に悩まされていたが、この海戦の勝利の一報が日本に届くと、たちまちのうちに上村艦隊への非難罵声はどこかへ吹き飛んでしまった。

こうして、連合艦隊は、黄海海戦と蔚山沖海戦でロシア太平洋艦隊を無力化させ、日本海の東端から黄海にかけての広大な海域を完全に掌握すると、満州への補給線の確保に成功するのである。

第一回旅順要塞総攻撃の失敗

先述したように、連合艦隊が来るべきバルチック艦隊との決戦に勝利するには先に旅順艦隊を壊滅させることが必要不可欠であったが、そのためには旅順港を一望に見渡せる旅順要塞を攻略しなければならなかった。

そこで、第三軍は、八月十九日から旅順要塞を東北方面から包囲し、海軍陸戦砲兵隊と陸軍攻城砲兵団による集中砲撃を行って、要塞を破壊した後、歩兵が突撃して占領する作戦を立案した。

東北正面から旅順要塞を攻撃することにしたのは、攻撃をかける際に不可欠な武器や弾薬の補給路（鉄道・道路）が東北正面の堡塁群（松樹山・二龍山・盤龍山《ばんりゆうざん》東西・望台・P砲台・東鶏冠山の各堡塁）にまで延びていたからである。

この「強襲法」と呼ばれる要塞攻略に要する時間は、これまでの戦訓から考えて、せいぜい手間取っても、丸三日で片付くはずであった。

なぜなら乃木司令官は、日清戦争のときに、わずか半日で旅順要塞を攻略した経験があり、「清の旅順要塞は旧市街を万里の長城のような壁で囲んでいただけの代物で、日本軍は城壁の一点を爆破し、市街部を一直線に駆け抜けた」からである。

ところが、第三軍が前後三回も総攻撃を重ねたあげく、「五か月もかかって翌年の一月までずれ込もうとは、軍司令官から一兵卒に至るまで予想できないことであった」

乃木司令官は八月十一日に、各師団長と攻城砲兵司令官、砲兵第二旅団長を双台溝の軍司令部に集めて、旅順総攻撃の開始を命令した。

旅順市街の北西方向には多数の砲台が築かれていたが、敵が攻めにくいことから北東に築かれた東鶏冠山、盤龍山、二龍山、望台、松樹山などの堡塁と比べて、小規模なものであった。そこで、第三軍は九月十九日から、計画より一日遅れて総攻撃を開始することにした。

第三軍は、十九日になると、陽が沈むのを待って最も攻撃しやすい盤龍山と東鶏冠山の堡塁に向かって前進し、「第一師団と後備歩兵第一旅団が右翼に、第九師団が中央、第十一師団が左翼に進んだ」

最初に、海軍陸戦砲兵隊が翌十九日午前四時半より砲撃を開始し、続いて陸軍の攻城砲兵団の銃砲と野砲も、一斉に二龍山砲台と東鶏冠山北砲台の中間に向かって砲撃を開始した。「この中間地点は攻める側が最も大防御線に迫れる空間であり、ここを突破すると一挙に要塞の中核を押さえられると判断したからである」

朝六時からの砲撃は二十四日まで続けられたが、世界の戦史において前例がないと言われるほど激しいものであった。「後方で観戦する参謀たちの眼鏡の中には、着弾のたびに掩蓋がはね上がり、ロシア兵が吹き飛ぶ」のが映った。

二十一日の明け方、全軍が突撃したが、「第一師団は大頂子山をほぼ占領したものの、水師営南方堡塁群の攻撃は失敗断念し、歩兵三個大隊がほぼ全滅。

第九師団は攻撃に失敗し、一個旅団が壊滅的な損害を受けて攻撃発起点まで後退、という情けない有様であった」。総攻撃の六日目、二十四日の朝に、「乃木将軍以下の司令部幕僚が前線まで馬を進めて眼鏡をあてると、次第に明るくなっていく朝日の中に見えるのは、斜面に、敵兵壕に、鉄条網に、陣前にへばりついたまま死んでいる無数の日本兵の姿があった」

ロシア軍は、日本軍が知らない間に「清の築いた旅順要塞を、ベルギー工兵総監・ブリアルモンの思想にもとづいた近代要塞に造り替えていた」のである。

「城壁に代わって防衛線上に点々と堡塁を設置し、間を塹壕でつないだ。こうすることで、一点を突破されても即座に迎え撃つことのできる態勢を取った。東鶏冠山北堡塁を例にとれば、兵舎は磚《せん》と呼ばれる固焼き煉瓦をベトン（コンクリート）で接着させた重厚な造りで、前庭には野砲を置くための陣地があり、全体は空堀に囲まれ、さらに侵入してきた敵を迎え撃つための窖室《こうしつ》（吉本注：地下に穴を掘って造った部屋）を備えていた。外側には鉄条網や地雷原があった」

この総攻撃に参戦した将兵（五万七六五五人）の内、死傷者は一万五八七七人（戦死者五〇一七人、戦傷者一万八六〇人）に達したが、これは一個師団に相当する数であった。

「この大損害に指揮官らは号泣し、軍司令部は呆然自失、上部の満州軍総司令部は激怒、内地の大本営では乃木司令官、伊地知参謀長の更迭も議論された」

乃木司令官は午後四時に、攻撃を断念し、攻撃中止命令を出した。攻撃を中止する二十四日までに発射された砲弾は、全部で十一万七七三〇発（榴弾五万三三三〇発・榴散弾六万四四〇〇発）であった。そのうちの八七・五パーセントの榴弾（「砲弾内部の爆薬を炸裂させて、爆風と破片で目標を破壊する」爆弾）は海軍陸戦砲兵隊によるものであったが、ほとんど初日二日間で消費されたことで攻撃は中止されたのである。

遼陽の会戦

遼陽は、「東清鉄道が南北に走る奉天に次ぐ南満州の交通の要衝」だったことから、ロシア軍は遼陽に早くから目をつけ、「近代的な兵站施設を整え、周辺に強固な野戦陣地を構築して満州の根拠地にしてきた」

この遼陽周辺に布陣したロシア軍の総兵力は、シベリア鉄道による援軍を加えて、二十二万四六〇〇人の大軍にまで膨れ上がっていた。

「日本軍の当初の目的は、これら遼陽を中心に布陣するロシア軍主力」を壊滅することであったが、その総兵力は十三万四五〇〇人であった。

ロシア軍は、戦いつつ退却するという戦略をとったことから、第一軍は鴨緑江を越えてロシア軍を追撃しながら遼陽に達しており、また第二軍も、「南山の戦い以来、鉄道沿いにロシア軍を撃破して遼陽」にたどり着いていた。

このため大本営と満州軍総司令部は九月二十五日より、かねてより最大の関心事であった遼陽の戦いを決定し、第一軍は、遼陽の東側から時計回りに、第四軍（軍司令官野津道貫《のづみちつら》大将）が南側から、第二軍は西側から、第二軍の騎兵第一旅団は西側から、それぞれ遼陽を半円状に包囲するように攻撃を開始するのである

だが、「遼陽に布陣するロシア軍は強固な防御陣地を築いて日本軍を待ち構えていた。その防御陣地は二重、三重に構築され、しかもこれらの陣地間は自由に応援、救援ができるよう縦横無尽に掩蔽壕が掘られていた」

このため日本軍は攻撃を開始して以来、苦戦を重ねていたが、満州軍総司令部は二十九日に、第二軍に対して遼陽市街の手前に立ちはだかる首山堡《しゅざん》という小高い丘陵に新たな陣地を構築し

たロシア軍への攻撃を命じた。だが、「戦線の左翼から首山堡を攻撃する第二軍は、苦戦を強いられ、総司令部は予備の第四師団の大部分を左翼戦線に投入せざるを得ないほどだった」ところが、九月三十日深夜、「第一軍が太子河《たいしが》上流を渡河してロシア軍の背後に迫ると、クロパトキン大将は第二軍、第四軍と戦っていた主力」を引き上げ、第一軍に対して大兵力を集中させたのである。

このとき、第二軍麾下の「第六師団が退却するロシア軍の隙をついて、ついに首山堡の一角を奪取するや、第四軍の各部隊も一斉に突撃し、早飯屯《そうはんとん》にいたる首山堡の高地線をことごとく占領」した。「さらに第一軍も戦線正面から移動してきたばかりのロシア軍を次々と撃破、虎頭崖にいたるロシア軍の防御陣地を占領」した。

クロパトキン大将は、「奉天での主力決戦を構想して三日午後、全軍に撤退を命令した」。こうして、遼陽の会戦は終結したが、日本軍の死傷者が二万三五三三人に対して、ロシア軍は約二万人であった。世界の新聞は、遼陽会戦における日本軍の勝利を詳細に伝えた。

例えば、「英・米・仏の新聞は、一様に遼陽の戦いが、人類の歴史に残る大会戦であったことを指摘し、英紙はウエリントンを、仏紙はナポレオンを、米紙はグラントなどを例に出して、自国民にわかりやすいように日本軍の勝因を分析した」のである。

その中でも、特に英紙『タイムス』（九月三日付）は、「日本軍が、アジアの地における近代陸軍同士の、最も記念すべきものに入るに違いないこの戦闘で、決定的な勝利を収めたことは十分にわかっている」と述べ、第一軍の攻勢によってロシア軍が退路遮断を恐れたことが日本軍の勝利の第一の原因であると分析している。

橘 周太

また首山堡の激戦で壮烈な戦死を遂げた第二軍麾下の第三師団歩兵第三十四連隊第一大隊長の橘周太《しゅうた》少佐（戦死により中佐に昇進）が海軍の広瀬武夫少佐とともに、陸軍の「軍神」第一号になった。

満身創痍となって首山堡を攻略した橘少佐は、最期に部下たちに向かって、次のように言ったという。

「本日（八月三十日）は、皇太子殿下（のちの大正天皇）御誕生日のめでたき吉日なり、ただ惜しむ、斯《か》くの如《ごと》く多くの部下を損傷したることを遺憾《いかん》とす」

首山堡の戦いで満身創痍になりながらも、常に先頭をきって戦った橘少佐は、自分に厳しく、部下に優しい典型的な武人だったと言えるだろう。

沙河の会戦

遼陽の会戦に敗れ、奉天まで撤退したロシア軍は、日本軍が奉天まで追撃してくることを予期していたが、日本軍は、いっこうに現れる気配を見せなかった。

日本軍は勝ったとはいえ、ロシア軍以上に損害が大きかったことから、兵員や武器弾薬の補充に追われ、十月上旬まで作戦行動が行えなかったからである。奉天のロシア軍には本国から「第一軍団をはじめシベリア第六軍団など続々と増援部隊が到着し、その兵力は遼陽会戦前を上回るほどになっていた」

そこで、奉天で日本軍の追撃を待っていたロシア軍は、日本軍が弾薬の欠乏に悩んでいると判断して「日本軍の補充が整わない今のうちに攻勢に出よう」と考えるが、この反撃作戦の背景には九月下旬に、ペテルブルグで行われた御前会議で相次いで敗戦するロシア満州軍総司令官クロパトキン大将の指揮能力を疑う者が出てきたことがある。

クロパトキン大将は、陸軍大臣より、ロシア満州軍総司令官から第一軍司令官への降格の秘密情報を受け取ると、その汚名を返上するために十月二日に、日本軍への一大反撃作戦を命令した。ロシア軍は四日に、攻撃前進を開始、八日には「日本軍の最右翼、本溪湖《ほんけい》への攻撃を開始」した。

このロシア軍の反攻作戦に対して、満州軍総司令部では「現在位置で敵を迎撃、機を見て攻勢に転じるか、それとも敵兵が集結する前に先制を加えるべきか。総司令部の意見は対立した」が、児玉総参謀長は九日に、翌日から先制攻撃の開始を決断した。

この「沙河《さか》の会戦」で、当初、総兵力十二万八〇〇〇人の日本軍は、総兵力二十二万一六〇〇〇人のロシア軍に対して防戦に徹したが、十二日に本溪湖を守ろうとする梅沢道治少将指揮下の近衛後備混成旅団の決死の奮戦によって、全軍の士気が上がり、十七日にロシア軍を撤退させることに成功した。

この戦闘に参加した日本軍の戦傷者は二万四九七人であったが、これに対してロシア軍は三万三三九四人で、ロシア軍の戦傷者が日本軍を上回ったのである。

にもかかわらず、日本軍は、砲弾を旅順要塞の攻撃に振り分けたため、遼陽の会戦と同様にロシア軍を追撃することができず、「両軍は沙河を挟んで対峙したまま、それぞれの陣地を強化、戦力の回復につとめながら、冬を迎えることになった」のである。

二〇三高地攻略の失敗

第三軍は、八月十九日から東北正面の攻略を目的に、第一回旅順要塞総攻撃を開始することになったが、ロシア軍の強力な火力によって撃破され、第九師団が盤龍山東西堡塁を占領しただけで中止となった。

二十四日に総攻撃を中止したのは、「死傷者数が膨大な数に上ったこともあったが、最大の理由は砲弾が尽きた」からであった。

遼陽の会戦が一段落すると、児玉参謀長は九月十五日に、遼陽を出発して、十八日に第三軍司令部に到着した。ただちに旅順攻撃計画の報告を受けると、おおむねそれに同意した。

第三軍は、十九日払暁から一斉に砲撃を開始すると、二十日に歩兵部隊の肉弾突撃によって、旅順要塞手前の前進堡塁（龍眼北方堡塁、水師営堡塁、南山坡《はさん》山堡塁など）の攻略に成功した。

一方、第一師団の右翼隊は、このとき初めて二〇三高地に向かったが、「山麓にたどりつくまでに、将兵の半分を失ってしまった」

第三軍が、わずか四個中隊しかなかった二〇三高地の占領に失敗したのは、日露戦争研究家のI・I・ロストーノフが、その著書で

「両軍とも二〇三高地が旅順攻防戦の今後の進展および結末にもつ重要性を十分に知っていた。それ故この地域での戦闘は、とりわけ緊迫した性格をおびていたのだった」

と述べているように、旅順要塞の指揮官コンドラチェンコ少将が二〇三高地の戦略的な重要性に気がついたからである。

元々、二〇三高地は「旅順港の西北にあたり、第三軍が主攻と定めた東北正面からずいぶん離れている」ことから、あまり戦略的な価値はないと考えられていたが、「標高二〇三メートルのこの頂上からは、計算によれば旅順港内がすみずみまで見渡せる」ため、第三軍は、ここを占領して砲兵観測所を設け、近くにある南山坡山堡塁（日本名で海鼠《なまこ》山堡塁）から旅順港の軍艦を砲撃する攻略目標の一つに加えたのである。

ところが、第三軍による二〇三高地の攻撃が始まったとき、その戦略的な価値に気づいたコンドラチェンコ少将は、二〇三高地を守るために次々と強力な増援部隊を送り込んできた。

その後、第一師団の中央隊と左翼隊も応援に駆けつけたが、ロシア軍の増援部隊の集中砲火を浴びて大損害を受け、遂に「二十三日未明、第一師団長は攻撃開始地点への撤退を命じた」のである。

第三軍は、二〇三高地の攻略で二八七一人中、一八〇五人の戦傷者（戦死二〇〇人・戦傷者一六〇五人）を出したが、この戦闘では多くの前進堡塁を占領したため、「ここを足がかりに本防御線攻略への準備作業を進めていた」のである。

これに対して、ロシア軍は砲撃を加えて妨害してきたが、日本軍には反撃するだけの砲弾がなかったため、第三軍は砲弾の補給を待って、再び旅順要塞を総攻撃することを決定するのである。

バルチック艦隊の出撃

一方、大本営には沙河会戦の途中で、司令長官ロジェストウェンスキー中将指揮下のバルチック艦隊（第二太平洋艦隊）二十四隻（戦艦七隻・装甲巡洋艦二隻・防護巡洋艦三隻・巡洋艦三隻・駆逐艦九隻）と、その他の艦船十七隻（運送船十四隻、工作船一隻、病院船一隻、特別任務船一隻）からなる大船団が十月十五日に、航程一万八千浬《カイリ》（約三万三千キロメートル）、一五〇日間におよぶ極東遠征の途についたという知らせが、スウェーデンのストックホルムで対露謀略工作を行っていた陸軍大佐明石元二郎から入っていた。

バルト海の「リバウ軍港からウラジオストックまで、途中に一つの海軍根拠地ももたず、艦船四〇隻、乗員一万人の大遠征は、これまでの航海史上に例のない大冒険であった」が、もし、この強力なバルチック艦隊と旅順艦隊が日本海で合流すれば、数が少ない連合艦隊は負けてしまうことになる。

ここにおいて、「旅順攻略は、海軍にとってますます痛切な問題となってきた」。そこで、明治政府は、バルチック艦隊出港の報に接し、「ただちに、中立各国政府に、その航海への援助をしないよう要求した。と同時に、同艦隊の動向についての情報収集を急いだ」のである。

新しく導入した二八センチ榴弾砲の威力

当初、大本営は第三軍からの砲弾の補給に応じようとしたが、砲弾が不足していることや一五センチ加農砲では要塞を破壊することができないことから、有坂成章《なりあきら》技術審査部長の提案で日本の沿岸の要塞に据え付けられていた二八センチ榴弾砲（最大射程七九〇〇メートル・重量一五・八トン・砲弾重量二一七キロ）六門を第三軍に送り込むことにした。

元々、二八センチ榴弾砲は、「ドイツ・クルップ社の同型大砲のコピーで、大阪砲兵工廠が開発・製造したもの」であり、日本の沿岸や海峡に侵入する敵艦を撃沈する目的で、東京湾口の観音崎砲台などに設置された海岸砲であった。

これが直撃すれば、たとえ分厚いコンクリートで固められた旅順要塞でも破壊することができると考えられたのである。

第三軍は、九月十九日の攻撃で占領した旅順港の大部分を望見できる南山坡山堡塁に砲兵観測所を置くと、十月一日に、ここから二八センチ榴弾砲の発射実験を行った。

ここからは、旅順港が白玉山《はくぎょくさん》の陰に隠れていて、よく見えなかったが、それでも発射された六発の砲弾は、「旅順市内の製粉工場を粉々にし、続く砲弾は敵将ステッセル中将の住まいに命中、停泊中の艦艇にも届きはじめた。日本軍は海軍砲も交えて、連日砲撃を敢行し、旅順市内をパニックに陥れた。

砲撃は旅順港に停泊するロシア艦隊にも命中した。約一週間の間に軍艦四隻に命中弾を与えたという。旅順港内の戦艦は七隻、装甲巡洋艦は四隻である。第三軍は、少なくとも三隻に航行不能のダメージを与えたと判断した」のであった。

第二回旅順要塞総攻撃の失敗

乃木司令官は、第一回総攻撃の失敗から、第三軍参謀の井上幾太郎工兵少佐の進言で、「正攻法」（濠［ほり］を掘って敵陣に接近し、突撃陣地を設け、最後には坑道を掘って工兵の爆破で敵陣地を陥落させる戦法）の築城攻撃を採用するが、参謀本部は、「旅順要塞に籠るロシア軍の兵力について、実際には六万三千だったところを三万程度と過小評価して」いたことから、「第三軍を北の遼陽方面に転用するため、旅順攻略を急がせた」

このため、まだ「鶏冠山北堡塁周辺（東北方面）と二〇三高地方面の二カ所しか対壕を築けなかった」にもかかわらず、強力な破壊力を持った二八センチ榴弾砲が設置されると、十月二十六日から、いよいよ第二回目の旅順要塞総攻撃が開始されるのである。

各主要要塞（松樹山・二龍山・東鶏冠山）を目標に、最初の二十六日の砲撃で「東鶏冠山北堡塁の弾薬庫が爆破され、旅順市街の弾薬庫にも直撃弾」が命中した。

翌日、歩兵部隊が旅順要塞の攻略を目指して突入を開始したが、どうしたことか旅順要塞は少しも破壊されていなかった。このため勇猛果敢な歩兵部隊の突撃も、ロシア軍の砲撃と機関銃に阻まれたことで、前進堡塁の盤龍山東堡塁東南の独立堡塁と東鶏冠山堡塁の一部を占領しただけとなった。

第三軍は三十一日までに、二八センチ榴弾砲を四万二一八〇発も放ったため砲弾が底をついて総攻撃を中止せざるを得なくなった。

この戦闘に参加した将兵（四万四一〇〇人）の内、死傷者は三八三〇人（戦死者一〇九二人・

戦傷者二七三八人）に達したが、正攻法に転じたことによって、第一次総攻撃の死傷者（一万五八七七人）の四分の一に減少した上に、ロシア軍には日本軍よりも大きな損害を与えたのである。

第三回旅順要塞総攻撃の失敗

大本営ではバルチック艦隊が、既にリバウ港を出港していたことから、二回目の旅順要塞総攻撃が失敗すると、「一日も早く旅順を攻略する必要があると判断し、新たに第七師団を第三軍に増加することを決め、第三軍に対しては、攻城方法の変更を求めた」が、満州軍総司令部は、従来の旅順要塞への正面突撃を主張した。

なぜなら港を出てこない旅順艦隊を撃滅するために、港内がよく見える二〇三高地を占領し、そこに観測所を置いて、南山坡山堡塁から山越えで砲撃しても、成功するかどうかは分からないからである。

このため第二回旅順要塞総攻撃が失敗に終わっても、大山総司令官は、旅順港から遠く離れた二〇三高地を占領するよりも、旅順港の近くにある旅順要塞を攻略して、そこから砲撃した方が成功すると考えて、二〇三高地の攻略は意味がないと大本営に答えた。

こうした中で、十一月十三日に第七師団の輸送が開始され、十九日に第七師団の先頭部隊が大連に上陸した。乃木司令官は二十日に、第七師団が前線に到着すると、二十三日に第三軍の名誉を賭けた第三回旅順要塞総攻撃を命令した。

「各師団の攻撃布陣は第二回と同じで、右翼に第一師団、中央に第九師団、左翼が第十一師団で、新着の第七師団の総予備として後方に控えることになった」

十一月二十六日午前八時に、最初に、二八センチ榴弾砲が各要塞に向かって一斉に火を吹くと、次に「午前十時半からはその他の大砲も、松樹山、二龍山、東鶏冠山北堡塁などへの砲撃を開始した」が、堅固な各要塞は、まったく破壊できなかった。

乃木司令官は、第一師団第二旅団長中村覚《まさる》少将の提案によって、事前に各師団の歩兵・工兵・衛生隊から、歩兵一大隊分の兵士を選抜して、奇襲部隊の特別予備隊（三〇八三人）を編制し、旅順要塞への正面突撃を敢行することを決定した。

一般に、この決死隊は、白兵戦のときの彼我識別のために全員に両肩から両脇下に白襷《しろだすき》をかけさせたので「白襷隊」と呼ばれることもある。

午後一時から、各師団とも突撃を敢行したが、「敵堡塁直前で猛攻撃を受け、突撃をくりかえしたにもかかわらず、午後四時頃までに一塁も攻略できなかった」

このため乃木司令官は、最後の切札として、水師営西南高地に中村少将指揮下の特別予備隊（第一、第九、第十一師団などの歩兵部隊）を集め、突撃を命令した。

そして、水師営東北に進出した白襷隊は午後六時に、乃木司令官に見送られて、松樹山西麓に向け、進撃を開始した。

「山麓に潜行した隊は、午後八時五〇分、月がまさに昇ろうとするとき、一気に松樹山第四砲台に突入した。しかし、頑強な敵の抗戦にあったうえ、強烈な探照灯が白襷隊を照らし出し、まわりの砲台から弾丸が雨のように集中した。中村少将も重傷を負い、隊員多数が死傷し、敵援軍増加の中で、ついに退却のやむなきに至った」のである。

この戦闘で白襷隊の戦死者は六五〇人を数えたが、乃木司令官は翌日午前一時半に、遂に正面攻撃を断念するのである。

二〇三高地攻撃への転換

このたびかさなる失敗によって、東北正面への攻撃に効果がないことが分かると、乃木司令官は二十七日午前五時半に、満州軍総司令部に対して、二〇三高地の奪取に戦術を変更することを伝え、午後十時に「軍は一時、本攻撃正面（東北正面要塞）に於ける攻撃を中止し、二〇三高地を攻撃せんとす」と、二〇三高地への攻撃命令を下した。

二〇三高地には永久堡塁がないことから、「二〇三高地への総攻撃は二八センチ榴弾砲も含め、砲兵部隊主力が砲撃を集中した。そして一番近い場所にいた第一師団が突撃することになった」

十一月二十八日払暁、第一師団が頂上を目指して突撃を開始したが、「二〇三高地の防御は固く、一進一退の戦闘が繰り返された」

乃木司令官は、第一師団の攻撃に効果がないことが分かると、予備軍の旭川第七師団を投入することを決定したが、このことを知った児玉総参謀長は二十九日に、旅順の第三軍司令部に到着すると、第三軍の指導権を掌握して、二〇三高地砲撃用の各種砲の発射位置を若干変更させ、砲撃目標も変更させた。

二〇三高地の完全占領と旅順艦隊の壊滅

児玉総参謀長の作戦指導のもとに、第三軍は十二月五日午前八時十五分に、団山子北方高地の麓から「二八センチ榴弾砲、同榴散弾など多くの大砲をもって、二〇三高地への砲撃」を開始したが、雪が降り積もっていたことから、砲弾が地表に突き刺さり、あまり効果はなかった。

三十日から正攻法による対壕の構築を開始した第七師団の歩兵部隊は五日午前九時十五分、頂上を目指して損害を顧みずに突撃を繰り返すと、夕方、遂に二〇三高地の西南山頂と東北山頂を占領することに成功したが、同日、乃木司令官の次男・乃木保典少尉（第一師団歩兵第十五連隊小隊長）が戦死している。

こうして、第三軍が児玉総参謀長の指揮で二〇三高地を占領すると、翌六日、二〇三高地の山頂に砲兵観測所を設置して、先述した南山坡山堡塁から港内の旅順艦隊に向かって、二八センチ榴弾砲を次々と浴びせた。

第三軍は、二八センチ榴弾砲を二〇三高地の観測班の指示に従って、着弾点を修正しながら効率よく射撃したことから、十一日までに戦艦「ポルタワ」「レトウィザン」「ペレスウェート」「ポビエタ」、装甲巡洋艦「バヤーン」、巡洋艦「パルラダ」「アムール」のほかに数隻の駆逐艦を次々と轟沈、擱座《かくざ》させた。

唯一、外港に脱出した戦艦「セヴァストポリ」は、水雷艇部隊の攻撃に晒され、一月二日に自沈するまで戦い続けた。

この日本軍の砲撃によって、旅順艦隊は壊滅したのであるが、前出のロストーノフの著書『ソ連から見た日露戦争』（原書房）によれば、既に十一月中頃には旅順艦隊に最小限度の砲弾だけが残され、「弾薬類はほとんど全部陸上防衛戦線に引き渡された」ことから、日本軍が南山坡山堡塁から港内の旅順艦隊に向かって砲撃を開始したときには、秋山中佐が懸念するほどの戦闘力のある艦隊は存在しなかったと見ていいだろう。

児玉参謀総長が旅順を離れると、乃木司令官は攻撃の「重点を東北部に移し、このうちで最強といわれた東鶏冠山堡塁への攻撃を命令した」

先述した正攻法によって、第十一師団は十八日に、東鶏冠山堡塁を攻略したが、この戦術は、後の「第一次世界大戦を先取りするような、いや第一次世界大戦そのものといってよいほどの」戦術であった。

十五日の砲撃によって東鶏冠山堡塁で指揮をとっていたコンドラチェンコ少将が戦死したため、ロシア軍の士気は、たちまちのうちに低下した。

続いて第一師団が三十一日に松樹山堡塁を、第九師団が二十九日に二龍山堡塁を、第九師団と第十一師団が一月一日に望台堡塁を、次々と攻略した。

明治三十八（一九〇五）年一月一日午前九時に、第三軍が旅順市街に向けて一斉に砲撃を開始すると、「その二時間後の十一時過ぎ、砲煙のたちこめる旅順市街の一角にあるロシア軍司令部の屋上に白旗がひるがえった」のである。

ロシア軍の降伏と旅順占領

コンドラチェンコ少将が戦死して旅順を囲む三大堡塁が陥落すると、もはや戦う意欲を失った関東要塞地区司令官ステッセル中将は同日午後三時半に、ロシア軍参謀部のマルチェンコ少尉以下、ロシアの降使三名を第三軍司令部に派遣して、正式に旅順開城に関する規約の書簡を持参させた。

翌二日、乃木司令官が戦闘中止を命令すると、午後一時に、日本側代表（第三軍参謀長伊地知幸介少将、連合艦隊第一艦隊参謀岩村国次郎少佐）は、ロシア側代表（旅順要塞地区参謀長ヴェ・ア・レイス大佐、シチェンスノヴィッチ海軍大佐）と、水師営で降伏条件を協議した後、午後四時半に、「旅順開城規約」に調印した。

かくして、一五五日間にわたる旅順要塞攻略戦の幕は閉じたのであるが、旅順要塞を陥落させるために、第三軍（約十五万人）が払った犠牲は、死傷者五万九四〇八人（戦死者一万五四〇〇人・戦傷者四万四〇〇八人）であった。

一方、二〇三高地の攻撃に参加した日本軍将兵六万四千人の内、死傷者は一万七千人で、そのうち、第七師団（一万四〇三人）の死傷者は、六二〇六人（戦死者一九八二人・戦傷者四二二四人）であった。

旅順入城式の翌十四日、二〇三高地を望むことができる景勝地を祭場に選んで、水師営東方高地において、旅順攻囲軍の戦病死者大弔魂祭が執行されたが、乃木司令官は、軍楽隊が「国の鎮め」を吹奏する中で、涙を拭いながら祭文を朗読したのである。

明治政府は明治四十五（一九一二）年に、二〇三高地の上に小銃の弾丸をかたどった「爾霊山《にれいざん》」という名の慰霊塔を建立した。爾霊山とは、乃木司令官が「二〇三《にひゃくさん》」高地の代わりに漢字を当てて漢詩に詠んだものであるが、これは「爾《なんじ》の霊《みたま》の眠る山」という意味で、この酷寒の戦場に散っていった英霊たちへの鎮魂の意味を込めたものである。

勇戦を讃えあう日露両将軍

一月二日に、旅順開城規約の調印が終わると、乃木司令官は、公使館書記官の川上俊彦《としつね》（後にハルピン総領事）を第三軍司令部に呼んで、乃木個人の名代としてステッセル司令官を訪ね、会見を申し込むようにと申し渡した。

通訳の川上書記官は四日に、鶏三十羽と鶏卵百個を携えて、津野田参謀とステッセル司令官のいる旅順城内の民家を訪ねると、司令官夫妻は手をとって、川上書記官を歓待した。

そして、司令官夫妻が乃木司令官の家庭を聞かれたので、川上書記官が「乃木将軍は、その愛児二名とも戦死し、さらに養子にせんと内定された将軍の甥たる某士官もまた戦場の露と消えられた」と話したところ、ステッセル司令官夫妻は「暗涙を浮かべ、ことに夫人はすこぶる感動された模様であった」という。

五日午前十時半、ステッセル司令官は、乃木司令官と会見するために参謀とともに会見場に指定された廃屋に着くと、乃木司令官は、少し遅れて五名の参謀と川上書記官とともに廃屋の中に入った。このとき、「ステッセルは日本軍の勇敢を慫慂《しょうよう》し、乃木将軍もまた、露軍の頑強な籠城をつづけたことを推奨して、まことに団欒たる昼餐《ちゅうさん》であった」が、日露戦争では「昨日の敵は今日の友」として、「その勇戦を讃えあう心があった」のである。

後に、第三軍が奉天大会戦に勝利すると、乃木司令官は、「日本海海戦の行方を固唾をのんで見守っていた」が、やがて「海戦の大勝利が伝わると、乃木の希望で各国の新聞特派員も招いて、祝賀会が開かれた」

このとき、第三軍に従軍したアメリカの『シカゴ新聞』特派員スタンレー・ウォッシュバンは、その著書で、祝賀会で次々とシャンペンが抜かれ、再三再四「万歳」の声が叫ばれる中で、乃木司令官は、

「我が連合艦隊のため、我が勇敢な海軍軍人と、東郷提督のために祝杯を挙げるのはこの上のないことだ。天皇陛下の御稜威《みいつ》によって、わが海軍は大勝を得た。しかし忘れてはならぬ事は、敵が大不幸をみたことである。我が戦勝を祝すると同時に、又我々は敵の苦境に在ることを忘れないようにしたい。彼らは強いて不義の戦をさせられて死に就いた。りっぱな敵であることを認めてやらねばならない。それから更に我が軍の戦死者に敬意を表し、敵軍の戦死者に同情を表して盃を重ねることにしよう」

と訓示し、「日本の勝利を喜びながらも、敵が苦境にあることを忘れず、立派な敵であることを認め、敵の戦死者に同情を表して乾杯の音頭をとった」ことを述懐しているが、このことは乃木司令官を始め、明治の人々に明治天皇の「御製《ぎょせい》」(「天皇の作った詩文・和歌」)と武士道の精神が受け継がれていた証しであろう。

日露両軍との間に芽生えた友情の花

旅順要塞の壮烈な攻防をめぐる彼我の肉弾戦を通じて、日露両軍との間にはやがて友情の花が芽生えていった。例えば、旅順港口閉塞作戦のときである。この作戦の失敗は、黄金山頂の敵砲台からの激しい砲撃に原因があった。そこで「海軍の勇士が軍刀を持って海を泳ぎ、黄金山頂の断崖をよじ登って、敵と戦った」

後で遺体を片づけたロシアの砲兵司令官から、この状況を聞いたステッセル司令官は、「日本は神国と称しているそうだが、このたびの閉塞隊勇士の行動は人間ではない。神だ。波に打ち寄せられた他の遺骸と共に丁重に埋葬せよ」

と命じて、そこに墓地を作ったが、戦後、「在留邦人がステッセルの美挙に感謝して、墓地の周囲に桜の木数十株を植えた。その桜が五月になると今も満開の花を咲かせている」という。

また二龍山攻撃のときにも、ロシア軍の陣地から日本軍の塹壕に封筒が投げ込まれたことがあった。拾って中を見ると、ルーブル金貨一枚とロシア語で次のような手紙が入っていた。

「日本軍包囲軍将校諸賢、余は諸賢に乞う、諸賢よ余に一片の同情を寄せ、余が郷里に在る老いたる母に左の電文を発送せられむことを。右料金として露貨十ルーブルを付送す。ねがわくばこれを諒せよ。ロシア、クリミヤ、イレーナ・イリヨーリーフカ、余は健在す。十一月二十六日」

乃木司令官は、ロシア兵の母を思う気持ちに打たれて、直ちに電報の発信を許可したが、このように、当時の戦場では敵どうしの間でも、友情の花が芽生えることがあった。

「総攻撃が終わると、期せずして両軍の間から赤十字の旗が掲げられた。時間を決めて死体収容が行われ、それが終わると再び決戦体制に入った」のである。

敗者に示した乃木司令官の武士道

乃木司令官は、水師営の会見でステッセル司令官に「ロシア将兵の墓地は散在しているだろうから、できれば一カ所に集め、標識を附し、所在や氏名を明らかにしたい」と約束していた。

乃木司令官は、「ステッセル司令官に約束した通り、ロシア将兵の墓を一カ所」に集めると、明治四十一（一九〇八）年三月に、ロシア兵の慰霊のために旅順の案子山の東麓に慰霊塔（礼拝堂）を建立した。

その壁の表面にはロシア語で「旅順防衛戦の露国殉難烈士の遺骸茲《ここ》に安眠す。一九〇七年日本政府此碑建つ」と刻まれ、また背面には関東都督大島義昌大将の追悼文が次のように漢文で刻まれたのである。

「戦場で戦いたおれた者には敵も味方もない。お互いに祖国のために忠義を尽くしたことを讃えあう仁愛の道を弘めなければならない。まして今は友邦となった日露間ではないか」

この慰霊塔の除幕式は同年六月十日に、ロシア正教の祭儀にのっとって挙行され、ロシア側からはニコライ二世の名代《みょうだい》として、侍従武官長グルングロス中将と陸軍大将チチャンコフ以下、二十人が出席したが、「敵の弔魂碑を建てるなどということは、世界にその例を見ない」と、ロシア側の参列者は「皆感激し、日本人をすっかり尊敬するようになった」という。

日本兵の「納骨堂」と「表忠塔」の除幕式が行われたのは翌年十一月二十八日であった。「敵の慰霊を先に行い、味方の慰霊を後にしたのである」

旅順港を一望できる白玉山頂に建立された表忠塔（高さ六六・八メートル）には東郷・乃木両大将による碑文が刻まれている。

後述するように、戦後の日本には旅順要塞の攻略に手を焼いた乃木司令官を誹謗中傷する者がいるが、世界の軍事評論家たちの間では旅順要塞がこんなにも早く陥落するとは思っていなかったのである。しかも勝者と敗者の会見は、この上なくビッグニュースであったことから、アメリカの従軍映画班が会見の映画撮影を申し込んできた。

既に、明治天皇からは「武人の名誉を保たむべし」との言葉が伝えられていたことから、乃木司令官は、「敗軍のステッセルを写して、後世に恥を曝すのは気の毒だから、会見の模様は写させない」「会見が終わり友人として同列に並んだところならよい」と言って、記念写真の撮影だけを許可したのである。

しかも、乃木司令官は、彼らの体面を配慮して、撮影の際に帯剣を許したのであるが、このような寛大な取り計らいは、世界の戦史において、類例のないものであった。

この映画班によって、世界に配信された勝者と敗者が対等に肩を並べた異例の写真に対して、世界の人々は感銘を受けたと言われている。

このとき、ステッセル司令官は愛用の白馬を乃木司令官に贈ったが、この白馬は乃木邸（現在の乃木神社）で長く飼われた。

水師営での記念写真

この会見は短い時間ではあったが、「両将軍の間には熱い友情が生まれ、今後は個人としての親交を深めることとし、書簡の交換、戦争終結後の再会などを約束し、堅い握手をして両者は別れた」
だが、ロシアに帰国したステッセル司令官を待ち受けていたのは、ロシア軍による軍法会議であった。「降伏は早過ぎ、まだ一カ月は戦えたと判断された」からである。
ステッセル司令官は明治四十一（一九〇八）年に、銃殺刑を宣告されると、乃木司令官は、ステッセル司令官の生命を救うために「当時パリに駐在していた津野田参謀に、ステッセルは最後まで敢闘したという資料を送り、ステッセルを弁護せよ、と命じた。津野田はその趣旨を、パリ、ロンドン、ベルリンの諸新聞に投書して弁護の論陣を張った」

その甲斐あってか、ステッセル司令官は死刑を免れ、ベンバロウ要塞の牢獄に入れられたが、三年後に大赦によって出獄した。

乃木司令官は、明治天皇が明治四十五年七月三十日に、崩御すると、大正元（一九一二）年九月十三日の御大喪《ごたいそう》の日に、静子夫人とともに殉死するが、そのときまで、ステッセル司令官の家族に生活費を送り続けたのである。

後に、モスコーの一僧侶から香典が届けられたが、その香典はステッセル司令官からのものだったと言われている。

黒溝台の会戦

先述した沙河の会戦の後、日露両軍は沙河を挟んで対峙することになったが、第三軍が旅順要塞を陥落させたことに危機感を抱いたロシア軍は、北上してくる第三軍と満州軍（第一、第二、第四軍）が合流する前に、手薄な黒溝台《こくこうだい》付近に対して大規模な反撃に出ることにした。

これが「黒溝台」の会戦であるが、第二軍司令官グリッペンベルク大将率いるロシア軍は明治三十八年一月二十四日に、黒溝台付近への攻撃を開始した。ところが、「満州軍総司令部は、ロシア軍の動きについての情報を得ながら、厳寒と積雪の中で大規模な攻撃はないと判断していたため対応が遅れた」

「黒溝台付近には騎兵第一連隊を主力とする秋山支隊と渡部支隊の守備隊しかなかった」ことから、「満州軍総司令部は、一月に集結したばかりの第八師団を急派することにした」が、「第八師団は、氷点下十度の酷寒と、三倍にものぼるロシア軍と対し苦戦」を強いられたため、ロシア軍は二十五日に、黒溝台を占領した。

このため第八師団(師団長立見尚文中将)は翌日に、黒溝台のロシア軍に攻撃を開始したが、ロシア軍が激しく抵抗してきたため、大山総司令官は、第二、第三、第五師団の三個師団(五万四千人)を沙河方面から黒溝台へ移動させた。

日本軍は二十七日から、ロシア軍と「折からの酷寒の風雪をついて」大激戦となったが、ようやく二十九日に、ロシア軍が退却したため、黒溝台を取り戻すことに成功した。

この戦闘で、日本軍が払った犠牲は、死傷者九〇八九人(戦死者一八四八人・戦傷者七二四一人)を数え、ロシア軍(十万五千人)は一万一七三二人(戦死・行方不明者二七四三人・戦傷者八九八九人)を数えた。

日露戦争の関ヶ原、奉天大会戦

黒溝台の会戦で、ロシア軍を撃退した満州軍総司令部は、改めて奉天攻略作戦計画を再確認し、一月十二日に第三軍の第十一師団と後備第一師団から編制した鴨緑江軍（司令官川村景明大将）の戦闘序列を発令した。大山総司令官は二十日に、「総司令部に各軍司令官を集め、奉天攻略作戦に関する訓示」を行った。

満州軍のうち、第一軍（司令官黒木為楨大将）、第二軍（司令官奥保鞏大将）、第三軍（司令官乃木希典大将）および第四軍（司令官野津道貫大将）は、奉天から直線距離で約二〇キロ離れた沙河付近に東西にわたって布陣し、鴨緑江軍は、それらよりもさらに東側に布陣していたが、満州軍の総兵力は二十四万九八〇〇人を数え、大砲は九九二門であった。

対するロシア軍は、東から第一軍、第三軍、第二軍と並び、その総兵力は三十万九六〇〇人（砲兵を除く）を数え、大砲は一二一九門であったことから、ロシア軍は、日本軍の約一・二倍の総兵力と大砲を持っていたことになる。

ほかに、ロシア軍の兵力には砲兵部隊もあり、シベリア鉄道で援軍を輸送中でもあったことから、ロシア軍の総兵力は、約三十七万の大兵力に膨れ上がろうとしていた。

満州ではマイナス二十度という酷寒だったことから満州軍は一胆作戦を中止していたが、この年は暖冬で寒気が緩むと見た満州軍は、二月二十七日を期して攻撃の開始を決定した。

だが、満州軍の総兵力では多勢に無勢なため、できるだけロシア軍と正面衝突を避け、「東西一〇〇キロ以上も伸びる戦線の両翼に、できるだけロシア軍を引きつけ、撃破しつつロシア軍の背後に回り、包囲して一気に勝負をつけるという作戦」を立てるのである。

こうして、二月二十二日に、日露戦争の関ヶ原と呼ばれる「奉天大会戦」は、東側に布陣している最右翼の鴨緑江軍によって、一足早く開始されることになった。この作戦は、「最右翼から鴨緑江軍が攻撃をしかけて、ロシアの主勢力を東」に偏らせ、「その隙に左翼後背から乃木第三軍が奇襲」して「ロシア軍が左右に広がり、中央が薄くなったところを第一、第四、第二軍が正面から衝く」という陽動作戦である。

満州軍総司令官クロパトキン大将は、この作戦にまんまと引っ掛かった。ロシア軍は鴨緑江軍を第三軍と誤認し、当初、日本軍から見て左翼から大攻勢に出るつもりだったのを、「総司令部直属の第十六師団（予備軍）を東部方面に移動させ、日本軍の正面に位置していた第二軍のシベリア狙撃第一軍団をも東部戦線へ急ぎ駆けつけさせるなど、兵力のかなりの部分を鴨緑江軍対策として割いてしまった」からである。

一方、二月二十七日に、第三軍もロシア軍を最右翼に引きつけるために、「第二、第四軍に支援されつつ、奉天の西に向かって軍を進め、さらに迂回して北上した」が、ロシア軍は、第三軍の陽動作戦に気がつかなかった。

予定通りに、鴨緑江軍と第三軍がロシア軍を左右両翼に分散させることに成功すると、総司令部は三月一日を期して、沙河正面でロシア軍と対峙していた第二軍と第四軍に総攻撃を命じた。三月一日早朝から二十八センチ榴弾砲をもって砲撃を開始したが、七日まで攻撃の効果がなかった。

だが、九日午後七時十五分に、ロシア軍が突如、奉天の北東七十キロにある鉄嶺以北へ撤退を開始したため、翌十日早朝から第一軍と第四軍は、奉天から鉄嶺以北へ撤退するロシア軍を追撃し、午後三時過ぎに、第二軍第四師団が奉天城内に突入して占領した。

撤退を決めたクロパトキン司令官には旅順要塞を陥落させた「第三軍によって奉天から鉄嶺までの鉄路を遮断されれば、ロシア軍は退路を失って全軍が包囲網のなかに孤立、全滅してしまう」という警戒心があったからである。

かくして、大山総司令官は、日露両軍五十一万人が激突した日露戦争最大の激戦と言われた奉天大会戦の終結を宣言した。その後も奉天付近では散発的な戦闘が続くが、日本軍は三月十五日に、奉天入城式典を行い、後に奉天大会戦の勝利を記念して三月十日を「陸軍記念日」と定めるのである。

この十日間の戦闘で、満州軍が払った犠牲は死傷者七万二八人（戦死者一万六五五三人・戦傷者五万三四七五人）に達したが、一五五日間にわたる旅順要塞攻略戦の死傷者（五万九四〇八人）と比べて、どれほど苛烈な戦いであったかが分かるだろう。

一方、ロシア軍は、死傷者六万九三人（戦死者八七〇五人・戦傷者五万一三八八人）で、行方不明者は七五三九人、捕虜が二万一七九一人であった。

確かに、満州軍は奉天を占領したが、全力をあげてロシア軍を追撃できるだけの兵員、物資、武器などが不足していたため、これ以上戦いを続けることは不可能であった。

このことから、軍首脳部の間では戦争終結への関心が高まり、枢密院議長の伊藤博文も、桂首相に講和を提案したが、「主導権を握っていた桂首相・小村外相は、奉天会戦の勝利に勇気づけられ、講和条件に満州での日本の権益拡大を盛り込む意欲を強め、講和交渉を始めようとしなかった」のである。

満州軍が奉天を占領したにもかかわらず、桂首相と小村外相の思惑によって講和交渉の機会を失ってしまった。一方、奉天占領の後、アメリカのセオドア・ルーズベルト大統領はロシア政府に対して講和を打診したが、ロシア政府も拒否してきた。

セオドア・ルーズベルト

なぜならロシア政府は、連敗の汚名をそそぐために、クロパトキン大将を解任して、第二軍司令官リネウィッチ大将を総司令官に任命し、「バルチック艦隊のウラジオストック入港によって、制海権を回復し、大陸軍の増派によって満州での逆転勝利」をねらう計画であったからである。

これ以降、満州では日露講和条約が八月二十九日に締結されるまで、会戦はなかったことから、日露戦争の雌雄を決める最後の決戦は、次の日本海海戦まで待たねばならなかったのである。

バルチック艦隊の動向

では、日露両軍が旅順と満州で死闘を繰り広げている頃、肝心のバルチック艦隊（第二太平洋艦隊）は、どのような動きを見せていたのだろうか。

当時、ロシア海軍は、太平洋艦隊（本拠地は旅順・ウラジオストック）、バルト艦隊（本拠地はフィンランド湾のコトリン島にあるクロンスタット軍港）および黒海艦隊（本拠地は黒海）の三つから構成されていたが、ロシア海軍省が四月三十日に、太平洋艦隊を「第一太平洋艦隊」に、バルト艦隊（バルチック艦隊）を「第二太平洋艦隊」に改称すると発表すると、ニコライ二世は五月十五日に、バルチック艦隊（第二太平洋艦隊）を極東に派遣すると世界に向けて発表した。

前年十月十五日に、リバウ港を出港したバルチック艦隊の動向について、大本営は十一月初旬に、前出の明石大佐から新たな情報を得ていた。

「それによれば、同艦隊は十二月中旬にマダガスカル島付近に集合し、そこからマライ付近に進み、そこで諸準備を整え、おそくとも明年一月上旬頃には台湾海峡付近に達するであろうという」ものであった。

バルチック艦隊の航路
ウラジオストック
旅順
北京
西安
上海
台湾
香港
日本海海戦
1905.5.27
インド
海南島
タイ
フィリピン
カムラン湾
シンガポール
インドネシア

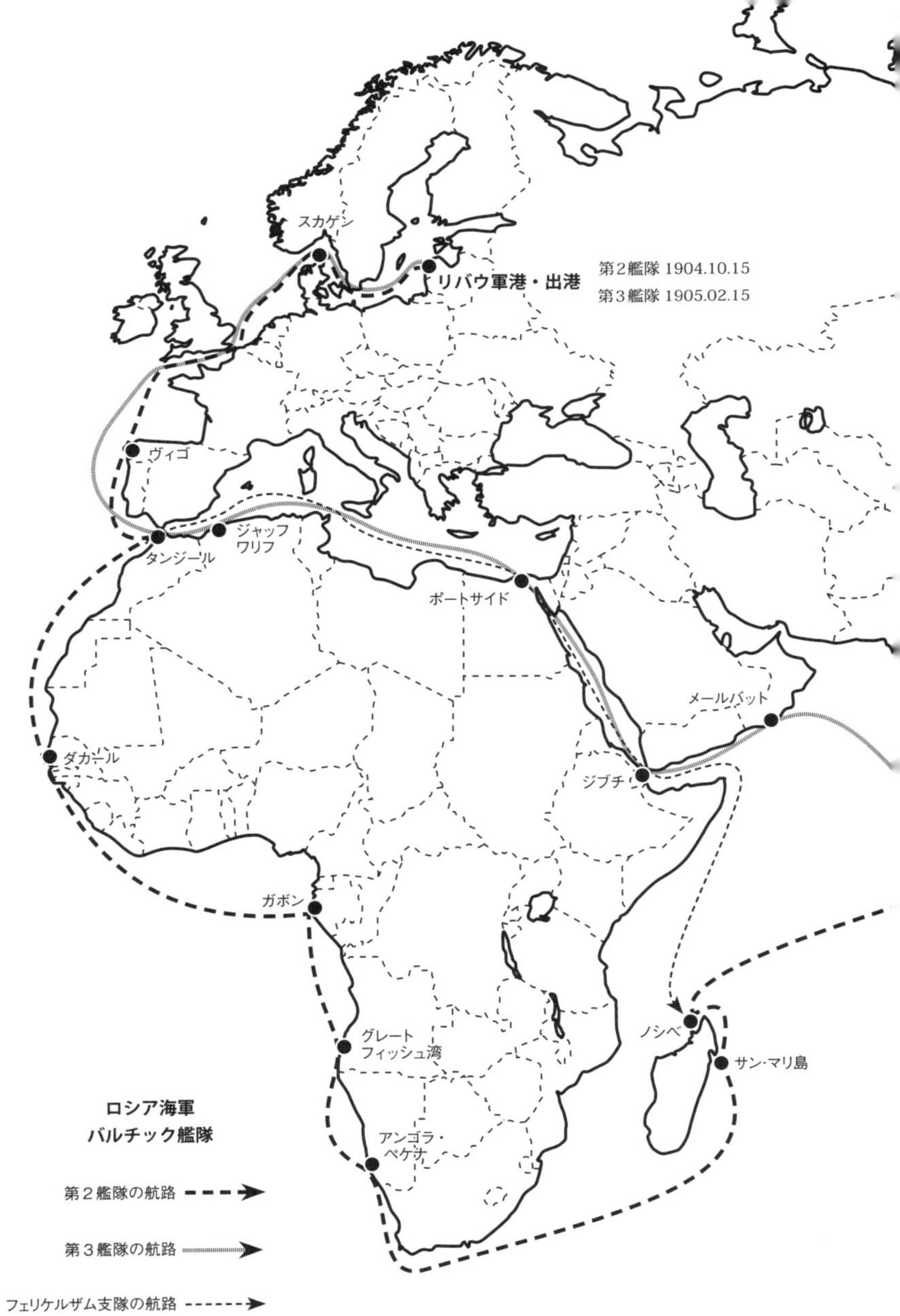
スカゲン
リバウ軍港・出港
第2艦隊 1904.10.15
第3艦隊 1905.02.15
ヴィゴ
タンジール
ジャップ
ワリフ
ポートサイド
メールバット
ジブチ
ダカール
ガボン
グレート
フィッシュ湾
アンゴラ・
ペケナ
ノシベ
サン・マリ島
ロシア海軍
バルチック艦隊
第２艦隊の航路
第３艦隊の航路
フェリケルザム支隊の航路

このように、順調にいけば極東まで時速一〇ノットで一八〇〇時間、七十五日間で到達できる距離（約三万三三〇〇キロメートル）である。すぐに出発すれば、同じ年の七月から八月にかけて極東に到着できたにもかかわらず、出港が遅れたのは、派遣が決まったときにロシアには極東に派遣すべき最新戦艦ボルジノ型が一隻しかなかったからである。「建造中四隻の完成は、七・八・十月に各一隻で最後の艦は明治三十八年一月になった」ため、「艦隊の派遣決定は早かったが、実際に出撃は新戦艦が四隻そろった半年後になった」のである。

その間に、「ウラジオ艦隊は全滅し、旅順艦隊も戦闘能力を喪失した」ことから、皇帝ニコライ二世は、八月二十四日の御前会議で本拠地の予定もないまま、バルチック艦隊の出港を正式に決定した。

連合艦隊の六六艦隊は、大部分がイギリス製で「兵装、速度が同じで、統一行動が取りやすく艦隊としての運用を考慮してあった」。これに対して、バルチック艦隊は、戦艦八隻のうち、最新鋭は、第一戦艦隊四隻（クニャージ・スワロフ、インペラトール・アレクサンドル三世、ボルジノ、アリョール）だけで、ほかの第二戦艦隊三隻（オスラビア、シソイ・ウェルキー、ナワリン）と第三戦艦隊一隻（インペラートル・ニコライ一世）は艦齢も古く、性能的にも劣った寄せ集めの艦船であった。

「速度の遅い旧式艦が混ざると、一番遅い艦に艦隊の速度を合わせなければならない。日本の

ジノヴィ・ロジェストウェンスキー

連合艦隊とまともに性能的に対抗できる艦船は、戦艦五隻、巡洋艦三隻しかなかったのである」

ロジェストウェンスキー司令長官（以下、ロ司令長官と略称）に率いられたバルチック艦隊は十一月五日に、ジブラルタル海峡にあるモロッコのタンジールで、喜望峰を回るロ司令長官の主力艦隊とスエズ運河を通るフェリケルザム少将の支隊に分かれた。

ロシア海軍で一番大きい一万三千トン級の戦艦（スワロフ、アレクサンドル三世、ボロジノ、オリョール）では喫水の浅いスエズ運河（水深約八メートル）を通過することができないからである。

しかも主力艦隊は、アフリカ大陸の西岸沿いを南下していく途中で、同盟国のフランス領に寄港して、石炭と食糧を補給する必要があったことから、時間的なロスが大きくなる。

そこで小村寿太郎外相は、主力艦隊の航行を妨害するために、パリの本野公使を通じて、フランスに交戦国の一方に援助するのは国際法違反だと強硬に申し入れて圧力をかけるのである。

仕方なく、主力艦隊は十二月七日に、中立国ポルトガル領のグレートフィッシュ湾に寄港したが、そのときも、ポルトガルの砲艦は、旗艦「スワロフ」に対して、「ただちに退去しなければ中立侵犯により砲撃する」と言って、退去を迫ってきた。

主力艦隊は、次に寄港したドイツ領のアンゴラ・ペケナを十六日に出発すると、「この海域に特有である大暴風雨に苦しみながら喜望峰」を回り、インド洋に入ると、マダガスカル島東岸にあるフランス海軍基地のサン・マリ島に到着した。

バルチック艦隊は二十日に、サン・マリ島を出港して、二十九日にフランス領のマダガスカル島北西部にあるフランス海軍基地のノシベに到着した。

ところが、ロ司令長官は、マダガスカルに到着すると「旅順要塞のステッセル中将が降伏し、旅順艦隊は全滅した」という知らせを受けるのである。

バルチック艦隊は、旅順艦隊と合流することで、日本の連合艦隊に勝つことができる。しかし、それができなくなった以上は、主力艦隊だけでウラジオストックに入港し、そこを拠点にして、「日本海の海上輸送を脅かすという戦略」に方針を変えるべきである。

こう判断したロ司令長官は、早速、本国にそのことを打電したが、ニコライ二世は「増援部隊を待って日本艦隊を殲滅せよ」と命じてきたことから、二カ月もの間、ノシベでフェリケザム支隊と増援部隊の第三太平洋艦隊十二隻（戦艦一隻・装甲海防艦六隻・仮装巡洋艦六隻・工作船一隻）と、その他六隻（運送船五隻・病院船一隻）を待つはめになった。

その間、主力艦隊ではマダガスカルの「熱帯独特の気候で伝染病や野菜不足による懐血病が蔓延」し、将兵の間では厭戦気分が蔓延していた。

このように、旅順の情勢が逼迫してきたことから、主力艦隊は翌年一月九日に、支隊と合流すると、二カ月経った三月十六日に、速力の遅い増援部隊を待たずに、ノシベを出港して、次の合流地点である仏領のカムラン湾（現在のベトナム）へと向かった。

主力艦隊は四月五日に、マラッカ海峡を通過して、ようやく十四日午前十一時二十分に、カムラン湾に投錨したが、そこで、ロ司令長官は、奉天が三月十日に日本軍に占領され、クロパトキンが解任されたことを知るのである。

主力艦隊は、カムラン湾で最後の燃料と食糧を補給して増援部隊を待つことにしたが、フランスは四月二十一日に「国際法により、二十四時間後に、カムラン湾を出港するよう」にと通告してきた。

そこで、主力艦隊は、いったん外洋に出てから、再びカムラン湾に入港し、二十四時間後に、また外洋に出るという方法を繰り返した。そして二月十六日に、リバウ港を出港した増援部隊は五月九日に、主力艦隊が寄港した仏領のバン・フォン湾で合流するのである。

スエズ経由の増援部隊は、八十日足らずで到着したことから士気が高かったが、主力艦隊の方は、半年にわたる長い航海で船底には牡蠣《かき》類やフジツボがびっしりとつき、また乗組員もすっかり疲労しきっていた。

かくして、バルチック艦隊は、増援部隊と合流して、五十九隻からなる大船団になると、五月十四日に、積める限りの燃料と食糧を積載して、ウラジオストックに向けて出発していった。

鎮海湾で猛訓練を行う連合艦隊

日露開戦当時、別名「六六艦隊」（戦艦六隻・装甲巡洋艦六隻）とも呼ばれた連合艦隊は、十二隻のうち、戦艦富士と八島以外、全て明治三十（一八九七）年以降に完成したものであり、一万二千トン級の富士と八島を除いて戦艦は、どれも一万五千トン級であった。

帝国海軍が一万五千トン級の戦艦を建造したのはロシア海軍に一万三千トン級以上の戦艦を建造させることで、バルト海に本拠地を置くバルチック艦隊に喫水の浅いスエズ運河を通過させないためであったからである。

これは、三国干渉を受けて、将来の日露戦争を想定してのことであったが、当時の連合艦隊は、そこまで用意周到に整備された艦隊だったのである。

このように、バルチック艦隊に対抗するために準備された連合艦隊の主力は、バルチック艦隊がマダガスカルに入港したという情報が元海軍中佐の赤碕《あかさき》元次郎から入ると、早速、朝鮮半島南部の釜山付近にある渤海湾に集結して、情況を見ながら出動することにした。

さらに、連合艦隊の一部は、「津軽海峡から宗谷海峡方面に派遣、ロシアのウラジオストック艦隊の南下と密輸船」の警戒にあたることになった。

そして、前記の任務に就いていない艦船は明治三十八年一月二十一日に、東郷長官から「修理が完了しだいただちに指定地に集合して訓練に入るように訓令」を受けた。

このため連合艦隊は、二月から五月にかけて鎮海湾で猛訓練を実施した。訓練は、主に艦隊運動、襲撃、夜戦、艦砲射撃、魚雷発射などであったが、特に艦砲の照準発射訓練では「内塘《ないとう》砲射撃」という方法を採っていた。

この方法は、「中に小銃を装置した大砲を操作して、目標を狙い、その小銃弾を発射するというもので、照準の正確さを身につける訓練」であった。

戦艦三笠での射撃の消費量は一年間に、二万八九〇〇発であったが、このときの射撃訓練では一年分の弾薬をわずか十日間で使いきったため、射撃の命中率が向上し、黄海海戦のときと比べて、命中率が三倍になったという。

リバウ港を出港したバルチック艦隊は前年十月二十一日深夜に、デンマーク沖のドッガー・バンクで、操業中のイギリス漁船二十隻を日本の水雷艇と誤認して無情にも砲撃を加える事件を起こしていた。

秋山参謀は、このときの状況を調べて、「バルチック艦隊の射撃能力は旅順艦隊より劣るのではないかとみた。事実、ロシアは優秀な砲員を旅順へ優先配置していた」からである。

この鎮海湾での猛訓練で、連合艦隊の射撃の腕前は確かに上がった。「ロシアは旅順艦隊とバルチック艦隊を合わせて日本の二倍の戦力で圧勝しようと」計画したが、旅順艦隊の壊滅で、その計画は脆《もろ》くも崩れた。

当時のバルチック艦隊の戦力は、戦艦八隻、装甲巡洋艦三隻などで構成されていたが、これに対して、連合艦隊は戦艦四隻を除いて、装甲巡洋艦八隻、巡洋艦十五隻、駆逐艦二十一隻、水雷艇四十一隻と、大きくロシア側に差をつけられていた。

だが、秋山参謀は、緒戦で戦艦「初瀬、八島を失って将棋でいえば、金や銀が少なくなっても、巡洋艦や駆逐艦を多く持ち、しかも実戦の経験を積んでいるので、桂馬や飛車の持駒が多いのに似て、バルチック艦隊に負けるはずがない」と断言している。

バルチック艦隊の針路

ところで、東京の海軍軍令部と連合艦隊の幕僚たちを悩ませたのは、バルチック艦隊がウラジオストックに向かう場合、どのコースをとるかということであった。それには、対馬海峡を通って、日本海を突っ切るか、「あるいは太平洋側に迂回して津軽海峡を抜けるか、宗谷海峡に入る」かである。

そこで東郷長官は、バルチック艦隊は必ず対馬海峡のコースを選ぶと判断して、四月中旬に警戒態勢を北方から南方に重視するように命じ、連合艦隊を対馬海峡に近い鎮海湾に待機させた。

その理由は、「津軽、宗谷海峡では距離が長いため石炭不足になる。加えて、両海峡は濃霧の深い時期にあり、大艦隊の通過は難しい」からである。

大本営は、バルチック艦隊がリバウ港を出発した時点から、「ヨーロッパなど各国の駐在武官に情報収集を行わせた」が、「五月十九日にフィリピンのバシー海峡を通過したという情報を最後に、バルチック艦隊の消息はぷっつり」と途絶えてしまっていた。

バルチック艦隊は一体、どこへ行ってしまったのか。東郷長官は、このままバルチック艦隊が対馬海峡に現れなければ、連合艦隊を大島（北海道の渡島《おしま》）に移動させることまで考えていたが、「二十六日午前零時五分、決定的な情報が大本営に飛び込んできた」のである。

その情報とは「バルチック艦隊は二十三日に石炭積み込みを行い、その輸送船六隻を分離させた。このロシア輸送船が、二十五日の夕方に上海へ入港した」というものであった。「石炭輸送船が必要ないというのは、バルチック艦隊が距離の長い北方航路を採らないことの確証であった。敵は対馬海峡に来る！」

山本権兵衛

東郷大将を連合艦隊司令長官に起用したのは、帝国海軍建設の父と言われる海軍大臣の山本権兵衛大将であったが、明治天皇から「なぜ東郷か」と御下問があったとき、山本は、「東郷は運が強い男ですので」

と答えている。

このときも、最後の土壇場で、必ず幸運の女神は東郷長官に微笑むのであった。

「敵艦見ユ」の第一報

しばらくすると、今度は、バルチック艦隊が仏印沖を出発したという情報が五月十九日に、東郷長官のもとに入ってきたことから、連合艦隊は予定通りに哨戒態勢に入った。

まだ大尉の頃、アメリカに留学した秋山参謀は、アメリカ海軍で図上演習や兵棋《ひょうぎ》演習を学び帰国した。その秋山参謀が考えた哨戒態勢とは「韓国の済州島と佐世保を結んだ線を一辺とする大きな正方形をつくり、その正方形を碁盤の目のように小さく区画し、それぞれに地点番号をふり、その一目一目に監視船を配置する」というやり方である。

秋山参謀は、このやり方で「貨客船などに大砲を据えた仮装巡洋艦など七十隻以上を用意」して、「それらの哨戒船を碁盤の目の中に配置した」

この哨戒態勢の中で、第三艦隊付属特務艦隊の仮装巡洋艦「信濃丸」が二十七日深夜、哨戒任務に付き、「五島列島の白瀬島西北方約四十浬を北東に航行していた」ときであった。

艦長の成川揆《なるかわはかる》大佐は午前四時四十五分に、九州・福岡の玄界灘に向かって、北上するバルチック艦隊を発見し、「敵艦ラシキ煤煙見ユ」との暗号電報を第三艦隊に発信した。

五分後、成川大佐は、今度は「敵、第二艦隊見ユ」と確認の暗号電報を送ったが、成川大佐が発信した地点番号は、偶然にも旅順二〇三高地と同じ、「二〇三」の地点番号であった。

鎮海湾にいた東郷長官は午前五時五分に、第三艦隊の旗艦「厳島《いつくしま》」からバルチック艦隊発見の暗号電報を受信すると、直ちに大本営に対して、「敵艦見ユトノ警報ニ接シ、連合艦隊ハ直ニ出動、之ヲ撃滅セントス、本日天気晴朗ナレドモ浪《なみ》高シ」と打電した。

最後の一文は、秋山参謀が付け加えたものであるが、この意味は、視界は良いが波が高いので水雷戦はできないが、射撃の命中率が高い日本に有利であるという意味である。

かくして、総勢四十四隻からなる連合艦隊の主力は午前六時三十四分に、旗艦三笠を先鋒に、隊列を組んで対馬海峡の東水道に向けて出撃した。

だが、東郷長官は、この日の海は荒れていたことから、駆逐艦と水雷艇では航行は困難と判断し、対馬東岸の三浦湾に避難させた。

秋山参謀は、バルチック艦隊に対抗するために、「七段構えの作戦」計画を立案していた。その第一段と第二段は、駆逐艦と水雷艇による攻撃であったが、前記の理由で実施できなくなると、第三段目の連合艦隊の主力とバルチック艦隊の直接戦闘を実施することにした。

一方、バルチック艦隊も、北進中に「海戦で足手まといになる輸送船の大半を上海とサイゴンへ向かわせた」

このためバルチック艦隊の主力は、「戦艦八隻、巡洋艦（装甲一等・二等）九隻、装甲海防艦三隻、駆逐艦九隻」の合計二十九隻となり、「このほかに仮装巡洋艦、工作船各一隻、輸送船三隻、曳船二隻、病院船二隻が加わり、全体で三十八隻を数えた」

日露戦争最後の決戦、日本海海戦

連合艦隊は二十七日午後一時三十九分に、旗艦三笠から十三キロ離れた所で、北東に進むバルチック艦隊の姿を発見した。東郷長官によって、戦闘開始の命令が全艦に発令されると、その十六分後の午後一時五十五分に、旗艦三笠のマストに、上が黄で、下が赤、左右が黒と青からなる「Z旗」が高々と掲げられた。

「皇国ノ興廃此ノ一戦ニ在リ、各員一層奮励努力セヨ」

前年二月九日に、連合艦隊が実施した旅順港奇襲攻撃以来、二度目のZ旗である。両艦隊の距離は約八五〇〇メートルまで接近したが、「戦闘は七〇〇〇メートル以内に入らなければ砲火の効果はあがらない」。午後二時二分、東郷長官は、「第一、第二戦隊の針路を南西微南に変え、敵艦隊に対してあたかも反抗通過するかのように見せかけた」のである。

その三分後、東郷長官の右手が上がって、左の方に半円を描いた。

参謀長の加藤友三郎少将（後に首相）が念のために

「長官、取舵《とりかじ》ですか？」

と聞くと、東郷長官は「さよう」と答えた。

「取舵一杯！」

加藤参謀長の甲高い声が「伝声管を通してすぐ下の艦橋にいる伊地知彦次郎大佐」に伝わると、旗艦三笠は舵を左に切って、猛烈な勢いでUターンを開始した。

後に「東郷ターン」と呼ばれる有名な敵前大回頭《だいかいとう》である。

普通、敵どうしが向かいあって直進してきた場合、すれ違いざまに砲撃が始まるが、単縦陣の先頭を切って、前進する旗艦三笠は、すれ違いざまに左へUターンしたのである。

「常識的な海戦術では射程内の敵前回頭は自殺行為」に等しかった。これをチャンスと見たロ司令長官は午後二時八分に、左へUターンする先頭の三笠に向かって、集中砲撃を浴びせた。

敵前回頭する三笠の周りには「巨大な水柱がそそり立ち、甲板や右舷に敵弾が命中する」が、それでも東郷長官は砲撃を命じない。東郷長官が砲撃を命じたのは、ようやく距離が六〇〇〇メートルになってからである。

連合艦隊の主力艦隊（通称、六六艦隊）である第一戦隊（戦艦四隻・装甲巡洋艦二隻）と第二戦隊（装甲巡洋艦六隻）がとった戦法は、黄海海戦で失敗した丁字戦法であるが、「丁字戦法は直進してくる敵艦に対して横一直線になることで、全主砲と片側の全副砲を使えるという利点があった」

だが、丁字戦法は、敵に攻撃をかける前に、敵前で大回頭しなければならないことから、回頭中に敵から集中砲火を浴びる危険性もあった。

このとき、主力艦隊が敵前大回頭を終えるのに要した時間は、わずか五分であった。この運命の五分間に、先頭の三笠は集中砲火を浴びながらも大回頭を終え、同じ方向に向かいながら撃ち合う並航戦の形になると、ようやくバルチック艦隊より三分遅れて、二時十一分から砲撃を開始し、海戦の口火を切るのである。

第一、第二戦隊は、最初の黄海海戦の際、単縦陣で突き進む旅順艦隊に対して、丁字戦法で決戦を挑んだが、敵が急に方向を転換して逃走してしまった苦い体験から、変則的な丁字の形をとって、敵主戦艦隊の頭を押さえながら攻撃する一方で、後続の巡洋艦戦隊（第三、第四、第五、第六戦隊）は、後尾の敵艦隊が逃げられないように押さえながら攻撃した。

これが肉を切らせて骨を断つ、丁字戦法とワンセットになった「乙字戦法」と呼ばれるものであるが、秋山中佐は「丁字戦法の弱点を改良し、敵艦隊の動きに合わせ、頭を押さえるように並航して臨機応変に対応する戦法を編み出していた」のである。

この戦法によって、「各戦隊の先頭艦であるスヮローフ（大破、ロジェストウェンスキー長官意識不明の重傷）、オスラビア（沈没）が戦線から脱落」、海戦の勝敗は、ほぼ三十分で決定したと言ってよいだろう。

東郷長官は、先述した「七段構えの作戦」計画の第四段に従って、夜から翌朝にかけての魚雷攻撃を行うために、「残存主力艦戦隊に夜間砲撃を加えながら駆逐隊、水雷隊に出動を命じた。

各隊よく黄海海戦の恥辱をはらすべく二〇〇メートルの至近距離まで接近して、ロシア艦艇に雷撃を敢行した。約五十隻の水雷艇による二時間の夜間雷撃で、沈没または大破後翌日沈没した艦艇は戦艦二隻、巡洋艦二隻におよび、ほぼロシア艦隊に止めを刺した」

バルチック艦隊の壊滅

「あたりが夕闇に包まれた午後七時二十八分、東郷長官は各戦隊に砲撃中止を命じ、北上し翌朝、鬱陵島《うつりようとう》沖に集合するよう電令した」

翌二十八日午前五時頃、鬱陵島南微西約三十浬に達していた連合艦隊の主力は、第五戦隊から「敵艦隊発見!」の無電が入ると、他の戦隊とともに敵艦隊五隻を発見して、包囲態勢をとった。

前日に、魚雷攻撃を免れた敵艦に対する主力艦による砲撃作戦（第五段・六段）に従って、戦艦三笠が砲撃を開始すると、ネボガトフ少将は、旗艦「ニコライ一世」のマストに、白旗を掲げて降参の意思を示した。

だが、連合艦隊はロシア側が停船しないため、しばらく発砲を続けた。国際法では降伏の際に、白旗を掲げて機関を停止しなくてはならないからである。やがてロシア側が停船したので、連合艦隊は砲撃を中止した。

東郷長官は、敵の艦船が完全に動きを止めるのを確認すると、秋山参謀とフランス語ができる山本信次郎大尉を軍使として、旗艦「ニコライ一世」に派遣した。午後一時三十七分に、ネボガトフ少将は七、八人の幕僚とともに三笠に移乗し、東郷長官から降伏の条件（「五隻の軍艦はすべて現状のまま日本軍に引き渡し、乗組員は全員捕虜とする。士官以上は帯剣を許すことなど」）を言い渡された。

そして、「ネボガトフ少将と幕僚、捕獲された四隻の敗残艦の乗組員はすべて日本軍の艦艇に収容され、佐世保に回航されることになった」のである。

だが、日本海にはまだ敗残艦がさまよっていたことから、連合艦隊は、最後の七段目の作戦（「第六段まで残った敵艦を、事前に敷設したウラジオストック港の機雷源に追い込んで撃滅」する）を実施したことで、逃走する敗残艦を追いつめ、撃沈あるいは拿捕して壊滅させた。

一方、連合艦隊の砲撃で、頭部と背中に重傷を負ったロ司令長官は、幕僚たちによって、断末魔の旗艦「スワロフ」から駆逐艦「ブイヌイ」に移された。

そして、ロ司令長官は、「艦隊の指揮権をネボガトフ少将に譲り、ウラジオストックに向かうよう」に命じた。

だが、ブイヌイは燃料不足だったことから、途中で駆逐艦「ベドウイ」に移乗し、ウラジオストックを目指して脱出を試みたが、午後四時に鬱陵島の沖合で、駆逐艦「漣《さざなみ》」と「陽炎《かげろう》」によって発見され、ロ司令長官は捕虜となった。

バルチック艦隊は、この一昼夜の海戦で戦艦六隻、海防艦一隻、巡洋艦三隻、駆逐艦三隻、特務船三隻が撃沈、巡洋艦一隻、駆逐艦二隻、運送船一隻が撃破・自沈、巡洋艦一隻が座礁・自沈、戦艦二隻、海防艦二隻、駆逐艦一隻、病院船一隻が拿捕された。

その他に、巡洋艦三隻、駆逐艦一隻、運送船二隻が中立国の港湾に逃亡し、武装解除あるいは抑留処分を受けた。また巡洋艦一隻、駆逐艦二隻、運送船一隻、病院船一隻が自国港湾に入港あるいは本国に帰港した。

ロシア側の戦死者は、四五四五人で捕虜が六一〇六人であった。これに対して、日本側の損失は各艦船とも被害は受けたが、波をかぶって転覆した水雷艇が三隻だけで、死傷者もわずか六五四人（戦死者一一六人・戦傷者五三八人）であった。

この日本海海戦には、後年の大東亜戦争で連合艦隊司令長官となる山本五十六《いそろく》元帥（当時の氏名は高野五十六）が少尉候補生として最新鋭の装甲巡洋艦「日進」に配属され、戦闘に参加していたが、このときに、艦橋に命中した敵弾によって左手の人差指と中指を失い、左大腿部に重傷を負っている。

この高野五十六少尉候補生と同じように、「日進」に乗り組み、砲弾が飛び交う中で日本海海戦の一部始終を観戦したアルゼンチン海軍のマヌエル・ドメック・ガルシア大佐（後に海軍大将・海軍大臣）が、その著書で

『私は、五月二十七日から二十八日にわたる日本海海戦に参加したロシア海軍の艦船がたどった運命について、できる限り詳細に取り上げたつもりである。日本海海戦のような大海戦が、現在までの歴史に例を見ないことは疑う余地のないことであるが、対馬およびその周辺海域で、ロシアのバルチック艦隊に起こった一大惨劇を、できる限り最良の形で述べたつもりである。

ロシア海軍の約四十隻の艦船が、ウラジオストークに到達する目的で、遠いロシア本土から対馬海峡を通峡するために来航したが、結果としては、小型巡洋艦「アルマーズ」と二隻の駆逐艦のみが目的地に到達し得ただけである。残りの艦船すべては途中で沈められるか、拿捕されるか、あるいは中立港で武装解除されることとなり、バルチック艦隊の運命を考えると、それは実に異常なことであった。

ロシア側の喪失した艦船と装備類は、疑いなく莫大なものであった。日本海海戦の戦闘行

動に投入されたロシア艦隊のトン数と、戦闘後に生き延びたロシア艦船のトン数を比較すると、その差はあまりにも大きく、ロシア艦隊はほとんどすべてを失ったと言っても過言ではない。

そのような状況を見ても、ロシア側は、日本海海戦（対馬海戦）において、過去に世界でも例のない大敗北を強いられたのである』

と述べているように、わが連合艦隊は、三十八隻のバルチック艦隊のうち、十六隻を撃沈、五隻を撃破・自沈させ、六隻を拿捕した。無事に、ウラジオストックに到着できたのは三隻だけで、後は外国に抑留されるか、本国のロシアに帰港した。

このように、たった二日間の戦闘で、世界第二位の大艦隊が壊滅的な被害を受けたことは世界の海戦史上において、その類を見ないものであった。

奇しくも、後に「海軍記念日」となる五月二十七日は、第二回旅順港口閉塞作戦で戦死した広瀬武夫少佐の誕生日でもあった。きっと広瀬少佐の霊が連合艦隊を勝利に導いたのであろう。

敗者に示した東郷長官の武士道

東郷長官は五月三十日に、連合艦隊の主力と捕獲したロシアの軍艦を従えて、佐世保港に入港すると、歓迎の人々が連合艦隊を待ち受けており、勝利の歓喜に満たされていた。そして、昼過ぎには口司令長官の座乗する駆逐艦べドウイも入港してきた。

東郷長官は六月三日に、幕僚と通訳の山本大尉を連れて、佐世保の海軍病院で手厚い看護を受けていた口司令長官を見舞った。

東郷長官が病室の中に入ると、口司令長官は、「まだ頭に包帯をまいたまま横たわっていた」が、「ベッドからわずかに頭を上げて」挨拶した。東郷長官は、口司令長官と握手を交わして、病院の設備が粗末であることを詫びると、

「軍人として、名誉ある敗北はすこしも恥じることはありません。われわれ戦う者は、勝つにしろ負けるにしろ、ともに苦しみます。大切なことは、われわれがその義務を果したかどうかです。

二日間の戦闘中、貴官の将兵諸子は、実に勇敢に戦われた。わたしは、心からの賞賛をおしみません。貴官は偉大な任務を遂行され、途中はからずも負傷されました。

わたしは貴官に心から尊敬を捧げます。どうか一日もはやく回復されますように」

と言って、口司令長官を励ましたのである。

これに対して、口司令長官は、握手を交わす際に「私は、貴官に敗れたことをくやんではおりません」と、答えたと言われている。

終戦後、日本各地に収容されていたロシア兵の捕虜たちは明治三十九年二月十六日までに、

全て帰国船でロシアに帰国したが、ロ司令長官と「ネボガトフ少将指揮下にあった四隻の乗組員」は敗戦の責任を問われて、軍事裁判にかけられることになった。

ネボガトフ少将と参謀長のコロン大佐は、まだ戦闘力がありながら戦いを放棄した罪で銃殺刑を宣告されたが、後に国事犯監獄での十年の禁固刑に減刑された。

一方、ロ司令長官は、「意識不明の状態で捕虜となったとして、降伏の責任は問われなかった」が、一九〇九年一月に、日本海海戦で受けた戦傷がもとで病死した。

東郷長官は、日本海海戦で捕虜になったロシア兵を愛媛の松山でもてなし、また収容所で亡くなった兵士を松山郊外の来迎寺の墓地に埋葬した。

著者は、本書の中で伊東祐亨中将、柴五郎中佐、上村彦之丞中将、乃木希典大将らの敗者に対する恩情を紹介したが、こうした彼らの道徳意識や考え方の基本になっているのが、日本の武士道なのである。

七つある武士道の徳目（義・勇・仁・礼・誠・名誉・忠義）のうちで、人に対する「思いやり」を説いているのが「仁」である。弱い者、劣った者、負けた者に対する「思いやり」を説いた「仁」は、武士にふさわしいものとして尊ばれたからである。

日本軍に敗れた清軍とロシア軍の将兵に対して、この「仁」をもって接したのが日本軍の将兵たちであった。

第三節　日本はどのようにロシアと講和条約を結んだのか

伊藤博文の終戦工作

わが連合艦隊が日本海海戦で圧勝すると、ようやく桂首相と小村外相は五月三十一日に、駐米公使の高平小五郎に打電して、アメリカのルーズベルト大統領に、日露講和会議の仲介を依頼するように命じた。日本軍は既に砲弾を使い果たし、それを補充するだけの戦費が底をついていたからである。

ルーズベルトは六月一日に、高平公使から講和の依頼を受けると、日露両国に対して講和の勧告を行ったことから、「翌十日に日本政府が、続いて翌々十二日にロシア政府がルーズベルトの講和勧告を受け入れることを表明した」が、実は、講和への動きは開戦以前から始まっていたのである。

元々、日本は、兵員や物量に富む大国ロシアと比べて国力が小さいことから、日露戦争を実施する期間を約一年間と限定し、戦局が六割ほど日本に有利になるようにもっていきながら、日露の講和を仲介してくれる相手国を見つけようと画策していた。

日本がロシアと対立を深めていく中で、日本の味方をしてくれる列強はイギリスだけであり、フランスとドイツは、ロシアとともに三国干渉を行った国々なので頼りにならない。

こうした状況の中で、アメリカは、日露戦争が勃発すると、「局外中立」を唱えて、どちらにもくみしない態度を表明してきたが、当時のアメリカは、世界で大国の一角を占め、国際社会で発言権を強化していたことから、日本は同盟国のイギリスよりも、アメリカにロシアとの仲介を期待した。ロシアと対立しているイギリスよりも、アメリカの方が仲裁に入りやすいと判断したからである。

だが、そのためには、まずアメリカの世論が日本に対して好意的でなければならない。そこで、日露戦争に反対していた枢密院議長の伊藤博文は前年二月四日に、御前会議で開戦が決定すると、かつて帝国憲法を一緒に起草した腹心の金子堅太郎（貴族院議員）をアメリカに派遣して、アメリカで友好的な対日世論を形成させるのである。

伊藤が金子に目をつけのは、金子が明治十一（一八七八）年に、ハーバード大学を卒業して、ルーズベルトとも学友であり、アメリカに多くの知己を得ていたからである。

金子堅太郎

ところが、金子は、伊藤から派遣の理由を聞くと、「アメリカ国内の事情を精通しているだけに、とてもこのような大任ははたせない」と言って依頼を辞退した。

そこで、伊藤は、金子に対して、

「今度の戦《いくさ》については一人として成功すると思う者はない。陸軍でも海軍でも大蔵でも、今度の戦に日本が確実に勝つという見込みを立てている者は一人としてありはしない。……しかしながら打ち捨てておけば露国はどんどん満州を占領し、朝鮮を侵略し、ついにはわが国家を脅迫するまでに暴威をふるうであろう。ことここに至れば国を賭しても戦う一途あるのみ。成功不成功などは眼中にない……。

君も一つ成功不成功を措いて問わず、ただ君があらん限りの力を尽くして米国人が同情を寄せるようにやってくれ。それでももしアメリカ人が同情せず、またいざというときに大統領ルーズベルト氏も調停してくれなければ、それはもとより誰が行ってもできない。かく博文は決意したから、君もぜひ奮発してアメリカに行ってくれよ」

と説得して、うまくルーズベルトやアメリカの世論を味方につけるとともに、講和の時期が熟したならば、ルーズベルトに仲介の役を担ってもらうように頼むのである。

金子は、伊藤からの依頼を引き受けると、前出の児玉総参謀長とも会って、日露戦争に対する見通しを聞いてみたが、児玉も、伊藤と同じように、今度の戦争は「早期終息の限定戦争と見ていた。世界最大最強の陸軍国を相手に戦争が長引けば、日本はたちまち兵力のみか財政も底をつく。日本がロシアに負けない戦争をするには、講和による短期結着しかなかったのである」

一方、桂首相と小村外相も、高平公使を通じて、ルーズベルトに「あくまでもルーズベルト大統領の発意で講和を勧めている、という印象をもたせるように持ちかけてほしい」と依頼したが、その理由は、ロシア側に日本が戦争をこれ以上、続けるだけの余力がないことを悟られないようにするためであった。

ルーズベルトが日本からの仲介の依頼を二つ返事で引き受けたのは、金子の影響が大きく働いていたことは言うまでもないが、アメリカの国益を抜きにして、仲介に応じたわけではなかった。

「一九〇一年九月から一九〇九年三月まで、再選を挟んで延べ七年半大統領の職にあったルーズベルトの極東政策の基本は、日露両勢力の力の均衡と中国・満州の門戸開放であった」

そのアメリカの門戸開放の前に立ちはだかったのがロシアだったが、そのロシアの極東進出に立ち向かったのが、極東の新興国日本であった。戦争が開始されると、ルーズベルトがすぐに中立宣言を行い、常に日本に対して好意的な態度をとってくれたのは、自分の極東政策を推進していく上で、日露戦争は重要な戦いであったからである。

日本が大国ロシアとの戦いに勝つと、日本の公債五百万ドルを引き受けたアメリカのイリノイ・セントラル鉄道のエドワード・ハリマンが八月に来日して、桂首相との間で「桂・ハリマン協定」（ロシアから割譲された南満州鉄道の共同経営に関する協定）を結んだことを見ても、アメリカの思惑を見てとることができるだろう。

駐日アメリカ公使ラインシュも、日本はロシアと「アメリカに代わって戦争をしてくれた」と述べているように、日露戦争は、「欧米諸国が満州からロシアの勢力を駆逐して、自分たちの利益を得るために日本をけしかけて始めさせた代理戦争の反面をもっていた」ことから、ロシアが敗れると、欧米列強は満州の利権を求めて、日露の講和に介入してくるのであるが、この中で、最も日本に好意を持って働いたのは、同盟国のイギリスよりも、むしろアメリカだったのである。

日露講和会議の開催

こうした中で、十二日以降、日露両国の講和全権委員（日本側小村寿太郎外相・高平小五郎駐米公使、ロシア側セルギウス・ウイッテ元蔵相・ローゼン駐米公使）と開催地（米ニューヨーク・ハンプシャー州ポーツマス）が次々と決まると、小村全権委員一行は七月八日に、横浜港を出発して、二十五日にニューヨークに到着した。

二十七日に、小村と高平がルーズベルトを表敬訪問したが、このとき、小村外相が『日本の講和条件を開示したところ、同大統領から、「賠償金」という言葉よりも「軍費払い戻し」という言葉を使った方がよいというアドバイスを受けた』

日露両国全権委員一行は八月五日に、大統領専用船メイフラワー号で初顔合わせを行った後、開催地のポーツマスに向かって出発した。

当時、ポーツマスは、ニューヨークから約三五〇キロ北東にある人口一万人足らずの軍港であったが、ルーズベルトは酷暑のワシントンを避けて、警備のしやすい避暑地のポーツマスを選んだのである。

予備会談は九日午前に、ポーツマス軍港内にある海軍造船所本部第八十六号ビルの二階会議室で行われた。そして、翌日から、いよいよ第一回本会議が同じ会議室で行われることになった。

その日の本会議では日本側から、先に十二項目の講和条件が提出され、十二日の第二回本会議から、日本側が提出した講和条件の内容が審議された。

ロシアは、十七日の第六回本会議までに日本側にとって、絶対的に必要な条件である「韓国問題、満州還付開放問題、遼東半島租借権譲渡問題、満州鉄道経営問題、満州鉄道支線譲渡問題」については合意したが、「樺太割譲、軍費払い戻し、中立国抑留軍艦引渡し、極東海軍力制限」については、「その受け入れを拒否して留保されたままになっていた」

日本は、日本海海戦でバルチック艦隊を完膚なきまでに叩きのめしたとはいえ、満州ではロシア軍がシベリア鉄道で、兵員を輸送し続けていた。このため九月までには在満ロシア軍の総兵力が、実に四十九個師団にまでになるとされていたことから、もし、これが実現すればロシア軍は、日本軍の二倍の戦力となる。

このためロシアでは五月三十日に、軍事会議を開いて戦争の継続を決定していたし、ロシア領内は、少しも土地を奪われていないのだから、講和は論外だと考えられていた。

では、なぜロシアは、後から日本との講和会議を承諾してきたのだろうか。

ルーズベルトの和平工作

日本海海戦の後、ルーズベルトは、高平公使から正式に講和の仲介を依頼されると、六月二日に「駐米ロシア大使のカシニーを招いて、講和がロシアにとって得策であることを勧告した」が、主戦派のカシニー大使は、前記の理由から講和は、論外だと言って拒否してきた。

そこで、ルーズベルトは五日に、駐露アメリカ大使のマイヤーに対して、ニコライ二世に、自分の意向を伝えるように指示したが、その前にルーズベルトは、駐米ドイツ大使のシュテルンブルクを通して、ドイツ皇帝ウィルヘルム二世にも、ニコライ二世を説得するように依頼していたのである。

バルチック艦隊が壊滅したことを知ったウィルヘルム二世は、もうこれ以上、「ロシアに、戦費を貸しつけたくないと考えていたので、米大統領の和平工作に協力すること」をルーズベルトに約束した。

このように、ロシアが日本と講和会議を承諾した背景にはルーズベルトとドイツ皇帝による和平工作があったわけであるが、ニコライ二世に日露戦争をそそのかしたウィルヘルム二世が、今度は戦争を終わらせるという、言わば、マッチ・ポンプの役割を果たしたというわけである。

樺太占領を勧めたルーズベルト

実は、ルーズベルトの日本に対する肩入れは、これだけではなかった。当初、ロシアが日本との和平交渉を渋ったのは、「ロシア領土を日本に侵されているわけではない」という理由もあったことから、ルーズベルトは六月七日午後一時半に、金子を官邸に招いて講和会議を開始する前に樺太を占領することを提案した。この提案は翌日、ワシントンの日本大使館を通じて、小村外相に伝えられた。

既に、陸軍参謀本部次長の長岡外史中将は、警備の手薄な樺太への上陸作戦を主張していたが、海軍は日本海海戦で頭が一杯であったことから、兵員の輸送とその護衛を断っていた。だが、海軍は、日本海海戦に圧勝したこともあって、児玉総参謀長のゴーサインで艦隊を出すことにした。第十三師団を中心とする樺太南部上陸部隊は七月四日に、「海軍第三艦隊護衛のもとに、大湊を出発し、七日女麓《じょろく》に上陸、八日には大泊を占領した」

そして、「二十九日には全島を手中におさめた。三十一日、ロシア軍が降伏し、ここに樺太占領作戦」が完了して、日露戦争の最後の戦いが終了するのである。

最初から日露戦争に反対していたウイッテ全権は、少しだけ日本に譲歩してでも戦争をやめるべきだと考えていたことから、八月十五日と十七日に「樺太を軍事的に奪回する見込みがないので、樺太を日本に譲渡して講和を成立させたらどうかと、本国に提案した」が、大国の尊厳を失うことを恐れたニコライ二世から「一ルーブルの賠償金も一ピチャージの土地も渡してはならない」と返電されていた。

このため第六回本会議で、小村全権が「貴殿は恰《あたか》も勝者の如《ごと》くものを言う」と詰め寄ると、それに対して、ウイッテ全権の交渉態度は硬く、「ここは勝者も敗者もない」と言って応酬してきた。

このように、ニコライ二世は、樺太割譲と軍費払い戻しについてはなかなか、譲歩しようとはしなかったが、八月二十三日に、マイヤー大使からの説得を受けて、北緯五十度を境界線とする南樺太の割譲に同意するのである。

日露講和条約の締結

マイヤー大使は、ニコライ二世の譲歩をすぐにルーズベルトに伝えたが、ルーズベルトは二十五日に、なぜか来訪した金子堅太郎には一切、このことを話そうとはしなかった。

マイヤー大使は、ニコライ二世の譲歩を駐露イギリス公使のマクドナルドにも伝えたことから、マクドナルド公使は、旧知の間柄である外務省通商局長兼電信課長の石井菊次郎を公使館に呼び出して、このことを伝えた。

そして、石井は、急いで、その内容を日本政府に打電すると、第十回本会議に出席する直前の小村外相にも伝えられた。

そして、小村外相のもとに二十九日の朝、日本政府から「開戦の目的である満韓関係の重要問題がすでに有利に解決しているのだから、軍費賠償と樺太割譲の二大要求は放棄しても止むをえない。この際、講和成立が絶対の急務である」との修正訓令がもたらされた。

二十九日午前十時から開催された最後の本会議で、日本は樺太割譲と軍費払い戻しを放棄する代わりに、ロシアは南樺太の譲渡案に合意することで、講和が成立するのである。こうして、日露講和条約（ポーツマス条約）の調印式が九月五日午後三時に、ポーツマスの海軍工廠で行われることになり、二十日間にわたる講和交渉は、ここに完結するのである。

午後三時四十七分、小村・ウイッテ両全権の署名が終わると、「十九発の礼砲が次々とポーツマスの空に響いた。やがて汽笛と教会の鐘が唱和し、小さなポーツマスの街は平和の到来にわきかえった」のである。

以上、日露戦争の勃発から日露講和条約の締結までの流れを時系列で見てきた。

ここに、ようやく日本は、ロシアに対して、樺太割譲と軍費払い戻しを除いた講和の条件を飲ませることに成功したわけであるが、当時の世界ではロシアが勝利するということが共通認識であり、同盟国のイギリスや日本に対して同情的だったアメリカですら、ロシアに有利であると思っていたことから、日本の勝利は、欧米列強にとって驚愕以外の何ものでもなかった。

こうした欧米列強の世論の中で、この勝利をわがことのように喜んだのは、コロンブス以来、欧米列強に抑圧されてきたアジア・アフリカ・アラブなどの有色人種であった。日本海海戦の勝利は、先述した一五二一年の「マクタンの戦い」から数えて、実に、三八四年後のことであったからである。

以来、白人に対して一度も勝つことができなかった有色人種の中で、同じ有色人種の日本人が武士道精神をもって、世界屈指の軍事大国ロシアに捨て身の一撃を与え、朝鮮半島と満州の地からロシアを追い払ったのである。

この軍事大国ロシアの敗北は、やがて欧米列強によるアジア・アフリカの植民地支配が崩壊へと向かう劇的な序曲であった。

では、なぜアジアの小国日本は、国力で大きな差（面積六十倍、人口二・六倍、国家歳入八倍、陸軍総兵力十一倍、海軍総トン数一・七倍、鉄鋼生産高三十倍）をつけられている世界屈指の軍事大国ロシアに打ち勝つことができたのだろうか。

次に、この問題について見ていこう。

第四節　日本はなぜ世界屈指の軍事大国ロシアに勝てたのか

旅順要塞を攻略した乃木希典大将の正攻法

日露戦争を勝利に導いた人物として、いちばん最初に思い出せるのは、恐らく陸軍では児玉源太郎と海軍では東郷平八郎ではないだろうか。児玉が総参謀長として満州軍を指揮し、また東郷が連合艦隊を指揮しなければ、ともにロシアに勝利することはできなかったからである。だが、日露戦争を勝利に導いた人物として看過してはならないのが、満州軍第三軍を指揮した乃木希典なのである。

先述したように、乃木大将は、世界的な名将として、広く世界の人々から尊敬された人物であるが、戦後の日本では歴史作家司馬遼太郎のベストセラー小説『坂の上の雲』（文藝春秋）によって、「乃木大将は立派な軍人であったが、いくさは下手だった」という誤った見方がいつの間にか日本社会に定着していったことは、実に残念なことである。

例えば、司馬は、同小説で旅順の乃木大将や参謀長の伊地知幸助少将を無能呼ばわりするような記述をしているが、事実とは全く異なるものである。

司馬は、「あくまでも作家であって、歴史学者ではない」にもかかわらず、『司馬自身が「この作品は、小説であるかどうか、実に疑わしい。ひとつは事実に拘束されることが百パーセントにちかいからである」と述べている』のである。

では、本当に、乃木大将が「愚将」であったかどうか、以下で『坂の上の雲』の記述を検証しながら、乃木大将が日露戦争で果たした役割を考察していきたいと思う。

著者は、本章の第二節で第三軍による旅順要塞総攻撃の経過を詳細に説明したが、『そもそも開戦前、陸軍は満州の曠野《こうや》で、ロシア軍主力と早期決戦を行うことを目指しており、旅順要塞は、あくまでも「封鎖」する程度に留める方針』であった。「もし旅順要塞を攻略するとしても、当時の戦術常識から、要塞は強襲か奇襲で陥落させる」と考えていた。

元々、旅順艦隊を自力で壊滅させることを考えていた海軍は、「旅順攻略への援助は不要と陸軍側に伝えていたが、陸軍は三月十四日に、独自に旅順攻略の方針を決定した。その理由は、「陸軍の一大補給基地である大連が、旅順東方の近距離にあるため、要塞を潰しておく必要があると判断」したからである。

一方、たびかさなる旅順港の奇襲や閉塞作戦の失敗によって、次第に焦りを感じていった海軍は、「「バルチック艦隊を迎える前に、一日も早く旅順艦隊を潰しておくことが、連合艦隊にとって喫緊の課題」となっていった。

このため「海軍は、七月十二日の大本営会議で、ようやく陸軍に旅順攻略を正式に要請する」

に至るのであるが、これは「遅すぎた要請」であった。「ロシア軍に要塞を強化する時間を、十分に与えてしまった」からである。

その後、海軍重砲隊による旅順港への砲撃によって、ようやく連合艦隊は港内から脱出を図る旅順艦隊を攻撃するが、戦艦五隻を港内に取り逃がしてしまうのである。

こうした中で、第三軍は八月十九日に、大本営や海軍からの強い要請によって、第一回目の旅順要塞総攻撃を開始したが、戦費が足りないせいで砲弾が不足していたことから砲撃の火力で難攻不落の旅順要塞を十分に破壊してから突撃することができなかった。このため第一回目の旅順要塞攻撃では、大きな犠牲を強いられたのである。

後述の革命家レーニンも述べているように、日露戦争から数えて、五十年前のクリミア戦争（一八五三〜五六）では英仏連合軍が強襲法で、ロシア軍のセヴァストポリ要塞を陥落させるのに丸一年もかかったが、旅順要塞は、そのセヴァストポリ要塞の六倍もの規模になっていたのである。

しかし、乃木司令官は、第一回総攻撃の失敗から正攻法の作戦に切り替え、九月十九日から第二回総攻撃を開始し、龍眼北方や水師営周辺の堡塁を占領することに成功するのである。

日露戦争当時、「日本兵は、肩が触れ合い、前後三歩に密集して銃剣突撃を敢行した」が、この戦術は、「たとえ前を行く将兵が倒れようとも、敵兵が次の銃弾を発射してくるまでに敵陣に殺到できれば陣地を崩せる」というものであった。

このことから「歩兵による突撃で兵力の消耗を抑えるためには、突撃を始める点から敵陣地までの距離を短くしなければならない」。そこで、乃木司令官は九月一日に、「砲弾が届くまでの間を利用して要塞までの塹壕を掘る」という正攻法（坑道戦術）を実施するのである。

まだ、どこの国も歩兵による突破（強襲法）が最強だと思われていた時代に、乃木司令官が命じた要塞陣地を目標に塹壕を掘り進むという正攻法は、十年後の第一次世界大戦の中盤から現れ、その後、世界で広く用いられた戦術だったのである。

その意味で、乃木司令官の「戦術転換は、相当に先進的で意表をつくものだった」にもかかわらず、司馬の小説では『火砲をもって十分にたたいておくという「正攻法」を併用し、その上で突撃した。この突撃は、いたずらに人間をベトンに投げつけただけにおわった』と述べ、ようやく第一次世界大戦の中盤から現れる乃木の正攻法を「この当時世界の陸軍における常識になっていた」と述べている。

どうやら、司馬は、乃木司令官の正攻法と日露戦争より二〇〇年前に、フランスの近代築城戦術の創始者ボーバンが考えた「攻囲論」と混同しているようである。

しかも、司馬の小説では「参謀・秋山真之がいち早く二〇三高地に着目し、すでに七月から攻略を献策していた」ともあるが、「そもそも二〇三高地攻撃は、陸軍が最初に発案したもので、九月十九日以降の攻撃によって、海軍は初めて気づく」のである。

乃木司令官は、十一月二十六日の第三次総攻撃に失敗すると、十二月五日に二〇三高地を占領し、直ちに観測所を設けて、南山坡山堡塁からの間接射撃によって旅順艦隊を壊滅させた。

さらに、東北正面の堡塁を占領するために、正攻法によって「坑道を掘り進め、各堡塁を爆破して次々に占領」した。そして、明治三十八年一月一日に、最高所の望台を占領し、ついにロシア軍を降伏させたが、「これは世界的に見ても異例の早さ、成功と評すべきものであった」のである。

革命家レーニンが機関紙『フペリョード』で

「ロシアは六年のあいだ旅順を領有し、幾億、幾数十億ルーブルを費やし、戦略的な鉄道をしき、港をつくり、新しい都市を建設し、要塞を強化した。この要塞はロシアに奴隷としてつかえているヨーロッパの多数の新聞が難攻不落だとしてほめたたえたものである。軍事評論家たちは、旅順の力は六つのセヴァストーポリに等しいと言っていた。ところが、イギリスとフランスがセヴァストーポリを占領するのにまる一年もかかったが、ちっぽけな、これまで誰からも軽蔑されていた日本が、八ケ月《（ママ）》でこの要塞を占領したのである」（『レーニン全集』第八巻、大月書店）

と述べているように、日露戦争の全戦局で日本軍を苦しめた砲弾不足の中で、乃木司令官が、ロシア軍は「三年はもつ」と豪語した永久要塞をわずか一五五日間で陥落させたことに対して、世界は賞賛を惜しまなかったことや、一九一六年の「ヴェルダンの戦い」で「フランス軍の要塞を十カ月間攻撃したドイツ軍は、十万人もの戦死者を出しながら攻略できず、撤退」していることから見ても分かるように、第三軍を指揮した乃木司令官は決して「愚将」なのではなく、むしろ正攻法という奇策によって旅順を陥落させ、日本海海戦を勝利に導いた天才的な戦略家であると言っていいだろう。

この難攻不落の要塞を攻略するのに六万人の犠牲ですんだのは、他の要塞攻略と比べて、かなり成功した部類に入ると言っていいのではないだろうか。それを乃木司令官の戦術がおかしいから、「本来なら死なずにすんだ多くの将兵を犠牲にした」とする司馬の言い方は、牽強《けんきょう》付会《ふかい》というものである。

日露戦争から十五年後に、イギリス国防委員会が編纂した『公刊日露戦争史』でも「結論として旅順の事例は今までと同様に、堡塁の攻防の成否は両軍の精神力によって決定されることを証明した。最後の決定は従来と同様に歩兵によってもたらされた。作戦準備、編成、リーダーシップ、作戦のミスや怠慢などにどんな欠陥があったとしても、この旅順の戦いは英雄的な献身と卓越した勇気の事例として末永く語り伝えられるであろう」

と述べ、また英国イェール大学歴史学教授のポール・ケネディも、その著書で「海軍の専門家は、東郷提督の艦隊がロシアの艦隊を対馬沖の日本海海戦で破ったことに感嘆したが、他の人々を驚かせたのは日本の行動そのものだった。旅順奇襲（一八九四年の日清戦争に始まり、一九四一年に再び採用された慣行）を西側は拍手をもって迎え、日本の国家主義者がいかなる犠牲もかえりみず徹底的な勝利を求める情熱にも感心した。

それよりさらに驚異的だったのは、旅順要塞の包囲戦と奉天の会戦における日本軍の将兵の戦いぶりだった。何万もの犠牲者を出しながら、地雷原を渡り、鉄条網を越え、機関銃の弾丸を浴びつつ突撃し、ロシアの塹壕を制したのである。

サムライ精神を発揮して銃剣をふるえば、大量の武器が投入される近代戦においても勝利を獲得できるかにみえた。当時の軍事専門家が考えたとおり、モラルと規律が国力の充実に欠かせぬ必要条件だとすれば、日本にはこの資源が豊かにあったのだ」

と日本兵の敢闘精神を讃えているように、著者は、このような砲弾不足という制約の中で、あれだけの戦果を上げた乃木司令官と日本兵を高く評価すべきだと思うし、また「旅順攻略は乃木以外の誰が指揮をとっていたとしても、最低限これくらいの、あるいはそれ以上の犠牲はやむをえなかったと思う」のである。

むしろ、途中で乃木司令官が正攻法に切り替えたからこそ、この程度の犠牲ですんだと解釈すべきであろう。

日清戦争後、海軍の軍備拡大を推進した山本権兵衛

日露戦争が開始される前の日本の軍事力に対する評価は決して高いものではなかったが、このときの日本軍は、日清戦争後の軍備の拡大によって、十年前の軍備とは比較にならないほどの規模と装備を充実させたのである。このとき、海軍が創設した六六艦隊の基本方針を立案したのが、帝国海軍建設の父と言われる山本権兵衛であった。

山本は明治三十一（一八九八）年十一月八日に、海軍大臣に就任すると、海軍の面から富国強兵を推進するために海軍の拡張に乗り出すが、当時の帝国海軍の排水量が合計二十六万トンに対して、ロシア海軍は合計五十二万トンであったことから、日露戦争が勃発する直前に、アルゼンチン海軍から新鋭艦の「日進」と「春日」が売りだされると、即決で一五三万ポンド（一五〇〇万円）の値段で購入し、戦争に間に合わせている。

これは、山本が単なる武人ではなく、並々ならぬ政治力の持ち主であることを示している。だからこそ、彼は「従来の陸主海従の流れを塞ぎ止めることができたとともに、短時日の間に海軍力を三倍～五倍に引き上げることができた」のである。

開戦直前に驚きの人事を決断した山本権兵衛

このように、帝国海軍の軍備拡大に貢献した山本は、「虎のような眼の持ち主だった」と言わ

れているが、「鋭いその眼光は、相手の能力を見抜くところに特徴があった」と言えるだろう。

山本は、海軍大臣官房主事になると、「海軍部内の改革に取り組み、計九七人の首を切ったことは有名である」が、「山本の実力主義がもっとも功を奏したのは、日露開戦のときに、東郷平八郎を連合艦隊司令長官」に抜擢したことである。

完全な実力主義者だった山本は、鎮台司令長官の序列から言えば、当然、連合艦隊司令長官には常備艦隊司令長官の日高壮之丞《そうのじょう》中将がなるべきであったが、山本は、あえて日高を舞鶴司令長官のポストに落として、東郷を舞鶴司令長官から常備艦隊司令長官のポストにつけ、その後、連合艦隊司令長官に抜擢するのである。

東郷は、舞鶴司令長官が最後のポストだと考えられていたため、海軍部内では連合艦隊司令長官には日高が抜擢されると見られていた。日高も、そのつもりでいたことから、「更迭に激怒して、短刀を持って山本の私邸に押しかけ」、「おれに不満があるならこれでおれを刺せ」と言って、迫ったくらいである。

では、山本は、なぜ東郷を連合艦隊司令長官に抜擢したのだろうか。

先述したように、明治天皇から、その理由について御下問があった際、山本は、「東郷は運が良い男でございますから」とか、「東郷のほうが、日高よりもわずかに良いからです」と答えているが、「実際には、その言葉は正確ではない」

こうした日高の激情的な性格を嫌っていた山本は、日清戦争のときの「東郷の慎重かつ手堅い指揮ぶり、海軍の統帥秩序を重んじる姿勢、国際的な感覚、いざというときの決断力と豪胆さなどを評価していた」のである。

山本は、日露戦争に備えて「つねに、当時八〇〇人いたという海軍将官クラスの人格、識見、能力、性格といったものを研究し、さらに各司令長官に対露戦についての報告書を呈出させ、それぞれの優劣を客観的に比較考量し、厳密に検討したうえで東郷の報告書を最優秀と断じて、東郷の大抜擢を決定しているのである。

単なるカンによる人材発掘ではない。運といったものによる抜擢でもない。それらのものを考慮に入れたうえで、さらに科学的合理的材料にもとづいての抜擢であった」ことが、後の日本海海戦の大勝利に繋がったのである。

丁字戦法を考案したのは誰なのか

著者は、本章の第二節で連合艦隊が日本海海戦のときに、バルチック艦隊の面前で大回頭を行って、致命的な打撃を敵艦隊に与えたことを記述したが、このときの戦法が後に海外でも有名になる「東郷ターン」と呼ばれるものである。

この戦法は、別名「丁字戦法」（英語では「T字戦法」）とも呼ばれ、「一般には海軍兵学校時代から天賦の才を謳われた秋山真之の創案というのが通説になっている」が、その遠因は、東郷長官の側近的存在だった海軍軍令部参謀の小笠原長生《ながなり》の筆によるものである。

この異説を唱えた元防衛大学教授の野村実氏の著書『日本海海戦の真実』(講談社現代新書)によれば、『小笠原が火を付けた「東郷神話」「天才・秋山」のイメージが彼らの実像を多分にゆがめただけでなく、日本海海戦の実際をも違ったものしてしまった』という。

では、「丁字戦法」は一体、誰が考案したのだろうか。

前出の司馬遼太郎は、同小説で丁字戦法の陣形は、「味方にとっても大きな損害をよぶが、敵の先頭艦を沈める上ではもっとも効果的な戦法であり、これはかつて真之が友人の小笠原長生から日本の古水軍の戦法書を借り、それからヒントをえて考え出したものであった」と述べているが、これも事実とは異なるのである。

そのことを指摘したのは元海軍大将の山梨勝之進《かつのしん》である。戦後、山梨大将は、海上自衛隊幹部学校の講話の中で、次のように回想している。

「そのころ、山屋他人《やまやたにん》さんが、いわゆる丁字戦法を編み出しました。……またそのころ、秋山真之さんがアメリカから帰ってきて、アメリカの戦略・戦術・戦務というものの基礎を築いたものであります。私は、山屋さんが丁字戦法の最初の主唱者であったと記憶しております」(『歴史と名将』毎日新聞社、昭和五十六年)

丁字戦法が山屋他人大将の考案であったことを述べた山梨大将は、日露戦争のときに、「済遠」の分隊長として参戦したが、その後、海軍大学校（五期）に入校し、戦略・戦術の研究を行った人物である。

当時の海軍大学校の学生は、いずれも日露戦争の実戦体験者であり、「教官も、佐藤鉄太郎、鈴木貫太郎、秋山真之など、日本海軍を代表する戦術・戦略家が揃っていた」という。

昭和九（一九三四）年に、第一艦隊兼連合艦隊司令長官となる山屋大将は、明治三十一（一八九八）年から三年間、東郷長官（当時中将）が海軍大学の校長だったときに教官として教鞭をとったが、『その講義では自ら案出した「円戦術」を講じた。六艦の単縦陣形を基本として運動し、日露戦争のさいに日本海海戦で用いた丁字戦術に到達するまでの、研究原点となる戦法である』とされている。

最新砲術を伝えたイギリス海軍将校

明治三十八年五月二十七、二十八日の日本海海戦の舞台裏では海戦直前に、イギリス海軍から最新の砲戦技術が帝国海軍に伝授され、その成果が連合艦隊の命中率の向上に繋がっていたことはあまり知られていない。

この最新の砲戦技術を伝えたのは明治三十八年四月十四日に、来日したイギリス海軍大尉W・

H・C・S・スリングであった。スリング大尉（後に少将）は、当時イギリス海軍で研究されていた「一斉射撃」（別名「公算射撃」）の研究成果を日本に伝えに来たのである。

スリング大尉が四月十五日に、新兵器の「変距率盤」（the tool of rate of change of range）を説明した後、東郷長官は翌日に、対策会議を開催して日本式の射撃法（「独立打ち方」）を廃止し、イギリス式の射撃法（「一斉打ち方」）に変更することを決意した。そして、四月十七日に、この射撃法が連合艦隊全員に布告されると、有名な艦砲射撃の猛訓練が開始されるのである。

従来の「独立打ち方」は、「歩兵が小銃を打つのと同じように、各砲の砲手が与えられた目標を自分で照準して、自分で引き金を引く打ち方である」が、この射撃法では「砲塔から目視できる一万メートル付近までしか射撃できない」のが欠点であった。

これに対して「一斉打ち方」では、砲術長が変距率盤を使って計算した仰角と方位角を全砲の砲手に伝え、砲術長の命令で一斉に砲手が引き金を引くことから、砲手が自分で敵艦を目視し照準する必要はない。

これによって、「射距離が二万メートル以上に伸び、更に、飛行機からの弾着観測が成功して四万メートル以上の遠距離射撃が可能になった」わけである。

後に、元戦艦「大和」の砲術長、黛《まゆずみ》治夫海軍大佐が「射撃法の変更で連合艦隊の主砲命中率は三〇％向上した」と述べているように、この「一斉打ち方」が開発されていなければ、後の戦艦「大和」や戦艦「ミズーリ」は誕生しなかったと言われている。

以上の説明から、日本海海戦で連合艦隊がバルチック艦隊を壊滅できた要因の一つは四十日前に、イギリス海軍将校が伝授した「一斉打ち方」によるものであることは明らかである。

この射撃法を帝国海軍に伝授したスリング大尉は、後に明治政府より「勲三等旭日章」を授与されている。

金子堅太郎の終戦工作

ところで、前出の金子堅太郎が伊藤博文からアメリカで友好的な対日世論を形成し、ルーズベルトを対露講和の仲介役にするように依頼され、巧みな終戦工作を展開したことも、大国ロシアに勝つことができた要因の一つと言ってよいだろう。

伊藤博文から終戦工作の要請を受けた金子は明治三十七年二月二十四日に、元首相秘書官の阪井徳太郎ら随員二人を連れてサンフランシスコに到着すると、三月二十六日に、ワシントンのルーズベルトを訪ね、このとき、ルーズベルトから「今回の戦争で、米国民は日本に対して満腔《まんこう》の同情を寄せている。軍事力を比較研究した結果、必ず日本が勝つ」と言われた。

金子は、アメリカが「局外中立」を唱えており、イギリスとは犬猿の仲であるが、ロシアとは政治上、外交上、商業上、家族上の面で親密な関係を保っていることを知っていたことから、アメリカでの終戦工作には始めから自信がなかった。

ところが、金子は、ルーズベルトの意外な言葉に励まされると、早速、アメリカの世論を味方につけるために、ハーバード大学の人脈を活かして、「シカゴやニューヨークを来訪し、新聞記者をホテルに集めて、日露戦争における日本の立場を説明した」

一方、駐米ロシア大使のカシニーは、「黄色い猿は、われわれ白人の共通の敵である」という黄禍論を展開して新聞社を買収し、ロシアの支持を取りつけようと画策した。

四月十三日に、旅順艦隊のマカロフ司令官が日本軍の敷設した機雷で戦死すると、金子は、アメリカの新聞記者からコメントを求められた。このとき、どのアメリカ人も、金子がカシニーに対抗して、戦死したマカロフ司令官を口汚く罵るだろうと思った。

ところが、金子は、アメリカの新聞にマカロフ司令官の戦死に哀悼の意を表す声明を発表したのである。それ以来、金子は、「政治家、財界人、弁護士、大学人らのパーティなどに引っ張りだこで、講演依頼」が殺到した。

金子は、アメリカ人には判官びいきする気質があることを知っていたため、得意な英語を活かして、日本は小国であるが、立派な武士道精神を持っていることを説明し、日本びいきを増やしていったのである。

金子の影響で、すっかり親日派になったルーズベルトは、後に国際連盟事務局次長となる新渡戸稲造の名著『武士道』を購入して子供にも読ませ、駐米日本公使館付武官の竹下勇中佐から柔道の形を習うのである。

翌年五月二十八日に、連合艦隊が日本海海戦に完勝すると、ルーズベルトが六月一日に、高平公使から講和の依頼を受けて、日露両国の講和に向けて奔走してくれたおかげで、日本は、有利な講和の条件を手に入れることができたのである。

明石元二郎大佐の対露謀略工作

このように、金子がアメリカで活発な和平工作を展開している間に、ヨーロッパでも、前出の明石元二郎大佐による熾烈な対露工作が展開されていた。

ドイツ皇帝ウィルヘルム二世は、「明石一人で、大山満州軍二十万に匹敵する戦果をあげた」と絶賛し、後の第一次世界大戦では明石工作を真似して、ロシア帝国を崩壊させたほどである。

明石大佐は明治三十四（一九〇一）年一月に、駐仏日本公使館付武官となって、フランスの首都パリに赴任すると、次いで、八月には参謀本部から駐露日本公使館付武官を命ぜられ、ロシアの首都サンクトペテルブルクに赴任した。

明石元二郎

日露戦争が始まると、駐露公使館は、スウェーデンの首都ストックホルムに移り、明石大佐も公使館付から参謀本部付となって、ストックホルムに活動拠点を移すと、バルチック艦隊の動向を探りながら、陰からロシア国内の政情を煽って内部から崩壊させ、戦いが日本に有利に展開するように画策するのである。

このため明石大佐は、まずロシア国内にいる社会主義者や民族独立運動家と連絡をとって、彼らに武器と活動資金を渡す活動から開始した。

明石大佐は明治三十七年に、ジュネーブに亡命していた革命家レーニンと会見すると、反ロシア政府の活動家を集めて「パリ会議」を開催した。また、この反ロシア政府を支援する外国人の支援団体も結成し、さらにロシア国内の鉄道爆破も計画した。

だが、これだけの謀略工作を行うには莫大な活動資金が必要である。そこで、参謀本部に対して百万円の活動資金を要求すると、参謀本部次長の長岡外史中将は、「戦争に負けたら、金なんかいくらあっても何もならん。要《い》るというだけ送ってやれ」と言って送金した。

明石大佐は、反ロシア政府の活動家を煽動したが、その中でも有名なのが明治三十八年一月二十二日に、ロシアの首都サンクトペテルブルクで起こった「血の日曜日事件」である。これが引き金となって、都市労働者を中心に各地で暴動が発生し、六月には軍隊の反乱にまで発展した。

これを「第一次ロシア革命」と呼ぶが、明石大佐が引き起こしたロシア国内の政情不安によって、軍隊のシベリアへの動員計画に大きな修正がもたらされるのである。

これによって、ニコライ二世は、日本海海戦の完敗を契機に、日露戦争の続行を困難と判断し、ウィルヘルム二世の勧告を受け入れて、日本と講和を結ぶのである。

明石大佐は十二月二十八日に、東京に到着すると、ロシアに対する工作の概要を参謀本部に報告した。そのとき、「もう半年持ちこたえれば、大革命が起きて、戦争どころではなくなり、ロシア軍をラウルの西に追い込むのも難しくはなかったでしょう。実に惜しいことをしました」と言って嘆いたという。

戦費を調達した高橋是清の資金工作

当時の参謀本部は、戦争の期間を一年間と見た場合、戦争にかかる費用は約四億五千万円程度と見積もっていたが、その内の一億五千万円分を外貨（当時の国際通貨はポンド）で支払わなければならなかった。

ところが、当時の日本銀行には五二〇〇万円分の外貨しかなかったことから、日本銀行は、残りの一億円分を外国債の発行で補うことにしたが、この外国債を外国に売りに行く役目を担ったのが、当時日本銀行副総裁だった高橋是清《これきよ》であった。

この高橋是清の資金工作は、金子堅太郎や明石大佐の工作と同じように日露戦争を陰から勝利に導いたもう一つの戦いであった。

だが、日本が戦う相手は、世界屈指の軍事大国ロシアである。しかも戦いはまだ始まったばかりで、もし日本が負ければ、利子は、おろか元金も返ってこなくなるかもしれない。このようなリスクをおかしてでも、勝つ見込みのない日本の公債を買ってくれる国があるだろうか。

こうした一抹の不安を感じながらも日本の勝利を信じて、高橋は明治三十七年二月二十四日に、秘書役の深井英吾（後に日本銀行総裁）を連れて、横浜から船出してアメリカへと旅立つのである。

高橋是清

高橋は、アメリカに着くと、早速、シカゴの在留邦人に意見を聞いたが、戦争の前途を心配する彼らは、ただオロオロするばかりだった。高橋は、ここを去って、次にニューヨークへ行き、数人の銀行家に尋ねてみたが、とても日本の公債募集に応じる見込みがないことが分かると、わずか四、五日間で滞在を切り上げ、三月初めにロンドンに移った。

高橋は、イギリスが日本と軍事同盟を結んでいる国であるから、「ロンドンの銀行家とこまめに会って、ロシアとの戦争は国家生存のための自衛戦争であること、日本は天皇を中心によくまとまっており、国民は最後の一人まで戦う覚悟であること、日本には武士道の精神があり、名誉を重んじる気風があること、などを力説した」

だが、イギリスの銀行家たちは、たとえ日本が同盟国であっても、ロシアが勝ったときのことを考えると、日本に同情はするが、公債を買うこととは別という考えであった。

ところが、イギリスの銀行家の中に、高橋が十二歳のときに横浜の異人館でボーイとして仕えていたアラン・シャンドがパーズ銀行の頭取をやっていたことから、ロスチャイルドのヨーロッパの有力な金融業者と知り合いになることができた。

さらに四月下旬になると、開戦以来、日本軍がどんどん勝ち進んでいく姿を見てきたイギリスの銀行家たちの中から、日本の公債を購入してもよいという者が現れてきた。

高橋は、このチャンスを見逃さなかった。早速、「パース《（ママ）》銀行・香港上海銀行そのほか若干の商社を説得」し、「ロンドン到着後僅か一ヶ月で、遂に目標の半額、五百万ポンドの公債募集（外資借入）に成功した。利息は年六分・発行価格は額面の九三・五％・期限七年・担保は関税（輸出入税）収入などの条件である」

イギリス側は、担保として絶対に確実な関税収入を要求した他に、イギリスから関税管理者を派遣するとまで言ってきたが、高橋は、日本は、約束を守らない清国とは違うと言って、この派遣を拒否したことから、イギリス側は、渋々、関税管理者の派遣を撤回した。

こうして、外国債（一千万ポンド）の半分に当たる五百万ポンド（五千万円）の購入が決まると、ロンドンの銀行家ヒルが友人の高橋を自宅の晩餐会に招待して、募債の成功を祝ってくれることになったが、高橋は、そこで思いがけない人物に出逢うのである。

その人物とは、アメリカのクーン・ロエブ商会社主の金融業者ヤコブ・シフで、ニューヨークやロンドンの金融業界では知らぬ者がいないくらい有名な人物であった。

高橋は、隣の席に座ったシフから「日本の経済状態・生産の状況・人心の動向など」についての質問を受けると、できるだけ丁寧に応答し、残りの外国債がなかなか、売れなくて困っていることを話した。

すると、翌日に、ヤコブ・シフがパーズ銀行の頭取シャンドを通じて、残りの五百万ポンドの公債を全額購入してもよいと言ってきたのである。

このニュースはまたたく間にイギリス中に広まり、アメリカも日本の支援に加わったことをイギリス政府は大いに歓迎した。

日本を助けてくれたヤコブ・シフは、後にアメリカのユダヤ人協会の会長も務めたユダヤ人であった。後年、高橋は、シフと家族同様のつきあいをするようになるが、そのときに初めて、シフがユダヤ系のアメリカ人であることを知るのである。

シフが言うには、ロシアには多くのユダヤ人同胞がいるが、非常な虐待を受けている。そこで、ユダヤ人同胞を救うために、外国にいるユダヤ人の有志たちは、ロシア政府から資金の相談を受けると、できるだけ援助していたが、ロシア政府は、いくら資金を提供しても、少しもユダヤ人の待遇を変えようとはしなかった。

シフは、高橋に対して

「ロシアにいるユダヤ人の苦境を救う道は、政治的一大変革を待つしかほかない。そのためには、ぜひ日本に勝ってもらいたい。日本兵は強いから、軍費さえ続けば必ず勝つ。ロシアが負ければ政治が改まって、ユダヤ人は今の虐政から救われるだろう。私はそう思って日本公債を引き受けたのである」

と述べ、日本への協力を惜しまなかったのである。

ところが、この公債募集は一回だけでは済まなかった。最初の戦費の見積もりは、あくまでもロシア軍を朝鮮から一掃するための経費で、もし戦争が鴨緑江の外にまで続くようになった場合は、さらに戦費を追加しなければならなくなるからである。

このため二度目の公債募集が十一月に、ニューヨークとロンドンで行われ、二億円の公債はすぐに完売した。

明治三十八年元旦に、旅順要塞が陥落すると、そのニュースは世界中に広がり、日本の勝利を鮮やかに印象づけた。さらに三月十日には奉天会戦に大勝したこともあって、二十九日に、募集した三億円の公債も完売した。また五月一日の鴨緑江会戦や二十七日の日本海海戦の圧勝で、七月十日に募集した公債もすぐに完売した。

この四回目の三億円募債も、非常に好成績をもって終わったことから、十二日に曾根蔵相から「募債の時期が悪いのに、この好結果を得たのは、貴下の迅速なる御尽力によるものと信じ、深くその労を謝す」と、高橋のもとに電報が届けられた。

八月五日から翌月の二十九日まで、ポーツマスで講和会議が行われた結果、結局、日本は、戦費の賠償金を放棄したが、この知らせを聞いた欧米列強の金融業者は、密かに安堵の胸をなでおろした。

当時、欧米列強の証券市場には日露両国の公債が出回り、多くの法人や個人が日露両国の公債を保有していたことから、日露両国のどちらが破産されても困ることになるからである。

「日本びいきの英米両国は、もちろん日本に勝たせたかったが、それかといって、ロシアがあまり大敗することは、政治的・経済的理由から、絶対に防止したい」「奉天会戦や日本海海戦における日本の決定的勝利が明らかになると、英米独仏の諸国が一斉に和平工作に乗り出したのは、そのためである」

日本が勝ちすぎて、ロシアに対して苛酷な条件を持ち出すことをいちばん恐れたのはフランスであった。フランスは、ロシアに七十億円余の融資をしていたし、「宿敵のドイツを背後から牽制するためにも、ロシアを強力にしておきたかった」からである。

一月一日に、旅順要塞が陥落すると、欧米列強の銀行家たちは、「早くから将来を見通して、的確な手を打っている」。例えば、三月二十八日に、高橋は、パリ証券取引所長のベルヌイユイを通じて、フランス蔵相のルビエから「もし日本が『償金を取らない』と約束してくれれば、調停者となり、ロシアを促して講和させたい」という内意を受けている。

また高橋は七月十六日に、アルフレッド・ロスチャイルドから別荘に招かれ、「日本が償金を取ることは当然であるが、あまり巨額ではいけない。それも現金ではなく公債で取る方が無難であろう」というようなことを遠まわしに言われた。

ロシア政府が償金問題で、少しも妥協しなかったのは、「大国の面目もさることながら、財政破綻の一歩手前まで追いつめられていて、払う金がなかった」からである。

実は、ロシアのシベリア鉄道建設、満州開発の資金、戦費なども、主にイギリスとフランスでロスチャイルドを中心とするユダヤ系財閥からの融資によって賄われており、世界の一流国も、その意向を無視することはできないほどであった。

言うなれば、「ロシアが日露戦争末期に財政破綻しそうになったのは、このユダヤ資金にそむかれたためである」と言ってよいだろう。

このように、日露戦争では日本とロシアも、国際資本勢力の意向に大きく左右されたわけであるが、高橋の最大の功績は、「彼らの意向と日本の国家戦略との同調一致を図った点であり、その形に現れたものが、外債募集の成功」だったわけである。

もっと言えば、高橋は元々、ロシアに流れていた資金のパイプを日本に流れていくように工作したということである。

連合艦隊の日本海海戦の勝利を陰から導いた日本人女郎

バルチック艦隊が希望峰を回って、インド洋に入り、マダガスカル島東岸にあるフランス海軍基地のサン・マリ島に到着した後、十二月二十日に、サン・マリ島を出港したことは既述した。この出港を日本に至急打電したのは、日露戦争開戦直前に、マダガスカル北端の町ディエゴ・スアレスでフランス料理店を経営していた元海軍中佐の赤碕伝三郎であった。

このとき、赤碕中佐は、「インド洋横断にはおおむね二週間程度を要するから、東アジアへの関門であるマラッカ海峡付近を通過するのは明治三十八年すなわち一九〇五年正月明けあたりであろう、と付言していた」

ところが、それっきり、バルチック艦隊は行方不明になったのである。その後、バルチック艦隊は十二月二十九日に、フランス領のマダガスカル島北西部にあるフランス海軍基地のノシベに到着したわけであるが、その情報も日本に教えたのが赤碕中佐であった。

赤碕中佐の経営するフランス料理店の近郊に、一軒の女郎屋があった。この女郎屋がもっとも活気づくのは、ノシベにあるフランス海軍基地に、フランス艦隊が到着したときであった。この基地は、「インド洋におけるフランス海軍の要衝であった。当然そこに入る艦隊の規模も大きく、娼婦たちにとっては最大のお得意さんであった」が、この店には複数の日本人女郎が働いており、彼女たちからノシベにロシア艦隊が停泊しているという情報が赤碕中佐のもとに入ったのである。

赤碕中佐は、てっきり極東近くまで行っていると思っていたバルチック艦隊がまだマダガスカルにいることを知ると、すっかり色を失ってしまった。そこで、早速、普段から懇意にしている日本人女郎に「艦隊の規模、故障など個別の艦船の状態、将兵の士気や健康など、見聞きしたことをすべからく《ママ》自分に報告してほしい」と因果を含めた。

「その結果、驚くべき事柄が判明した。バルチック艦隊が、いまだにマダガスカルに滞留している理由は、艦船の故障が続出し、複数の艦船が動けなくなってしまっていること。貴重な食料を積んでいた輸送船『エスペランス』は冷凍装置が壊れ、積荷の食糧七百トン余りを投棄したあげく、本国に帰って行ってしまったこと。

将兵の健康状態も良くなく、士気が極端に低下していること。赤碕は、これらの情報を日本に打電、バルチック艦隊は、早くても四月下旬以降にならないと日本近海に到達できないこと、艦船将兵ともにコンディションは最悪であることなどを伝えた」のである。

先述したように、連合艦隊が翌年二月から五月にかけて、鎮海湾で猛訓練を実施できたのは、このためであった。

信じがたいことではあるが、これが日本海海戦の真実なのである。われわれは、この無名の日本人女郎がロシア将兵に身を売って得た情報によって、日本海海戦で連合艦隊がバルチック艦隊に圧勝し、世界史が大きく変わったことを忘れてはならないだろう。

乃木第三軍の旅順要塞の陥落を陰から導いた日本人女性

日露戦争で日本軍を陰から勝利に導いた日本人女性の逸話として、もう一つだけ紹介しておかなければならないものがある。

著者は、本章の第二節で乃木第三軍が旅順要塞への総攻撃に失敗すると、正攻法の作戦に切り替え、九月十九日から第二回総攻撃を開始して龍眼北方や水師営周辺の堡塁の占領に成功したことは既述したが、その陰には日本人女性、しかも民間人の女性がもたらした情報が攻城戦の進展に大きく貢献していることは、あまり知られていない。

「鍋島五郎工兵中佐の編集による旅順戦史」によると、第二回総攻撃が始まる直前に、『第三軍の第一戦、水師営北部の歩哨線に、支那服姿の日本人女性、道田春子が、日本語を叫びながら飛び込んで来た。

彼女は、中隊・大隊・連隊経由で案内された第三軍司令部で腰巻から取り出した、「旅順背面本防御線堡壘」というロシア軍の秘密地図を提出し、幕僚一同から心から感謝された。そこで、第三軍司令部は、ロシア軍の陣前障害と火力を避け、地図から解明された陣地外壁の弱点をなす部位にたどり着き、爆薬を仕掛け、歩兵が突入する戦術を着想した。それは、正面からの強襲を改め、電光型塹壕堀鑿で、敵陣に迫る方式』であったという。

こうして、第三軍司令部は、この敵陣地の地図をもとに立案した正攻法によって、遂に難攻不落の旅順要塞を陥落させることに成功したわけであるが、では道田春子は、どのようにして、このロシア軍の秘密地図を手に入れたのだろうか。

「東京深川区富岡町一丁目七番地に生まれた道田春子は、極貧家庭の事情から売られて、朝鮮、北満を経由し、旅順の日本料亭に仲居として住み着いた。

彼女は、開戦前に店に遊びに来た、ロシア軍作戦参謀、マルテンコ大尉に引き取られ、戦争になっても大尉の自宅で同棲し、内縁関係にあった。

ちょうど、大尉が、日本軍の攻撃を撃退した祝勝会に出掛けた留守に、彼女は、普段から機会を伺っていた秘文書専用金庫から秘密地図を盗んで脱走し、日本軍陣地に駆け込んだ。たまたま、大尉が正装に着替え、家に残した鍵を利用して金庫を開いたのである」

前出の司馬は、『坂の上の雲』で第三軍司令官の乃木大将と、その幕僚たちを無能呼ばわりしているが、そもそも旅順攻撃において多数の死傷者が出たのは、単に第三軍司令部の無能によるものではなく、参謀本部が十年前に、旅順要塞を簡単に陥落させた経験から、戦況の推移を楽観視したことが最大の原因である。

しかも参謀本部は、「堅固な城壁に地雷原などの障害および火砲と機関銃の火力を濃密にめぐらした近代的な築城の価値に関する認識を誤り、さらには、この種の城塞が旅順に構築されたという戦略情報が欠落していた事も重要な要因であった」であろう。

司馬は昭和五十一年五月二十八日に、日本記者クラブで行った「庄屋の情報を反省する」という記念講演でも、「日本人は、先天的に情報能力に劣る」民族であると述べているようだが、著者が紹介した二人の日本人女性は普通の民間人にもかかわらず、プロ顔負けの高度の諜報活動を立派に成し遂げているのである。

日清・日露戦争での日本軍の情報収集能力を見ても、日本人は先天的に情報能力に劣る民族ではないことが分かるだろう。

コラム④

屈辱外交と不平等条約の解消

日本は、この日露戦争で一〇八万八九九六人の兵員を動員し、その内、戦死者八万七三六〇人、戦傷者三十八万一三一三人を数えた。

また実際の戦費は約十三億五八〇〇万円であったが、講和条約の成立後も、約六億二八〇〇万円も経費がかかったことから、合計で約十九億八六〇〇万円もかかった。この費用の大部分は国債と増税で賄ったが、そのうちの八億円は外債で占められていた。

日清戦争のときは賠償金を取ることができたが、日露戦争では欧米列強の金融業者からの圧力によって、日本は賠償金の放棄を余儀なくされたのである。

ところが、前出のポール・ケネディ教授が、その著書で「一九〇五年末にロシアとの和平交渉を進めていたとき、日本は破産の瀬戸際に立っていたのだ。この事実を、東京の市民は知らず、和平交渉がロシアに比較的有利に終わったと考えて怒りを燃やした」と述べているように、九月五日、六日には「講和反対国民会議が結成され、東京・日比谷公園で集会が開催されたが、警視庁はこれを禁止した。怒り狂った民衆は暴徒化」し、賠償金のない講和条約を評価した『国民新聞』や小村寿太郎の屋敷を焼き打ちした。

八月三十一日から戒厳令が施行されて、ようやく騒動が収まったが、それまでの間に、一六五件の講和反対集会が開催された。

明治政府は、日露戦争に日本がやっと勝ったという裏事情を国民に知らせることができなかったことで、『国民は日本が圧倒的勝利を納めているのに、なぜあのような「屈辱的」講和を結んだ』のかと怒りを露わにしたことは無理もないだろう。

確かに、日本は、ロシアから賠償金と東清鉄道のハルピン～長春間の権利を獲得することには失敗したが、その代わりに、朝鮮半島の保護権、遼東半島南部（関東州）の租借権と東清鉄道南満州支線の長春～旅順口間（南満州鉄道）の権利の他に、樺太の北緯五〇度以南の領有権、沿海州とカムチャッカの漁業権などを、ロシアに認めさせることに成功したのである。

こうして、日本は、最低限望んでいた韓国の支配権を確保するとともに、三国干渉で返還した遼東半島の租借権と南満州の権利移譲を、清国と「満州善後条約」（日清条約）を結んで承認させ、ようやく日清戦争で勝ったときの状態に戻したのである。

日本は明治維新以来、欧米列強と結んだ不平等条約を解消するために、近代化に努力してきたが、この中の治外法権の撤廃は、日清戦争の直前に先にイギリスが解消し、戦後は全ての国が解消してくれた。

日本は、「ポーツマス条約、北京条約、桂・タフト覚書、そして第二次日英同盟の締結によって、今や世界の大国としての地位を獲得、欧米諸国と肩を並べた。これは、日本史始まって以来のことである。だから、日露戦争で、日本は国民が感じたような損をしたわけではなかった」のである。

また日露戦争に大勝した日本は、その国力を世界に示したことで、ようやく関税の不平等を解消しようとする動きが欧米列強の間で盛り上がっていった。

明治四十四（一九一一）年四月四日に、最初に、アメリカが不平等条約の改正に調印すると、年内に他の全ての列強も改正に応じたのである。

嘉永七（一八五四年）年三月三日に、日米和親条約が締結されてから、実に五十七年後のことであった。これによって、日本は、初めて欧米列強に対等な立場で貿易ができるようになったのである。

第六章　日露戦争の世界史的意義とは何か

第一節　日露戦争はアジアにどのような影響を与えたのか

「第一次日韓協約」の締結

明治三十七年五月一日に、日本軍が満韓国境を流れる鴨緑江を渡って、九連城を占領すると、日本は三十日に元老会議を、翌日に閣議を開いて対韓方針を決定した。

元々、韓国には事大主義があることから、もし、日本が再び韓国を完全な独立国と承認すれば、韓国は、それをいいことに再び大国ロシアに擦り寄っていくかもしれない。

日清戦争後の「三国干渉」によって、日本がロシアに屈すると、韓国はロシアを内政に引き入れたことで開化派が後退し、甲午改革が挫折したわけであるが、そのときの苦い体験から、日本政府は八月二十二日に、「第一次日韓協約」を締結し、韓国政府に対して「日本政府の推薦する日本人の財務顧問一人と、日本人の推薦する外国人の外交顧問一人を雇うこと」を約束させたのである。

桂内閣は、ロシアを満韓から駆逐すると、韓国が二度とロシアと組まないように、韓国を保護化していくという方針を持っていたが、満州の門戸開放と機会均等を主張していたアメリカも、このことを支持した。

「桂・タフト協定」と「第二回日英同盟協約」の締結

このため桂首相とアメリカ陸軍長官タフトとの間で七月二十九日に、韓国とフィリピンについて、日米の権益を確認する秘密協定が結ばれた。

この秘密協定の内容は、「①日本はアメリカのフィリピン統治を認め、フィリピンに侵略的な意図を持たない、②極東における平和は、日英米の合意にもとづいて維持される、③アメリカは、日本の韓国に対する宗主権を認める」というもので、その内容が発表されたのは大正十三（一九二四）年であった。

一方、日本は、日本海海戦の直前に、イギリスに対して、「新日英同盟案」を提示したが、これに対して、イギリスは六月十日に、対案を提示してきた。それには「日本の韓国に対する権利に対応して、インド国境地方のイギリス特殊利益保護措置を認める条文を加え、秘密協定ではなく交換公文として軍事援助規定を具体的にしたいとしていた」

日本は八月十二日に、イギリスと「第二回日英同盟協約」に調印すると、日本の韓国の保護化について、イギリスが干渉しないことを認めさせるのである。

一九一二年七月三十日付の英紙『デイリー・エクスプレス』が

「日清戦争開戦当初、イギリスの一流新聞はどれも清国の勝利を予言していた。また日露の海戦に至っても、我々はこの若い強国に同情を抱きながらも、果たして何人が陸海軍がともに勝利を得るなどと信じていただろう。

半世紀前の日本は世界からまったく閑却されていたのだが、現在の日本は世界の列強の一つであり、大英帝国の同盟国でもあり、世界史上超絶する愛国心に満ち溢れる陸海軍を有し、アジア大陸においては本国よりさらに広大な領土を獲得し、高い理想の下で激励された人民を有している。

我々イギリス人も、日本からは多くの点において刺激を受け、ともに競争することを誇りにするようになるだろう」

と述べ、また前出のポール・ケネディ教授も、その著書で

日本は「列強としての地位がどこからも認められるところとなり、日本は一人前になった。極東では、日本の反応を考慮することなくして、どんな行動に出ることもできなかった」と述べているように、「今や列強の東アジア外交は二つの新しい要素を考慮に入れなければならな

くなった。一つは、ついに闘技場に降り立った合衆国であり、もう一つは、イギリスが手をつないで大国のクラブに入会させた日本」であった。

また後年、中華民国を建国した革命家の孫文が「今ではアジアに日本があることで、白人はアジア人を軽視できなくなってきた。アジア人全体の国際的地位が高くなった」と述べているように、日露戦争での日本の勝利によって、「有色人種が白人の言いなりになり続けるという時代に終止符が打たれた」のである。

「第二次日韓協約」の締結

日本は、米英露によって、日本の韓国に対する保護化が承認されると、外国からの干渉を排除するために、伊藤博文を特派大使として韓国に派遣し、明治三十八年十一月十八日に「第二次日韓協約」（乙巳《いつし》保護条約）を締結した。

『その内容は、第一に、韓国の外交権を日本が行うこと、である。第二に、日本の韓国での代表者として一名の統監を置き、統監は「専ら外交に関する事項」を管理するためソウルに駐在し、韓国皇帝に内閲する権利を有すること、等である』

そして、伊藤博文は十二月二十一日に、初代韓国統監として韓国に就任した。

日本の満州への権益拡大に不快感を示したルーズベルト

日本は、日露講和条約に従って、ロシアから満州の権益を認めさせると、明治三十九年二月に、「関東都府を置いて、武官の都督の下で利権の保護と関東州などの行政を開始した。また長春～旅順口間の鉄道と沿線の鉱山などを経営するために、同年十一月、半官半民の南満州鉄道株式会社（満鉄）を設立した」

ところが、ルーズベルト大統領は、伊藤博文と同様に、満州の中立化を唱えていたことから、「日本だけが南満州の権益を独占することを批判し、門戸開放を掲げて、満鉄中立化を提案した」が、「桂首相・小村外相は、日露戦争に勝った自信を背景に、大陸へ日本の権益を拡大するという強気な構想を持ち、外交を主導したため、日米関係が冷やかになっていった」のである。

日露戦争によって覚醒したアジア民族の独立心

コロンブス以来、世界で定着していた白人優位の観念が日露戦争での日本の勝利によって完全に覆ったことから、多くのアジア諸国が日本の勝利に歓喜した。

例えば、『当時清国の新聞や雑誌には、「東方民族が西方民族を打ち破った」「白色人種が強いという従来の考えはことごとく破綻し、すべての黄色人種は、これにより奮起しなければならない」「ここ数百年来のアジア人がなし得た欧州に対する最初の勝利だ」「中国の前途は有望だ」等々の文句が躍った』という。

さらに日露戦争に刺激された清国では「日本の制度を参考にして、学校制度を改めるとともに科挙を廃止し、それに部分的に代わるものとして、日本への留学を行うようになった」が、その数は明治三十九（一九〇六）年に、約一万人を数えた。

日本に留学した清国の学生たちは、「一様に日本軍民の強烈な愛国精神に驚嘆し、それが若い彼らの多くに祖国の不甲斐なさを痛感させ、革命へと向かわせていた。

革命運動での女傑として知られる秋瑾《しゅうきん》は、日露戦争の開戦に感激して日本へ渡った一人だが、彼女がまず日本で見たものは、軍人の壮行式において群衆が盛大に国旗を振り万歳を叫ぶ光景であり、これを心から羨《うらや》んだという。

当時留学生で、のちに中華民国外交部長となる曹汝霖《そうじょりん》も、東京に召集された退役軍人を、町内の家々が競うように宿泊させ、軍人たちも家族同様に家事を手伝う情景を目の当たりにし、祖国のために一丸となっている日本人に感激しつつ、軍民の団結すらない中国の現状を憂えている」

日本で清国留学生によって、革命団体の「青年会」が結成されたのは明治三十五年であったが、清国には標準語がなかったことから、アイデンティティを同じくする者どうしが集まり、それぞれ地方別に革命結社を作って活動していた。その中で、湖南人で組織したのが「華興会《かこう》」と「光復会《こうふく》」であり、孫文が中心となって広東人で組織したのが「興中会《こうちゅう》」であった。

孫文は明治三十八年七月三十日に、日本の右翼団体「黒竜会」の支援のもとに「興中会」を母体に、華興会と光復会を統合して、「中国革命同盟会」（「中国同盟会」）を結成した。

日露戦争後、清国でも立憲政治の採用をめぐって、五人の大臣が欧米や日本に派遣されることになり、『八か月の視察を終えて一九〇六年八月頃に帰国、基本的に日本の立憲政治にならって一〇年後に「立憲政治」を施行、という意見が出された。一九〇八（明治四一）年八月二十七日には「大日本帝国憲法」を手本に「欽定憲法大綱」が公布される』

また明治三十三、三十四年に、日本の陸軍士官学校からは合計六三〇人の清国人が卒業しており、「辛亥革命後の中華民国新政府では軍人将校の一〇人中九人が日本陸士出身、その三分の二が大将か中将であった。

李鴻章の死後に中国軍最高実力者となった袁世凱をはじめ、各地の軍事実力者の顧問は日本陸士出身が圧倒的に多かった」のである。

一方、長年、国境を接したロシアの南下政策に悩まされてきたオスマン帝国も、日露戦争での日本の勝利に歓喜したアジア諸国の一つであった。「露土戦争」（一八七七〜七八年）に敗れたオスマン帝国は、「サンステファノ条約」によって、バルカンの領土の大部分を奪われていたからである。
このとき、同じアジア民族の新興日本が軍事大国ロシアに対して戦いを挑んだことは、トルコにとって歓迎すべきことであったことから、「国を挙げて陰に陽に日本に便宜を図ろうとしたことは当然であった」

後に、日露戦争に従軍したオスマン帝国の観戦武官ペルテブ大佐は、その報告書の中で「一国民の運命は自己の実力によって決まること」「日本国民が挙国一致して犠牲的精神に富むことが勝利の原因」であると強調している。

日露戦争での日本の勝利によって、『皇帝アブデュルハミト二世は、「日本の成功でわが国は意欲を取り戻した。ロシアに対する日本の勝利はわが国の勝利と考えるべきだ」とまでいい、詩人でトルコ国歌の作詞者メフメト・アーキフは賞賛をこめて日本の勝利を描写した。

日本の勝利の影響は、トルコ帝国内の政治運動にまでおよんだ。日本の近代化、とくに明治維新をモデルとし、オスマン帝国の改革を図るべきであると主張する人々を出現させ、一九〇八年の青年トルコ党革命の遠因となった』とまで言われている。

このように、「東洋の奇跡」とまで讃えられた日露戦争での日本の勝利は、清国やトルコだけではなく、インド、ベトナム、フィリピン、ビルマ、中東などのアジア各地の民族独立運動や革命運動にも大きな影響を与えたのである。

第二節　日露戦争は世界にどのような影響を与えたのか

世界に大きな変化をもたらした日露戦争

先述したように、確かに日露戦争は、「欧米諸国が満州からロシアの勢力を駆逐して、自分たちの利益を得るために日本をけしかけて始めさせた代理戦争の反面をもっていた」ことは明らかである。

なぜならイギリスは、日露戦争での日本の勝利によって、大きな利益を得たからである。例えば、イギリスが「恐れていたロシアの極東進出は食いとめられ、特に揚子江流域の特殊権益を始めとするイギリスの在清利権は確保され、清廷に対する権威も発言力も一段と強まった。ボーア戦争中にロシアに食い込まれたペルシャ、アフガニスタン、チベット方面のイギリス利権を、日露戦争中にロシアから奪回することができた」のである。

一方、日本の歴史家には「日清戦争は日本が明治維新後初めて、国外への勢力圏拡大を目指し、韓国をめぐって行った帝国主義戦争であり、日露戦争は勢力圏として新たに中国東北部（満州）が対象とされたもので、帝国主義戦争に変わりない」という理由で、「日露戦争は日清戦争の延長線上にあり、新しい現象ではない」と主張する者もいる。

だが、明治三十八年一月中旬に、亡命先のジュネーブで旅順要塞の陥落の報を聞いた革命家レーニンが機関紙『フペリョード』で、「日本にとってのおもな目的は達成された。進歩的な、すすんだアジアは、おくれた、反動的なヨーロッパに、取り返しのつかない反撃をあたえた」（『レーニン全集』第八巻、大月書店）と述べているように、国際政治の観点から、日露戦争の世界史的意義を唱えている者がいるのである。

例えば、前出のロストーノフは、その著書で一九一七年の「ロシア革命」に与えた日露戦争の影響ついて、次のような見解を述べているが、この革命勢力の活動を陰から支援したのが明石元二郎大佐であったことは言うまでもないだろう。

「一九〇四—一九〇五年の日露戦争の政治的結果は大きかった。二十世紀の初めになると、ロシアは帝国主義体制全体の諸矛盾の結節点となり、その最も弱い環となった。世界革命運動の中心がここに移ってきた。帝政ロシアをもとらえた一九〇〇—一九〇三年の世界経済恐慌ならびに日露戦争は、支配階級と広範な勤労者大衆との間の諸矛盾を極度に激化させた。そうしたことのために、革命的危機の急激な増大が促され、一九〇五年一月にロシアに革命が始まったのであった。

一九〇五年—一九〇七年の革命は、史上最初のブルジョア民主主義革命であって、この革命では、プロレタリアートが独自の政治勢力として、社会的解放のためにたたかう被抑圧大衆の前衛として立ち現われたのであった。その指導的役割をはたしたのが、レーニンに率いられたボリシェビキー党であった。この革命は、専制政治にたいし、地主と資本家の支配にたいし、強力な打撃を加え、階級闘争史上に明白な一ページを加えたのであった」

アメリカのジャーナリスト、ノエル・F・ブッシュも、その著書で世界史に与えた日本海海戦の影響について、次のように述べている。

日本海海戦で、バルチック艦隊の「失われた人数と艦船の統計よりも、はるかに重大なのは、これが歴史に及ぼした影響である。これまで戦われたいくつかの大海戦の中で、対馬海戦（吉本注：日本海海戦）は、その直接的影響はもちろんのこと、究極的に世界全体におよぼした結果の重大性において、おそらく史上もっとも決定的な海戦であったと評価されるだろう。

……日露両国の政治史のなかで、対馬海戦がおよぼした究極的な影響については、どうかんがえても推論の域をでないし、また、どのような証明もできはしない。と同時に、世界史にたいする影響のほうは、たぶんうたがう余地がずっとすくなく、しかも、ずっと深い意味をもっていた。

二十世紀がその最後の四分の一へうごきだすにつれて、つぎのことが明らかになっていくであろう。対馬海戦のもっともいちじるしい成果は、おそらく今後一〇〇〇年の歴史書――そんな本が刊行されるとして――が証明するであろうが、アジアがヨーロッパの支配から解放されたこと、そしてそれにつれてアジアとヨーロッパの文明がそれぞれまじりあっていったという全世界におよぶ変化そのものである。

中国における革命、植民地的隷属からの脱出をとげたインド、オランダ人の支配に反抗した長大なインドネシア群島、独立を達成したビルマ、セイロン、マレーシア、フィリピンそして、かつての仏領インドシナがカンボジア、ラオス、ヴェトナムにわかれ、そこでなお続いている動乱――もちろん程度のちがいや原因のちがいはあるが、これらのすべては、今世紀のはじめの、あの歴史的な五月の午後、日本海の入口でおこったできごとに、おおかれすくなかれ、その起源をたどることができる。

あの海域で、アジアの一小国が、地上最大のヨーロッパの帝国を、わずか一時間たらずでうち負かしたあの勝利は、アジア人とヨーロッパ人には質的なひらきがあるという長いあいだの神話を、永久に破壊してしまった。そして、むしろ、質的な差があるとすれば、アジア人のほうに分があるとさえ、この勝利は示唆したのである」

またシドニー大学東洋学部日本語講師のウッドハウス暎子も、その著書で彼らの見解を補足するように、次のように述べている。

「このような世界史の変遷を、日露戦争に視点を置いてながめてみよう。日露戦争におけるロシアの敗北は、ロシア国内にくすぶっていた反体制派の炎に油を注ぎ、一九〇五年、革命となって炎上した。これは後に続く一九一七年ののろしであった。一九一七年革命により帝政ロシアは滅び、ソ連という共産主義国家が誕生、現在の東西関係を生み出すにいたった。その意味で、日露戦争は世界史が新局面に移行するバネの役割を果たしたとみることができよう。したがって、日露戦争という二国間局地戦争のもたらした世界史的意義は実に大きいのである。

さらにいうならば、この戦争における日本の勝利は、白人の世界支配という当時の絶対性を揺るがせた。この事実は、西欧帝国主義の抑圧下にあえぐアジア諸国に、一時的ながらも希望を与えたのである」

では、日本の歴史教科書では日露戦争について、どのように説明しているのだろうか。

次に、その内容について見てみよう。

日本の歴史教科書が語る日露戦争

『要説　世界史A』（山川出版、平成二十五年版）

日清戦争後、朝鮮は国号を大韓帝国として独立国であることを明らかにしたが、朝鮮への進出をめざす日本はロシアの脅威を強く感じ、同じくロシアの脅威を感じていたイギリスと一九〇二（明治三十五）年に日英同盟を結んだ。

また、ロシアの中国東北地方独占に反対していたアメリカも日英同盟を支持したので、日本はロシアに強硬な態度をとり、一九〇四年に日露戦争がはじまった。日本は陸上の戦いに連勝したが、長期戦にたえられるだけの力はなく、ロシアも第一次ロシア革命がおこり政情不安がすすんだので、両国はアメリカの調停で一九〇五年ポーツマス条約を結んだ。

この条約によって日本は、韓国に対する保護権、遼東半島南部の租借権、東清鉄道南満州支線（南満州鉄道）の利権、南樺太の領有権などをえた。この日本の勝利は、欧米列強の支配下にあった諸民族を刺激し、彼らの民族的自覚を高めた。

『世界史A』（東京書籍、平成二十四年版）

義和団鎮圧で活躍した日本は国際的な威信を高め、列強の一員としての地位を得ることとなった。イギリスとのあいだで一九〇二年に結ばれた日英同盟はこのことを示すと同時に、イギリスが、アジアにおけるロシアへの対抗力として日本と同盟をしたことを意味した。

一八九五年の三国干渉後、ロシアは、シベリア鉄道と連結する東清鉄道の敷設権を清から獲得し、また、遼東半島南端（旅順、大連）を租借した。さらに、義和団事件への出兵にあたって中国東北地方を占領し、その後、鴨緑江にまで進出した。これを朝鮮に対する脅威と感じた日本は、一九〇四年二月、朝鮮半島の仁川に兵を進めるとともに、旅順のロシア艦隊を攻撃し、日露の開戦となった。翌月一月、ロシアでは「血の日曜日」事件をきっかけに革命運動が高まり、戦争の継続が困難になった。日本も長期戦の継続は困難であったため、五月、日本海海戦でバルチック艦隊が壊滅したことを機に、アメリカのセオドア・ローズヴェルト大統領の仲介によってポーツマス条約が結ばれた。

『高等学校 世界史A』（第一学習社、平成二十五年版）

八カ国連合軍の主力は日本とロシアであったが、義和団事件の後も、ロシア軍は中国東北地方から撤退しようとしなかった。ロシアに対抗するために、日本とイギリスは一九〇二年に日英同盟を結んだ。ロシアもフランス・ドイツの支持を得て対抗し、ついに一九〇四年に日露戦争がおきた。日本はイギリスの支援を得て戦ったが、長期戦に耐えるには経済力に限界があった。

一方のロシアの側にも、第一次ロシア革命の勃発といった国内不安があり、アメリカのセオドア＝ローズヴェルト大統領の調停で、両国は翌年にポーツマス条約を結んだ。この結果、ロシアは日本に対して、遼東半島南部の租借権、東清鉄道の支線（のちの南満州鉄道）に関する利権の譲渡と、北緯五〇度以南の樺太の割譲を認めた。

『高等学校　世界史A　最新版』（清水書院、平成二十四年版）

義和団事件以後も、ロシアは兵力を中国東北部から撤退させず、朝鮮への圧力を強めた。一方、日本は、ロシアの南下を警戒していたイギリスと日英同盟を結んだ。一九〇四年、日本軍は仁川と旅順港のロシア艦隊を奇襲して日露戦争にふみ切った。その後も日本は戦いを有利に進め、翌〇五年三月の奉天会戦でも勝利をおさめたが、戦争を継続する力はほとんど残っていなかった。

一方、ロシアでは兵力を増強しようとした矢先、国内で第一次ロシア革命が勃発するなど社会不安が高まり、戦争の継続が困難となっていた。五月、日本海海戦でバルチック艦隊が壊滅したことを機に、日露両国はアメリカの仲介でポーツマス条約を結んだ。

……一九〇五年、アジアの国である日本が日露戦争で大国ロシアを破ったことは、アジア・アフリカの民族運動を高揚させ、各国の独立運動にきっかけを与えた。

『明解　世界史A』（帝国書院、平成二十五年版）

二〇世紀になり、中国や朝鮮半島の利権をめぐる各国間の対立は深まった。南下政策をとり朝鮮をもうかがうロシアに対し、日本は軍備を強化して、中央アジアでロシアと対立するイギリスと一九〇二年に日英同盟を結んだ。

一方、フランス・ドイツはロシアを支援し、一九〇四年、日露戦争が始まった。日本は日本海海戦などで勝利したが国力を消耗し、ロシアも政情不安が高まり、アメリカの調停でポーツマス条約を結び講和した。日本はロシアから南樺太の割譲などを認めさせた。アジアの小国がヨーロッパの大国に勝ったことは、インドや東南アジアの独立運動を力づけたが、日本が大陸進出と朝鮮支配の動きを見せると、日本をみる目はきびしいものとなった。

『世界史A』（実教出版、平成二十五年版）

義和団事件の終結後も、ロシアは満洲から軍隊を撤退させず、朝鮮や華北への進出をはかった。イギリスは、ロシアの勢力拡大を恐れて日本に接近し、一九〇二年日英同盟を締結し、アメリカもそれを支持した。

満洲でのロシアの権益と朝鮮での日本の権益を認めあう構想が挫折すると、日露の対立は明確になり、一九〇四年に日露戦争が勃発した。

日本は満洲を戦場としてロシアとたたかい、日本海海戦などでロシアに連勝したが、戦争の長期化にたえる国力はなかった。ロシアで革命運動が頻発すると、日露両国はセオドア＝ローズヴェルト米大統領の調停でポーツマス条約をむすんだ（一九〇五年）。この条約で、日本は朝鮮への監督権、遼東半島の租借権、南満洲鉄道株式会社（満鉄）の経営権、樺太（サハリン）南部の領有権を獲得した。

以上のように、わが国の歴史教科書を見ると、ロシアの脅威を「三国干渉」から説明している教科書は一冊もないことが分かる。

またロシアがなぜ満州や朝鮮半島に触手を伸ばそうとしたのかを詳しく説明していないし、どれも日露戦争の経過を簡単に説明しているだけで、日露戦争の動機を詳しく説明していないことが分かる。

また日露戦争がアジア・アフリカの民族独立運動に強い影響を与えたことを説明しているのは、山川出版、清水書院、帝国書院の三社だけである。

では、これに対して、次のイギリス、アメリカ、フランス、インドネシア、ベトナム、フィリピンの中学生用と大学生用の歴史教科書では、どのように日露戦争について説明しているのだろうか。

次に、その内容について見てみよう。

〔イギリス〕
中等歴史教科書『近代の世界』一九八一年版

仏露独の三国は戦いに疲れた日本に強要し、旅順をロシアに与えさせた。この三国干渉は日本人を激しく怒らせた。日本人は、中国の領土を手に入れたがっている当の人々によって、獲物を奪われたと考えたのである。これに対する彼らの回答はもっと軍艦を建造し、ロシアを片づける機会を待つことであった。

ロシアの極東への拡張がつづいたため、この機会と口実とは、すぐに生じた。たとえば、一九〇〇年にロシアは満州全域に進出した。イギリスは驚愕し、これを一つの理由として日本との同盟に調印した。西欧の大国との対等な協力者として認められたことは、日本にとって大勝利であった。日本は、満州におけるロシアの権利のかわりに朝鮮における日本の権利を認めさせる取り決めをロシアに要求してもよいほど、自分たちは強大になったと、感じたのである。しかしロシア人は、「ちっぽけなサル」と呼んでいた相手とこの問題を議論することを拒み、軍隊を派遣して朝鮮を侵略した。一九〇四年二月九日、日本の駆逐艦隊が闇にまぎれて旅順港に入って行ったとき、ロシア側は何の準備も整えていず、まるで平時のように船には燈がともっていた。……日本側は、何の苦もなく、二隻の戦艦と一隻の巡洋艦とを魚雷で沈めた。四〇年間の近代化の過程をへて、日本はここに強国の一つと戦いに突入したのである。

……一九〇五年五月二十七日、疲れきったロシア艦隊は、対馬海峡で日本艦隊と遭遇した。ロシア側の動きのにぶい船は、日本の近代的な艦艇の敵にはまずなり得なかった。日本側の司令官東郷提督は、砲火を一杯に開きつつ、ロシア艦隊のつくった線の頂点を横切って進むことができた。このTの横棒をかくやり方は、蒸気船の軍艦にとっての最善の攻撃形態であり、勝利はほぼ確実であった。日本軍の砲撃は、ツァーの軍艦を木っ端みじんに打ち砕いた。たった一時間の間に、八隻のロシアの艦船が沈められた。東郷は、一七九八年のナイルにおけるネルソンの勝利以来最も大々的な海での勝利を勝ちとったのである。

……アメリカ政府の助力も得て、ニュー・ハンプシャーのポーツマスで、講和条約が結ばれた。これにより、日本は朝鮮での優先権を認められ、南カラフトを与えられた。満州と遼東半島でのロシアの勢力には、終止符が打たれた。しかし、ロシアは金銭的な補償を支払うことを拒絶した。ロシア側に戦費を支払わせたいと望んでいた日本人は、これに憤ったが、彼らも疲れきっており、それ以上戦いをつづけることはできなかった。

これらの勝利が日本人におよぼした影響は、普仏戦争における勝利がドイツ人に与えた影響に似ていた。四〇年間で、日本人は、ヨーロッパの大国を打ち破れるところまで、近代化を成し遂げた。日本はたちまちのうちに海外領土を持つ帝国主義国となり、西欧に対するアジアの人びとの明らかなチャンピオンとなったのである。日本人は、偉大な未来を夢見はじめた。彼らは、これほどまでに成功をおさめた軍隊を崇拝した。日本は、危険なムードで、二〇世紀に直面したといえよう。ヨーロッパがめざめさせたのは、美女ではなく、巨人だったのである。

〔アメリカ〕

中等歴史教科書『アメリカ盛観』一九九一年版

ラテン・アメリカの外交で成功を収めたセオドア・ルーズベルトは、さらに国際問題に介入していった。一九〇四年に勃発した日露戦争は、彼にグローバル・ステーツマンとして活躍するチャンスを与えた。アジアをのっしのっしと歩き回るロシア熊は、その凍傷にかかった手足を不凍港、とくにポート・アーサー（旅順）で温めるべく狙っていた。

日本人の目から見ると、満州と朝鮮がロシア皇帝の手に落ちれば、日本の戦略の心臓部にピストルをつきつけられるのと同じだった。ロシアは一九〇〇年、義和団事件の際に満州に部隊を送り込み、当初の約束にもかかわらず、撤退していなかった。ロシア皇帝としては、数カ月のちのシベリア鉄道完成まで居残るつもりだった。だが時計の針は刻々と迫り、一九〇四年、日本はポート・アーサーに停泊中のロシア艦隊に奇襲（Surprise pounce）を仕掛け、日露戦争の口火を切った。日本は不器用なロシア人に屈辱的な一連の打撃を与えた。非欧州系の軍隊が欧州勢力に対して軍事的ダメージを与えたのは、十六世紀トルコの欧州侵略以来、初めてのことだった。だが戦争が長引く中で日本は兵隊の数と戦費が底をつき始めていた。そこで日本政府は、極秘裏のうちにルーズベルトに接触、和平交渉の調停役を要請した。

ルーズベルトは、この日露和平交渉の成功と、北アフリカの紛争解決の功績で、一九〇六年ノーベル平和賞を受賞した。しかし、このルーズベルトの外交的栄光の代価は米外交関係にとっては高くついた。……新たに大国の仲間入りをした日本とアメリカは、相互の警戒心とジェラシーが強まる中で、アジアにおけるライバルになっていった。多くのアメリカ人は、日本人はこれまでの着物が着られなくなるほど身の丈が大きくなったと感じるようになった。

中等歴史教科書『アメリカ国民』二〇〇〇年版

ルーズベルトは、東アジアにおける力の均衡維持に一生懸命だった。ルーズベルトは常々、日本人の闘争心と日本人の『将来に向けての文明』に対する価値ある素地を賞讃していた。それに比べてロシアに対しては低い評価をしていた。

日本が朝鮮に進出しロシアが満州に進出するや、ルーズベルトは双方が互いにチェックするものと期待した。ルーズベルトは一九〇四年、日本がロシアを奇襲し、日露戦争の幕を切って落としたと聞くとこれを歓迎した。

しかし、日本の勝利が続き、日本があまりうまく戦争ゲームをプレーすると、アメリカを東アジア市場から締め出してしまうのではないか、と多くのアメリカ人たちは心配しはじめた。ルーズベルトは、ロシアに接近した。

そして、日本が戦争終結に関心を示すや、喜んで調停に向けてその影響力を行使した。ルーズベルトの目標は和平を達成し、パワーバランスをアジアで維持することだった。一九〇五年の日露和平調停ほど、新しいアメリカの存在を世界に示すシンボルはなかった。

大学生用教科書『近代日本の形成』一九七八年版

東郷平八郎提督がロシア艦隊を撃滅した一九〇五年五月の日本海海戦は、全世界の注目を集めた。米国大統領セオドア・ルーズベルトは、一友人に宛てた手紙の中で、東郷の勝利について、次のように述べている。

『これは、世界が目撃した最大の驚嘆事だ。かのトラファルガー沖海戦すら、これに匹敵しうるものではない。……私は、まるで自分が日本人になってしまったかのように興奮を禁じ得なくなり、公務につくことが出来なくなった。私はその日一日を訪問客とともに日本海海戦について語り合って過ごしてしまった』

……日本史上、この戦争ほど国民の政治的自覚を高めたものはかつてない。……歴史家は通常、日露戦争を、日本に大国の地位をもたらし、かつ日本に世界の賞讃を博せしめた出来事として記述する。確かに、この戦争は、近代世界史における画期的事件である。アジア全域を通じ、抑圧されていた諸民族の指導者たちは、日本の実例からインスピレーションを受け、彼らもまた西洋の科学と工業を輸入して、白人の支配から脱却し、独自の民族性を保持し、工業化過程を自ら監督できるものと信じた。

〔フランス〕

『中学高校教科書』一九七三年版

ヨーロッパの指導下に日本は議会制の外見を整え、その経済を根本的に改革した。国家と大資本がこの国の工業発展を指揮した。このような進歩は、日本に帝国主義的野心を持たせることになった。

一八九四年には強力な軍隊に支えられて中国から朝鮮と台湾を奪った。さらに一九〇四―〇五年の日露戦争は、日本にとって一連のめざましい勝利を獲得する好機となった。

〔インドネシア〕

中等歴史教科書『インドネシア国史』一九七七年版

『民族の覚醒』として知られる歴史現象は、単に国内のみならず国外の諸要因にもその発生原因を負っていた。……国外の要因には、たとえば二〇世紀初めに日本民族がロシア民族との戦争で勝利したことがある。その勝利はヨーロッパ人（白人）に対するアジア人（有色人）の勝利と考えられた。

〔ベトナム〕

『高等歴史教科書』二〇〇〇年版

アジアのほかの地域で起きていたナショナリズム運動がインドネシアのナショナリストたちを刺激した。特に一九〇四年から五年の日露戦争において日本がロシアに勝利を収めたことは、インドネシアのナショナリズム運動の流れに特別のインパクトを与えた。

日本の勝利はアジア民族に、西洋に勝つこともできるという自信を植え付けるとともに劣等感を払拭させ、ヨーロッパ人と同等でありたいという国民意識を育てることになった。

……満州の占領をめぐって日本の軍隊がロシアの軍隊と衝突し、一九〇四-〇五年に日露戦争が勃発した。日本は満州でロシア軍を撃退させるのに成功した。この勝利は日本に大きな結果をもたらし、アジア諸国にも非常に大きな影響を与えた。日本は旅順とサハリン島を獲得するとともに、西側諸国と同列に序せられるようになった。

一方、アジアも、アジア民族が西洋諸民族に力で対抗できた事実によって、ナショナリズムに目覚めるという大きな影響を受けた。

……日本のロシアに対する勝利は、アジア民族に政治的自覚をもたらすとともに、アジア諸民族を西洋帝国主義に抵抗すべく立ち上がらせ、各地で独立を取り戻すための民族運動が起こった。たとえば、インドネシアでは一九〇八年にブディ・トモが生まれ、ベトナムでは一九〇七年にベトナム復活同盟が生まれた。

一方、それより以前にすでに民族運動を経験していた国々、なかでもインド、フィリピンでは、日本の近代化のあと民族運動がいっそう活発になった。太陽の国が、いまだ闇の中にいたアジアに明るい光を与えたのである。

高等歴史教科書『歴史』一九八二年版

日本では、維新運動は輝かしい結果をもたらしていた。日本は独立を防衛することができ、強力な資本主義国に変化した。一九〇五年になると、日本はロシア帝国を負かすという影響力の大きな勝利をうちたて、中国におけるロシア帝国の利権を奪ったのである。中国と日本の維新運動は、当時のベトナムの愛国的な士夫たち（知識人たち）の思想に強い作用を及ぼした。彼らは、国の挽回を望むなら『維新』をしなければならない、つまり欧米資本主義国の文明を学び、政治、経済から軍事、文化、教育にいたる国内のあらゆる面で、改革しなければならない、とみなした。これは、ベトナム民族解放運動における新しい思想のひとつの傾向であった。

〔フィリピン〕

中等歴史教科書『アジア諸国の歴史』

日本は次の戦争——今度は満洲や韓国に侵入したロシアとの戦争の準備——を始めました。一九〇四年二月八日の夜に、またもや正式な宣戦布告を行わず、東郷提督の率いる艦隊が旅順港のロシア艦隊を攻撃しました。その他何回かの海戦の後、『日本海軍の父』東郷提督は一九〇五年五月の日本海海戦において、ロシアの艦隊を壊滅させせました。

……この戦争の結果、日本はアジア人が軍事において西欧に劣っていないことを証明し、また、フィリピン、インド、インドネシアやベトナムなどのアジア諸国は、日本をアジア民族主義の新しいチャンピオンとして注目しました。

以上のように、イギリス、アメリカ、フランスの歴史教科書を見ると、ロシアの同盟国であるフランスを除いて、どれも日本軍の活躍ぶりを詳しく説明しており、特にアメリカの歴史教科書は、日露講和会議の仲介役を務めたルーズベルト大統領の功績を強調していることが分かる。

イギリスとアメリカの歴史教科書の中で、日露戦争の影響によって、アジア諸国が近代化を推進して、民族の誇りを持つようになったことを説明しているのはアメリカの大学生教科書用『近代の形成』だけであるが、アジア諸国の歴史教科書を見ると、どの歴史教科書も、日露戦争の動機や経緯よりも、日露戦争がアジア諸国の民族独立運動に大きな影響を与えたことを中心に説明していることが分かる。

第三節　世界は日露戦争をどのように見ているのか

世界の民族独立運動を奮起させた日露戦争

先述したアジア諸国の歴史教科書に書かれた日露戦争の説明を見ても明らかなように、日露戦争での日本の勝利が十六世紀以降、西欧列強の植民地支配に苦しめられてきた同じ有色人種のアジア諸国の人々に対して、大きな励ましと喜びを与えたことが分かるであろう。

だが、日露戦争の影響を受けたのは、アジア諸国の人々だけではなかった。例えば、ポーランドの歴史教科書『歴史　一八九五－一九三九』（二〇〇二年版）では、ポーランドの社会党員からオーストリア公使の牧野伸顕《のぶあき》に宛てた書簡を引用して、次のように説明しているからである。

「ポーランド人は、ロシアの生来の仇敵です。ポーランド人民の利益は、決して日本の利益と衝突することはないので、日本は間違いなくポーランド人の共感を得られるでありましょう」

また民族独立運動家で、ポーランド共和国初代大統領のピウスツキも、国際連盟事務局次長の新渡戸稲造に対して「あの戦争は、ポーランドの今日をあらしめる重大なる階段でありました」と述べ、日露戦争がポーランドの独立に強い影響を与えたことを述べている。

後に、フィンランド初代大統領となるシリアクスも、明石元二郎大佐に対して、

「我々フィンランド人は、この皇帝を尊敬しています。極東の一島国日本は、……我々の宿敵であるロシアと戦うまでに、国力をつけられました。フィンランドは、残念ながらロシアの属国です。しかし日本はそうならずに、堂々と戦っています。我々は明治天皇を尊敬し、日本の勝利を祈るのです」

と述べ、日露戦争での日本の勝利を願っているのである。

このように、ロシアに抑圧されていたフィンランド、ポーランドなどにも、民族独立運動が高まって、やがて独立を達成していったわけである。

だが、日本の勝利は、アメリカの黒人紙『インディアナポリス・フリーマン』が社説で「東洋のリングで、黄色い男たちのパンチが白人を打ちのめし続けている。……セコンドは今

にもタオルを投げ入れようとしている。

有色人種がこの試合をものにするのは、もう時間の問題だ。長く続いた白人優位の神話が、ついに今突き崩されようとしている」

と述べ、またアメリカ公民権運動の指導者で、全米黒人向上協会の創立者であるウイリアム・E・B・デュボイス博士も、「有色人種は日本をリーダーとして従い、人種平等・民族独立を達成すべきである」と述べているように、アメリカ国内で抑圧された黒人の人種差別撤回運動にも繋がっていったのである。

二十世紀の世界システムを現出させた日露戦争

では、次に、これまでの議論を踏まえて、日露戦争とは、どのような意味を持った戦争であったのかを考えてみたいと思う。

先述したように、日清戦争と日露戦争は、日本史の文脈ではロシアと朝鮮半島の支配をめぐって争われた戦争であると理解されているが、世界史の文脈では「まったく意味のことなる二つの戦争として、浮かび上がってくる」のである。

日清戦争は、アジア史的視点で見れば、単に朝鮮の独立をもたらした戦争ではなく、清国の敗北によって、従来の東アジア世界の華夷秩序が崩壊し、東アジア世界に新たな国際秩序が生み出される契機となった戦争であったが、そのきっかけとなったのはペリーの来航であったろう。
これに対して、日露戦争とは、元宮内省御用掛のドイツ人内科医エルウィン・フォン・ベルツがその日記の中で
「かくてまたもや世界歴史の一ページが――それも、現在ではほとんど見透しのつかない広大な影響を有する一ページが――完結されたのである。今や日本は陸に、海に、一等国として認められた。アジアは世界の舞台に登場した。ヨーロッパだけの政策は、もはや存在しない。世界政策があるのみだ」
と述べているように、「大国クラブが片手間にアジアを論じていればよかった時代」にピリオドを打たせた戦争であった。
ベルツが言うように、日露戦争によって、『「世界歴史の一ページ」がめくられ、局部的バランスの変化が世界中に波及する二十世紀の国際関係が始まったと言ってよい』だろう。
オックスフォード大学・エール大学名誉教授のマイケル・ハワードが
「今日のヨーロッパにおいては、一九〇四年二月に日本とロシアとの間で起こった戦争、やがて日本をアジア地域における支配的な勢力ならびに潜在的な世界勢力として確立させることになったあの日露戦争のことはほとんど忘れられている。

そして、この戦争は、一〇年後に勃発し、ヨーロッパ大陸全体を破壊し尽くすことになった、あのはるかに大規模な戦争、すなわち、第一次世界大戦のために、全く影の薄い存在になってしまっている。しかし、その当時においては、日露戦争は文明化された世界全体を通じて強烈な関心を持って見守られていた。

日露戦争の戦場における戦闘の一部始終について軍事専門家や報道関係者が逐一報告をもたらし、それらの報告は成功諸国の都市化した地域社会を支配し始めつつあった新しい大量普及の新聞に発表された。……この日露戦争は二〇世紀という新しい世紀の最初の主要な戦争であった。この戦争の結果が、その後の一〇〇年間に起こりうるかも知れない出来事をある程度表示するであろうという、論理的根拠をもつものではないとしても、一般的な確信が存在した」

と述べているように、日露戦争は、間違いなく世界史を大きく転換させた戦争だったのである。

では、世界の人々は、日露戦争をどのように評価しているのだろうか。日露戦争を賞賛した言葉はおびただしいが、その中でも最も代表的な言葉を選んで、日露戦争の真実を語ってもらおう。

世界が語る日露戦争

〔アメリカ〕

ダグラス・マッカーサー元帥（連合国軍最高司令官）

一九〇四年四月、私は中尉に昇進し、その五カ月後に輸送船「トマス」号に乗ってサンフランシスコに向かった。……十月のはじめに私は突然、日露戦争の観戦のため日本に派遣されている私の父のもとへ行けという命令を受けた。

私はこの観戦で多くのことを見、聞き、学んだ。英人の観戦者イアン・ハミルトンが生々しく描写しているように「す早い進撃。部隊が展開された。すさまじい攻撃。英雄的な白兵戦。しかし、防衛陣地は頑強だ。ひたすらに進撃する密集した部隊。飛び交う砲弾、するどい小銃の弾丸の音をものともせず、ただひたすらに前へ。真っ赤な戦場。いたるところにちらばる真っ白な死体」も見た。

……私は大山、黒木、乃木、東郷などの日本軍の偉大な司令官たち、あの鉄のような強靭な性格と不動の信念をもった、表情のきびしい、無口な、近づき難い男たちに、ぜんぶ会った。

そして日本兵の大胆さと勇気、天皇へのほとんど狂信的な信頼と尊敬の態度から、永久に消えることのない感銘を受けた。

……私たちの観戦の実際の目的は、日本軍の戦力と戦闘方法を見とどけることだった。

〔ロシア〕

レーニン（共産主義運動の指導者・革命家）

旅順港の降伏はツァーリズムの降伏の序幕である。

〔オーストラリア〕

デニス・ウォーナー／ペギー・ウォーナー（ジャーナリスト）

第一次大戦を主として欧州市民戦争と考える多くのアジア人にとって、一九〇四年～一九〇五年の日露戦争は、われわれの時代における最も重要な戦争であった。この戦争の結果、苦力《クーリー》〔たる東洋民族〕も主人となりうるし、主人〔たる西欧人〕もまた苦力におちぶれかねないことになったのである。

〔アルゼンチン〕

マヌエル・ドメック・ガルシア（海軍大将・海軍大臣）

ある人は、日本海海戦（対馬沖海戦）の勝利は、日本の海軍軍人のみならず、日本人すべての努力によるものであると言った。これは疑いないことであり、対馬において、ロシアを敗北させた日本人ほどの、熱烈な愛国心を有する国民を他に見出すことは困難であろう。

しかしながら、それは、ただ勝利を得ようという願望や熱情のみで得たものではなく、敵に対してあらゆる警戒措置を怠らず、また、展開されるであろう戦闘行動における様々な局面に関して、ごく細部に至るまで研究した結果、手中にしたものである。

その他にも日露戦争の戦前戦中を通じて、日本はロシアについて細心の注意をもって研究した結果、敵に関する完全な知識を有していた。それは、敵の軍備状況のみならず、軍事政策から将兵の士気にまで及んでいた。

特に日本海海戦（対馬沖海戦）において日本海軍は、バルチック艦隊の創設から潰滅に至るまで、こと細かに一つ一つの動きを補足していただけでなく、艦隊の編成がどのようなものか、各艦の能力はどの程度のものか、そして、とりわけロシアが艦隊に適切な人員を乗り組ませることが困難であったという事情をも知っていた。

そのため日本海軍では、それらすべての情報が研究され分析された結果、バルチック艦隊を迎え討つための戦法は、どのようにすべきか考え出されていた。加えて、各艦の戦闘状態も不十分なまま、戦術的にも不利な隊形で対馬海峡を通峡することを日本の連合艦隊に察知されるという、ロジェストウエンスキー提督が犯した大きな誤りのために、バルチック艦隊の運命が確実に潰滅に向かっていることは明白であった。

〔トルコ〕

ヌルベル・ヌレシュ（元駐日大使）

私は小学校時代、東郷元帥は軍人としてではなく、人格的にも立派だと教わりました。ロシアのバルチック艦隊を破った元帥は、長年ロシアと戦って勝てなかったトルコ人にとっても英雄です。

〔エジプト〕

イブラヒム（国民的詩人）

われは日本の乙女　銃もて戦ふ能《あた》はずも　身を挺して傷病兵に尽くすは我が務め　ミカドは祖国の勝利のため　死をさへ教へ賜《たまわ》りき　ミカドによりて祖国は大国となり、西の国々も目を見張りたり。（「日本の乙女より」）

〔イラン〕

シーラーズ（イラン解放の父）

日本の足跡をたどるならば、われわれにも夜明けがくるだろう。

〔中国〕

孫文（中華民国建国の父）

日露戦争によって、日本はロシアを朝鮮と南満州の外に追いだし、ついにロシアの世界侵略政策をひっくりかえして、東亜の領土を保持したので、世界に一つの大きな変化が生まれた。

……日露戦争の開始されました年、私は丁度欧州に居りましたが、或る日東郷大将が露国の海軍を破った。露西亜《ロシア》が新たに欧州より浦塩《うらじお》に派遣した艦隊は、日本海に於て全滅させられたと言うことを聞きました。……暫くして私は船でアジアに帰ることになり、スエズ運河を通ります時に、沢山の土人が、この土人はアラビヤ人であったようですが、私が黄色人種でありますのを見て、非常に喜んだ勇んだ様子で私に〈お前は日本人か〉と問いかけました。私は〈そうではない。私は中国人だ。何かあったのか、どうしてそんなに喜んで居るのか〉と問いましたところ、彼等の答えは〈俺達は今度非常に喜ばしいニュースを得た。何でも日本はロシアが新に欧州より派遣した海軍を全滅させたと言うことを聞いた。この話は本当か。俺達はこの運河の両側に居て、ロシアの負傷兵が船毎に欧州に送還されて行くのを見た。これは必定ロシアが大敗した一風景だと思う。以前我々東洋の有色民族は何《いず》れも西洋民族の圧迫を受けて苦痛を嘗《な》めて居て、全く浮かぶ瀬がないと諦めて居たが、今度日本がロシアに打ち勝った。俺達はその勝利を俺達自身の勝利と同様に見るのだ。これこそこおどりして喜ぶべきことだ。だから俺達はこんなに喜んで居るのだ〉という事でありました。

……ヨーロッパに対してアジア民族が勝利したのは最近数百年の間に、これがはじめてでした。この戦争の影響がすぐ全アジアにつたわりますとアジアの全民族は、大きな驚きと喜びを感じ、とても大きな希望を抱いたのであります。

蒋介石（国民党主席）

日露戦争に関して、中国の民意は、日本に同情的であった。それはロシアの横暴さに対するいきどおりからくるものである。義和団の乱を口実に、東北三省に居すわり、中国の撤兵要求に対しては逆に無理難題を吹っかけ、日露戦争がはじまると、軍艦をわがもの顔に、中国の港に出入りさせるロシアに対して、中国人の怒りが向けられたのは、自然のなりゆきといえよう。

〔ビルマ〕

ウ・オッタマ僧正（独立運動家）

日本の隆盛と戦勝の原因は、英明なる明治大帝を中心にして青年が団結したからである。われわれも仏陀の教えを中心に、青年が団結・決起すれば、必ず独立を勝ちとることができる。長年のイギリスの桎梏からのがれるためには、日本にたよる以外に道はない。

バー・モウ（初代首相）

日本の勝利はアジアの目覚めの第一歩。

〔ベトナム〕

ファン・ボイ・チャウ（民族独立運動家）

日露戦争は、実に私たちの頭脳に一世界を開かしめたものと言うことができます。それまでベトナム人は中国やフランスしか知らず、……独立の具体的計画のごときは、なお五里霧中の状態でした。海外に出て考えが一変したが、それは日露戦争の余波が影響したものと言わざるをえません。

〔インド〕

ネルー（初代首相）

アジアの一国である日本の勝利は、アジアのすべての国々に大きな影響を与えた。わたしは少年時代、どんなにそれに感激したのかを、おまえによく話したことがあったものだ。……いまでもヨーロッパを打ち破ることもできるはずだ。ナショナリズムはいっそう急速に東方諸国にひろがり、「アジア人のアジア」の叫びが起こった。

スバス・チャンドラ・ボース（国民会議派議長）

今から四十年前、私がようやく小学校に通い始めた頃、一東洋民族である日本が世界の強大国のロシアと戦い、これを大敗させました。このニュースが全インドに伝わり、興奮の波が全インドを覆いました。いたるところで旅順攻撃や奉天大会戦や日本海海戦の勇壮な話で持ち切りでした。

私たちインドの子供たちは、東郷元帥や乃木大将を敬慕し尊敬しました。元帥や大将の写真を手に入れようとしてもそれができず、その代わりに市場から日本の品物を買ってきて日本のシンボルとして家に飾ったものでした。

……日本は、私たちインド人に対して、独立のための絶好の機会を与えました。私たちはそれを自覚し感謝しています。

『サメイ』紙

日本人の勇気と規律、鉄のような意志、不屈な力によって勝利を収めた日本に心からの祝意を贈る。

『ヒタバテイ』紙

日本の勝利がインド人を覚醒させ、イギリスと対等という前向きの思想に目覚めさせた。

〔インドネシア〕

アフマッド・スパルジョ（外務大臣）

日本が一九〇五年に、日露戦争で勝利をおさめて以来、アジア全域で民族主義精神が広まった。日本とタイを除く全アジアは、西欧の政治的、経済的な支配のもとにあったのである。

……いずれにせよ、植民地拡張の事業は、十九世紀末には実際上行き詰まった。そして四世紀にわたる政治的、経済的な拡張で手にしたすべての業績が、わずか半世紀の間に高まりをみせた民族主義の潮流によって滅亡に追いやられた。第二次世界大戦後、それまで支配されてきたアジアとアフリカの人民は、一つまた一つと、自由かつ独立をした国家を発足させた。

事実、一九〇五年は、アジア史の転換点であった。西欧の強国に対して日本が勝利をおさめたことは、西欧優位の伝説に終止符を打った。劣等感にとりつかれていたアジアの植民地民衆は、彼らの資質と能力を次第に自覚するようになった。

彼らは、この人種的な意識の衝撃のなかで、自らが選んだ指導者のもとで、彼ら自身を社会、文化団体へと組織化しはじめ、ついには人民のための明確な目的を持った政党を組織化したのである。

コラム⑤

ロシア軍の捕虜を優遇した日本軍

日本軍が日露戦争でも「積極的に捕虜や敵国負傷兵の救護に努力する政策」をとったのは、前出の国際法学者有賀長雄博士が「人道的国際法遵守の精神を軍指導者を通じて、全兵士に徹底させたことも大きな原因となっていた」

帝国陸軍は、日露戦争で第一軍から第四軍までの各軍に国際法顧問を従軍させたが、有賀博士は、満州軍総司令部総司令官の大山巌大将についた。

『日露戦争に適用された国際法は「陸戦法規慣例に関する規則」と「赤十字条約を海戦に適用する条約」である。これらは一八九九年ハーグでの万国平和会議で成立したものであり、日露戦争で初めて適用された』

日清戦争のときにも、国際法顧問として従軍した有賀博士は、戦後『日清戦役国際公法論』（陸軍大学校）を刊行し、また日露戦争後も『日露陸戦国際法論』（東京偕行社）を刊行して、日本が国際法を遵守した文明国の一員であることを欧米列強に示した。

日本軍は、国際法に従って日露戦争でも、ロシア軍将兵七万九四五四人を捕虜にした。

全国二十四カ所に設置された捕虜収容所のうち、上位は浜寺（現在の堺市）二万八一七四人、金沢五五八〇人、松山四〇四三人、習志野二九九四人、福岡二七三八人、姫路二一八四人、仙台二〇七四人であったが、四月三十日の段階では合計五万九三二七人のロシア軍将兵が収容されていた。

日本海海戦の後、近くの海岸に漂着したロシア海軍将兵六一〇〇人は、陸軍の捕虜と同様に松山捕虜収容所など、各地の捕虜収容所に収容され、講和条約が成立した後に、本国に送還された。

例えば、大里捕虜収容に収容されたロシア海軍水兵のカイランスキー一等水兵は、本国の兄弟に宛てた手紙に「収容所には、便利な家屋が幾棟も一列にならんでおり、一室に十五人が入れられ、将校には別に一室を与える準備ができていた。建築はすべて空気の流通に気をつけ、理想的な衛生家屋といえるであろう。ロシアの水兵集合所などとは、くらべものにならないほど、よくできていた。

……そのほか不足を感じないように、いろいろ気をつかってもらって、ほんとうにありがたかった。収容所には衛生兵はいたが、わたしたちを拘束することもなく、散歩の自由を与えてくれた」

と述べているように、日本軍は、日露戦争でも国際法に従って捕虜を相当に優遇した。

収容所ではロシア本国の家族にも自由に手紙を送ることを許したし、収容所も鉄条網で囲まれておらず、散歩が自由にできた。

また松山では近くの道後温泉に捕虜を引率して温泉を楽しませたのである。

おわりに

現代の世界は、ある意味でキリスト教徒の白人と非キリスト教徒の有色人種の国家から成り立っていると思う。これは、元々あったコロンブス以来の白人中心の世界システムから有色人種を無視できない世界システムに転換したからである。

前出のアメリカのジャーナリスト、エル・F・ブッシュが述べているように、この世界システムへの転換に大きな影響を与えたのが日本海海戦であった。

また前出のアルゼンチン海軍の観戦武官マヌエル・ドメック・ガルシア大佐は、「日本海海戦はアジアをロシアの支配から救った」と述べているが、この日本海海戦は世界史に、それ以上の影響を与えたことは言うまでもないだろう。

確かに、この日露戦争によって、ロシアは、アジアへの進出を阻止されたことから、その後、西へと向かったことで、第一次世界大戦が勃発する誘因になったとか、あるいは一九一八年に、世界最初の共産主義国家であるソ連が誕生したとか、世界史に負の影響を与えたことは否定できない事実であろう。

だが、その中で、日露戦争が最も世界に大きな影響を与えたのは多数の有色人種の国家が台頭するという二十世紀の世界システムを現出させたことであろう。

アメリカを代表する戦略論の専門家サミュエル・ハンチントン（ハーバード大学政治学教授）は、その著書で、

『冷戦時代は政治やイデオロギーによって国家間の協力関係や敵対関係が決まり、世界の国々はおおまかに「自由世界」、共産圏、第三世界という三つのグループに分かれていた。だが、現在は、文化ないし文明という要素によって国家の行動が決定される傾向が強まり、国家は主に世界の主要な文明ごとにまとまっている。すなわち、西欧文明、イスラム文明、東方正教会文明、中華文明と、それぞれの文明ごとに国家のグループができている』

と述べているが、白人であるハンチントン教授の学説には白人対有色人種の対立構造という視点が全く欠けていることが分かる。

ハンチントン教授が言うところの文化、文明という視点だけでは現代の国際政治の変化を説明するのは難しいと思うのである。

例えば、現在のアメリカに住む黒人たちは、白人たちと同じ文明、文化を共有して生活しており、アフリカの文化、文明を基礎にして生活している者はほとんどいないはずであるが、では、なぜアメリカでは白人と黒人との間で対立が生まれるのだろうか。

それは、アメリカに人種差別という問題が根柢にあるからである。

戦後、日本において欧米人の有色人種に対する差別意識が露骨に働いたのが昨年一月十八日に、駐日アメリカ大使のキャロライン・ケネディが和歌山県太地町で行われている伝統的なイルカの追い込み漁を「非人道的」という理由で、ツイッターで批判した問題であろう。

今でこそ、アメリカは捕鯨禁止の先進国を気取っているが、ペリー来航の前に日本の近海に出没したのがアメリカの捕鯨船であった。

アメリカではマッコウクジラの油をロウソクに使うために一六五〇年代から沿岸捕鯨を開始したが、大西洋上で、マッコウクジラが絶滅すると、次に北太平洋に移動して、マッコウクジラを絶滅させるまで乱獲するのである。

次に、アメリカがマッコウクジラを求めて移動したのは中部太平洋であったが、次第に日本の海域に移動してきたのは日本列島の東方沖でクジラの漁場を発見したからである。

その後、アメリカは捕鯨を禁止するが、その理由はあくまでも乱獲が原因であって、クジラ漁が「非人道的」だからではない。

今から七十年前の大東亜戦争のときに、日本の各都市に焼夷弾を雨霰のように降らし、最後には広島と長崎に原爆を投下して、無辜の市民を大量虐殺したアメリカに日本の伝統的な食文化であるイルカの追い込み漁を「非人道的」だと批判する資格があるのだろうか。

十七世紀から、スペインとオランダに遅れて植民地獲得競争に乗り出したオランダ、イギリス、フランスなどは、スペインとオランダが侵略の法的根拠にした「発見優先原則」に変えて、自らの文明を基準に他国を「野蛮―未開―文明」の三つに区分けし、相手を野蛮人と見たら侵略してもよいという「先占の権原」を適用して、アジア・アフリカ・南アメリカを侵略したことは詳述したが、この根柢にあるのは有色人種に対する差別意識だったと思う。

その意識がまだ欧米人の心の奥底に残っているからこそ、彼らは日本の食文化にケチをつけるのだ。もし、われわれが「スペインの闘牛」にケチをつけたら、きっと彼らは許さないだろう。

国際政治における白人国家と有色人種国家との対立も、基本的にはこれと同じであって、文化、文明の影響は、それほど大きな原因とはなっていないと思うのである。

たとえ、現在のわが国の歴史教科書が日露戦争に対して、高い評価を与えていなかったとしても、当時のアジア・アラブ・アフリカの有色人種だけではなく、欧米列強や社会主義者でさえもが日露戦争に対して、高い評価を与えていることは紛れもない事実なのである。

われわれ日本人は、日清戦争によって、従来の東アジア世界の国際秩序体系が華夷秩序体系から近代国際法秩序体系へと大きく転換したこと、またコロンブス以来、「アジア、アフリカが完全に欧米植民地支配に飲み込まれ、欧米の圧倒的な植民地化の波が中国大陸、朝鮮半島に迫りつつあった時に、有色人種の日本が立ち上がり、初めて白色人種を敗北させ、全世界を席巻した欧米植民地支配に対し、アジアの新興国日本が初めて反攻に転じたのが日露戦争」であったこと、そして、それが後に西欧列強の植民地支配からアジアを解放する大東亜戦争へと発展し、人種平等の世界形成に大きく貢献したことを忘れてはならないのである。

われわれ日本人は、明治維新以降、日本が歩んできた歴史を、もう一度見つめ直し、十五世紀から始まる西欧列強による「侵略の世界史」に敢然と立ち向かった、父祖たちの功績を自信と誇りをもって、後世に語り継いでいかなければならないと思うのである。

著者記す

平成二十七年三月十日（奉天大会戦勝利の日に）

引用・参考文献一覧

〔一般書〕

浅田正彦編『国際法〔第二版〕』東信堂、平成二十六年
アフマッド・スパルジョ／奥源造訳『インドネシアの独立と革命』龍渓書舎、昭和四十八年
有賀長雄『日清戦役国際法論』陸軍大学校、明治二十九年
有賀長雄『日露陸戦国際公法論』東京偕行社、明治四十四年
生田惇『日本陸軍史』教育社、昭和五十五年
イザベラ・バード／時岡敬子訳『朝鮮紀行――英国婦人の見た李朝末期』講談社学術文庫、平成十年
板谷敏彦『日露戦争、資金調達の戦い――高橋是清と欧米バンカーたち』新潮選書、平成二十四年
伊藤隆『明治の群像』実業之日本社、平成九年
伊藤隆『日本の近代16　日本の内と外』中央公論新社、平成十三年
伊東俊太郎「科学史から見た大探検時代」（鈴木勤編『大探検時代』世界文化社、昭和四十六年）
伊藤正徳『大海軍を想う』文藝春秋新社、昭和三十七年
伊藤正徳『帝国陸海軍の最後４《特攻編》』角川書店、昭和四十九年

井上勲編『開国と幕末の動乱』吉川弘文館、平成十六年
今井駿・久保田文次・田中正俊・野沢豊『世界史3　中国現代史』山川出版、昭和五十九年
上原卓『NIPPONの気概』モラロジー研究所、平成十三年
宇佐美滋『アメリカ大統領　歴代41人の素顔』三笠書房、平成十二年
ウッドハウス暎子『日露戦争を演出した男　モリソン』全巻、東洋経済新報社、平成元年
エリアノーラ・メアリー・ダヌタン／長岡祥三訳『ベルギー公使夫人の明治日記』中央公論社、平成四年
遠藤昭「正確無比な艦砲射撃　蔚山沖の海戦」（『近代戦の先駆　日露戦争』成美堂出版、平成十年所収）
遠藤昭「封じ込められた旅順艦隊　旅順封鎖作戦」（『近代戦の先駆　日露戦争』成美堂出版、平成十年所収）
遠藤昭「本格的艦隊決戦の開始　黄海の海戦」（『近代戦の先駆　日露戦争』成美堂出版、平成十年所収）
遠藤昭「日本連合艦隊の緒戦　仁川沖の海戦」（『近代戦の先駆　日露戦争』成美堂出版、平成十年所収）
遠藤昭「連合艦隊旅順港奇襲　旅順先制攻撃」（『近代戦の先駆　日露戦争』成美堂出版、平成十年所収）
大石慎三郎監修『徳川十五代　知れば知るほど』実業之日本社、平成九年
大澤博明「日清開戦論」（東アジア近代史学会編『日清戦争と東アジア世界の変容』下巻、ゆまに書房、平成九年所収）
大澤正道『宿命の「日米対決史」の謎』日本文芸社、平成三年
大澤正道『文明の流れを決した世界戦争史の真相と謎』日本文芸社、平成八年
大橋武夫『戦略と謀略――正をもって合し、奇をもって勝つ』マネジメント社、昭和五十四年
岡本好古「大将　上村彦之丞――不運を克服したGF裏方の提督」（『歴史と旅　特別増刊号45　帝国海軍提督総覧』秋田書店、平成二年所収）

加来耕三監修・岸祐二『手にとるように日本史がわかる本』かんき出版、平成十三年
勝岡寛次監修／古賀俊昭・土屋たかゆき・田代ひろし編『教科書から見た日露戦争――これでいいのか、日本の教科書』展転社、平成十六年
神川武利『秋山真之』ＰＨＰ文庫、平成十五年
神山恒雄「戦費とその調達」（奥村房夫監修・桑田悦編『近代日本戦争史　第一編　日清・日露戦争』同台経済懇話会、平成七年所収）
加茂儀一『榎本武揚』中公文庫、昭和六十三年
川島真「第一章　東アジアの近代―十九世紀」（『東アジア近代通史（上）―19世紀から現在まで』岩波現代全書、平成二十六年
河野弘善「大将　樺山資紀――日清戦争で胆勇を轟かす」（『歴史と旅　特別増刊号45　帝国海軍提督総覧』秋田書店、平成二年所収）
近現代史編纂会編『面白いほどよくわかる　日露戦争』日本文芸社、平成十六年
近代史編纂会編・平塚柾緒『日露戦争陸戦写真史』新人物往来社、平成九年
近代史編纂会編・水島吉隆『図説　日本の近代100年史』河出書房新社、平成二十三年
栗原隆一・斎藤政秋『西郷と大久保の生涯』大陸書房、平成元年
黒木勇吉『乃木希典』講談社、昭和五十三年
小泉剛「大将　川上操六――日清役を勝利に導いた名参謀」（『歴史と旅　特別増刊号44　帝国陸軍提督総覧』秋田書店、平成二年所収）
黄文雄『黄文雄の近現代史集中講座――日清・日露・大東亜戦争編』徳間書店、平成二十二年

黄文雄『大日本帝国の真実』扶桑社、平成十五年
黄文雄『中国・韓国が死んでも隠したい本当は正しかった日本の戦争』徳間書店、平成二十六年
黄文雄『捏造された近現代史』日本文芸社、平成十四年
黄文雄『捏造された日本史』日本文芸社、平成九年
小寺彰・岩沢雄司・森田章夫・江草貞治編『講義国際法〔第二版〕』有斐閣、平成二十二年
戴逸「日清戦争と極東の国際情勢」（東アジア近代史学会編『日清戦争と東アジア世界の変容』上巻、ゆまに書房、平成九年所収）
小西四郎『錦絵　幕末明治の歴史⑫　日露戦争前後』講談社、昭和五十三年
嵯峨曽谷貴夫編・高森明勅監修『歴代天皇一二五代』英和出版、平成二十六年
佐々木揚「英露の極東政策と日清戦争」（東アジア近代史学会編『日清戦争と東アジア世界の変容』上巻、ゆまに書房、平成九年所収）
佐藤三郎「日清戦争が清国人に及ぼした影響について」（東アジア近代史学会編『日清戦争と東アジア世界の変容』上巻、ゆまに書房、平成九年所収）
サミュエル・ハンチントン／鈴木主税訳『文明の衝突と21世紀の日本』集英社、平成十八年
実松譲『海軍大学教育』光人社ＮＦ文庫、平成五年
サンケイ新聞社『蔣介石秘録１　悲劇の中国大陸』産経新聞社、平成十二年
産経新聞取材班『日露戦争――その百年目の真実』産経新聞社、平成十六年
篠原宏『海軍創設史――イギリス軍事顧問団の影』リブロポート、昭和六十一年

篠原宏「大将　桂太郎――陸軍制度を確立した軍政家」（『歴史と旅　特別増刊号44　帝国陸軍提督総覧』秋田書店、平成二年所収）
篠原宏『日本海軍お雇い外人――幕末から日露戦争まで』中公新書、昭和六十三年
柴五郎・服部宇之吉・大山梓編『北京籠城・北京籠城日記・付北京籠城回顧録』平凡社、昭和五十五年
司馬遼太郎『坂の上の雲』全八巻、文春文庫、平成十二年
清水馨八郎『侵略の世界史』祥伝社黄金文庫、平成十五年
謝世輝『やりなおしの世界史』オーエス出版、平成十四年
ジャワーハルラール・ネルー／大山聰訳『父が子に語る世界史4』みすず書房、平成十四年
ジャン・フランソワ・マルモンテル／湟野ゆり子訳『インカ帝国の滅亡』岩波文庫、平成四年
「昭和の戦争記念館」刊行会編『世界に開かれた昭和の戦争記念館――満州事変と支那事変』第一巻、展転社、平成十三年
杉森九英「元帥大将　伊東祐亨――初代連合艦隊司令長官」（『歴史と旅　特別増刊号45　帝国海軍提督総覧』秋田書店、平成二年所収）
スタンレー・ウォッシュバン／目黒真澄訳『乃木大将と日本人』講談社学術文庫、昭和五十五年
「ソ同盟共産党中央委員会付属マルクス＝エンゲルス＝レーニン主義研究所編／マルクス＝レーニン研究所訳『レーニン全集』大月書店、昭和三十年
曽村保信『ペリーは、なぜ日本に来たのか』新潮社、昭和六十二年
孫文／安藤彦太郎訳『三民主義』全巻、岩波文庫、昭和五十三年
太平洋戦争研究会編『これだけ読めばよくわかる日露戦争と明治の群像』世界文化社、平成二十一年

太平洋戦争研究会編『日露戦争がよくわかる本』ＰＨＰ文庫、平成十六年
多賀一史「大将　山梨勝之進――軍縮会議に奔走した軍政家」（『歴史と旅　特別増刊号45　帝国海軍提督総覧』秋田書店、平成二年所収）
高浜賛『アメリカの歴史教科書が教える日本の戦争』アスコム、平成十五年
高林秀雄編『国際法Ⅰ』東信堂、平成二年
高村暢児『日清日露戦争　太平洋戦争』学研、昭和五十一年
谷寿男『機密日露戦史』原書房、昭和四十一年
デニス・ウォーナー／ペギー・ウォーナー／妹尾作太男・三谷庸雄共訳『日露戦争全史』昭和五十三年
寺田近雄「機関銃を本格的に使用した　壮絶、南山の戦い」（『近代戦の先駆　日露戦争』成美堂出版、平成十年所収）
寺田近雄「日露戦争中最大の激戦　旅順要塞攻防戦」（『近代戦の先駆　日露戦争』成美堂出版、平成十年所収）
戸川幸夫『乃木と東郷』全二巻、ＰＨＰ文庫、平成元年
戸高一成・江川達也『知識ゼロからの日清日露戦争入門』幻冬舎、平成二十一年
土門周平「帝国陸軍かく戦えり」（鈴木亨編『歴史と旅　特別増刊号44　帝国陸軍将軍総覧』秋田書店、平成二年所収）
中井けやき『明治の兄弟――柴太一郎、東海散士柴四朗、柴五郎』文芸社、平成二十年
中島陽一郎「見直された日本海軍　ロシア海軍水兵の手記」（『近代戦の先駆　日露戦争』成美堂出版、平成十年所収）
中野好夫「マゼラン」（鈴木勤編『大探検時代』世界文化社、昭和四十六年）
新渡戸稲造／矢内原忠雄訳『武士道』岩波文庫、昭和四十九年
日本武士道研究会・編／井上政治・画『スッキリわかる！　武士道』日本文芸社、平成二十六年

ノエル・F・ブッシュ／川口政吉訳『日本海海戦―皇国の興廃、この一戦に在り』サンケイ新聞社出版局、昭和四十七年
野村敏雄『明石元二郎――日露戦争を勝利に導いた「奇略の参謀」』PHP文庫、平成十七年
野村敏雄『秋山好古――明治陸軍屈指の名将』PHP文庫、平成十四年
野村實『日本海海戦の真実』講談社現代新書、平成十一年
野村実監修・太平洋戦争研究会編『図説　日本海軍』河出書房新社、平成九年
秦郁彦「旅順虐殺事件」（東アジア近代史学会編『日清戦争と東アジア世界の変容』上巻、ゆまに書房、平成九年所収）
波多野敬雄監修『この一冊で世界の国がわかる！』三笠書房、平成九年
濱田浩二『大日本帝国の情報戦』彩図社、平成二十六年
林房雄『大東亜戦争肯定論』林房雄大人追悼出版刊行会、昭和五十一年
原剛「軍事的視点から見た日清戦争」（東アジア近代史学会編『日清戦争と東アジア世界の変容』下巻、ゆまに書房、平成九年所収）
原田環「日清戦争による朝鮮関係の変容」（東アジア近代史学会編『日清戦争と東アジア世界の変容』上巻、ゆまに書房、平成九年所収）
平塚柾緒／太平洋戦争研究会編『図説　日露戦争』河出書房新社、平成十一年
平間洋一「世界史を変えた日本海海戦」（『正論』産経新聞社、平成十六年十二月臨時増刊号所収）
平間洋一「世界と日本の教科書が教える日露戦争」（コンスタンチン・サルキソフ／平間洋一／松村正義他編『日露戦争を世界はどうみたか』桜美林大学北東アジア総合研究所、平成二十二年）
平間洋一『日露戦争が変えた世界史――サムライ日本の一世紀』芙蓉書房出版、平成十六年

平間洋一編『日露戦争を世界はどう報じたか』芙蓉書房出版、平成二十二年
別宮暖朗『「坂の上の雲」では分からない旅順攻防戦』並木書房、平成十六年
ポール・ケネディ／鈴木主税訳『大国の興亡』全巻、草思社、昭和六十三年
細谷千博・本間長世編『日米関係史』有斐閣、昭和五十七年
前坂俊之『明治三十七年のインテリジェンス外交――戦争をいかに終わらせるか』祥伝社新書、平成二十二年
マキシム・サブアージュ／成澤茂馬訳『日清戦史』小林又七商店、明治三十四年
真木洋三「元帥大将　東郷平八郎――日本海海戦を指揮した提督」（『歴史と旅　特別増刊号45　帝国海軍提督総覧』秋田書店、平成二年所収）
マシュー・C・ペリー／木原悦子訳『ペリー提督日本遠征日記』小学館、平成八年
増田義郎「一つになった世界」（鈴木勤編『大探検時代』世界文化社、昭和四十六年）
マヌエル・ドメック・ガルシア／津島勝二訳『日本海海戦から一〇〇年――アルゼンチン海軍観戦武官の証言――』鷹書房弓プレス、平成十七年
マルコ・ポーロ／長澤和俊訳『東方見聞録』小学館、平成八年
水村光男『この一冊で世界の歴史がわかる！　国の興亡、民族の盛衰―その時、歴史はどう動いたか？』三笠書房、平成八年
宮崎正勝監修／たかもちげん画『マンガ　中国の歴史がわかる！』三笠書房、平成十七年
宮崎正勝『早わかり〈世界〉近現代史』日本実業出版社、平成十五年
宮崎正勝『早わかり世界史』日本実業出版社、平成十二年
宮崎正勝『早わかり東洋史』日本実業出版社、平成十一年

宮脇淳子／岡田英弘監修『真実の中国史［一八四〇－一九四九］』李白社、平成二十三年
宮脇淳子『世界史のなかの満洲帝国』ＰＨＰ研究所、平成十八年
陸奥宗光／中塚明校注『蹇蹇録――日清戦争外交秘録』岩波文庫、平成五年
村上兵衛『守城の人――明治人 柴五郎の生涯』光人社、平成六年
村上兵衛「大将 柴五郎――世界を驚かした北京籠城の提唱者」（鈴木亨編『歴史と旅 特別増刊号44 帝国陸軍将軍総覧』秋田書店、平成二年所収）
山口修『この一冊で「中国の歴史」がわかる！』三笠書房、平成八年
横田洋三編『国際法入門（第２版）』有斐閣、平成七年
吉村昭『ポーツマスの旗』新潮社、昭和五十八年
吉本貞昭『知られざる日本国憲法の正体』ハート出版、平成二十六年
吉本貞昭『世界が語る大東亜戦争と東京裁判』ハート出版、平成二十四年
ラス・カサス／染田秀藤訳『インディアスの破壊についての簡潔な報告』岩波文庫、平成六年
レーニン『帝国主義論』岩波文庫、平成五年
ロストーノフ編／及川朝雄・大江志乃夫監訳『ソ連から見た日露戦争』原書房、昭和五十五年
渡部昇一『かくして昭和史は甦る』クレスト社、平成七年
渡部昇一『かくして歴史は始まる』クレスト社、平成五年
綿引弘『世界の歴史がわかる本［ルネッサンス・大航海時代～明・清帝国］』三笠書房、平成五年

〔歴史教科書〕

イ・ワン・バドリカ／石井和子監訳・桾沢英雄・菅原由美・田中正臣・山本肇訳『世界の歴史教科書シリーズ20　インドネシアの歴史――インドネシア高校歴史教科書』明石書店、平成二十年

上田信・大久保桂子・設樂國廣・原田智仁・山口昭彦『高等学校　世界史A　最新版』清水書院、平成二十四年

岡崎勝世・工藤元男・松重允浩・坂本勉・相澤隆・川手圭一・近藤一成・小林亜子『明解　世界史A』帝国書院、平成二十五年

加藤晴康・山根徹也・濱下武志・山本勝治・菅原淳子・橋本雄・栗田禎子・町田隆吉・東京書籍株式会社『世界史A』東京書籍、平成二十四年

木村靖二・佐藤次高・岸本美緒・鈴木孝・日下部公昭・仮屋園巌・澤野理・株式会社山川出版社『要説　世界史A』山川出版、平成二十五年

曽田三郎・秋田茂・池田明史・川口靖夫・田中泉・中平希・日高智彦・前野弘志・宮城大蔵・八尾隆生・吉川幸男・吉田雄作『高等学校　世界史A』第一学習社、平成二十五年

平田雅博・飯島渉・佐々木隆爾・小沢弘明・青木敦・澤田典子・小暮通夫・松木謙一・逢坂恵美子・小林和夫・実教出版株式会社『世界史A』実教出版、平成二十五年

ファン・ゴク・リエン監修／今井昭夫監訳・伊藤悦子・小川有子・坪井未来子訳『世界の歴史教科書シリーズ21　ベトナムの歴史――ベトナム中学校歴史教科書』明石書店、平成二十年

リチャード・J・クーツ／L・E・スネルグローブ／今井宏・木畑洋一訳『全訳世界の歴史教科書シリーズ5　イギリスV』帝国書院、昭和五十六年

〔雑誌論文〕

池井優「日露戦争とトルコ」（『歴史読本　日露戦争一〇〇年目の真実』新人物往来社、平成十六年四月号所収）
伊藤之雄「日露開戦への道」（『歴史読本　日露戦争一〇〇年目の真実』新人物往来社、平成十六年四月号所収）
伊牟田比呂田「西郷隆盛の征韓論の真相」（『歴史人』ＫＫベストセラーズ、平成二十六年十一月号所収）
江宮隆之『「あしが日本の騎兵をつくる！」日清戦争であえて貫いた蛮勇』（『歴史街道』ＰＨＰ研究所、平成二十一年十二月号所収）
江宮隆之「清国の覚醒を促すために…川上操六が秘策の先に見ていたもの」（『歴史街道』ＰＨＰ研究所、平成二十六年六月号所収）
呉善花「自主独立への道を自ら閉ざす…内乱に終始する朝鮮に思いは届かず」（『歴史街道』ＰＨＰ研究所、平成二十六年六月号所収）
呉善花『日本を侮りロシアの傀儡へ…「事大主義」が近代化への芽を摘み取る』（『歴史街道』ＰＨＰ研究所、平成二十六年十月号所収）
岡本隆司「日清相克の端源となった朝鮮半島」（『歴史群像　大日本帝国の興亡②「一等国家への道」』学研、平成二十三年所収）
岡本隆司「東アジアに出現した帝国主義の蹉跌」（『歴史群像　大日本帝国の興亡②「一等国家への道」』学研、平成二十三年所収）
勝岡寛次「立憲は祖宗への重責…日本の歴史と伝統に立脚した憲法を撰んで」（『歴史街道』ＰＨＰ研究所、平成二十四年八月号所収）
黒山風『日清戦争は、華夷秩序の崩壊をもたらし、東アジアの歴史を変えた。日露戦争は、「二十世紀世界システム」を現出させた。もはや、世界は東アジア抜きには語れなくなった―。」（『歴史群像　大日本帝国の興亡②「一等国家への道」』学研、平成二十三年所収）
小風秀雄「不平等条約が東アジアを列強から守った！」（『歴史群像　大日本帝国の興亡①建国と建軍』学研、平成二十三年所収）
斎藤治子「国際関係から見た日露戦争の意義」（『歴史読本　日露戦争一〇〇年目の真実』新人物往来社、平成十六年四月号所収）
瀬戸利春『「今戦役の関ヶ原」と訓示された日露両陸軍の大決戦――沙河会戦』（『歴史人』ＫＫベストセラーズ、平成二十五年別冊号所収）
戦前船舶研究会編「日本海海戦勝利の真因　東郷長官の真の決断」（『戦前船舶』戦前船舶研究会、平成十六年所収）
高井三郎「日本人は本当に情報音痴なのか」（『丸』潮書房光人社、平成二十四年十二月号所収）
高橋昇『日本陸軍の「気球＆飛行船」モノグラフ』（『丸』潮書房光人社、平成二十五年十二月号所収）
柘植久慶「機関銃を曳かせよ！　黒溝台、奉天で精鋭コサック騎兵に挑む」（『歴史街道』ＰＨＰ研究所、平成二十一年六月号所収）
童門冬二『「有道の国」を目指して日清戦争に込めた…日本人の真の願い』（『歴史街道』ＰＨＰ研究所、平成二十六年六月号所収）
外川淳「明治維新以降の激変する日本と東アジアの勢力関係史」（『歴史人』ＫＫベストセラーズ、平成二十六年十一月号所収）
戸高一成「人材育成と西郷・山本の決断…黄海海戦でなぜ日本は圧勝したのか」（『歴史街道』ＰＨＰ研究所、平成二十六年六月号所収）

中西輝政「あの時、西郷隆盛が派遣されていれば…遣韓使に込めた想い」（『歴史街道』ＰＨＰ研究所、平成二十六年六月号所収）
中山隆志「旅順の合理的戦法と奉天の果断が、第三軍の奇跡を呼んだ」（『歴史街道』ＰＨＰ研究所、平成二十四年一月号所収）
名越二荒之助「旅順に生きた日露の武士道」（『正論』産経新聞社、平成十六年十二月臨時増刊号所収）
西木正明『「日本海海戦」勝利の陰に』（『歴史読本　日露戦争一〇〇年目の真実』新人物往来社、平成十六年四月号所収）
原剛『攻略要請の遅れと情報不足の中、「永久要塞」を陥落させたもの』（『歴史街道』ＰＨＰ研究所、平成二十四年一月号所収）
檜山幸夫「成歓の戦い」（『歴史人』ＫＫベストセラーズ、平成二十五年一月号所収）
平塚柾緒『明治政府のスローガン「富国強兵」策とは何か？』（『歴史人』ＫＫベストセラーズ、平成二十六年十一月号所収）
福井雄三「『坂の上の雲』に描かれなかった戦争の現実」（『中央公論』中央公論社、平成十六年二月号所収）
古川薫「阿部正弘」（『歴史と旅　幕末維新人物総覧』秋田書店、昭和六十四年臨時増刊号所収）
別宮暖朗「第六部　屍の戦場！　旅順要塞と二〇三高地攻略」（『歴史人』ＫＫベストセラーズ、平成二十五年別冊号所収）
マイケル・ハワード「ヨーロッパ諸国より見た日露戦争」（奥村房夫監修・桑田悦編『近代日本戦争史　第一編　日清・日露戦争』同台経済懇話会、平成七年所収）
前坂俊之「第一部　日清戦争への道」（『歴史人』ＫＫベストセラーズ、平成二十四年一月号所収）
前坂俊之「第二部　日清開戦から勝利まで激闘の軌跡を追う」（『歴史人』ＫＫベストセラーズ、平成二十六年十一月号所収）
松田十刻『「鴨緑江・旅順口の戦い」と「威海衛の戦い」――日清戦争を終わらせた２大決戦の勝因の真相』（『歴史人』ＫＫベストセラーズ、平成二十六年十一月号所収）

松田十刻『皇国の興廃、この一戦にあり」日本海海戦でバルチック艦隊を殲滅す！』（『歴史人』ＫＫベストセラーズ、平成二十五年別冊号所収）
松田十刻「シベリア鉄道とロシアの南下政策」（『歴史街道』ＰＨＰ研究所、平成二十六年六月号所収）
松田十刻「鉄道敷設、満州を不法占拠…南下を続けるロシアの魔手は朝鮮半島へ」（『歴史街道』ＰＨＰ研究所、平成二十六年六月号所収）
松田十刻「天気晴朗ナレドモ浪高シ…七段構えの戦法、奇跡的勝利を導く」（『歴史街道』ＰＨＰ研究所、平成二十一年六月号所収）
宮脇淳子「李鴻章が策謀した三国干渉と露清密約…国民国家への道は遥かに遠く」（『歴史街道』ＰＨＰ研究所、平成二十六年十月号所収）
村尾次郎／構成編集部「第一級史料明治天皇の重要詔勅十六編とその意味」（『正論』産経新聞社、平成十四年十二月増刊号所収）
山田朗「海軍大臣西郷従道と山本権兵衛の海軍改革の全貌」（『歴史街道』ＰＨＰ研究所、平成二十年十一月号所収）
山田朗「第五部　旅順・遼陽を目指す日本陸海軍の激闘」（『歴史人』ＫＫベストセラーズ、平成二十五年別冊号所収）
山田朗「天皇を守る御親兵から始まった日本陸軍の近代化」（『歴史人』ＫＫベストセラーズ、平成二十四年一月号所収）
山室信一「明治国家に宿命づけられた〝相反するベクトル〟の追求」（『歴史群像　大日本帝国の興亡①建国と建軍』学研、平成二十三年所収）
山崎雅弘「〝眠れる獅子〟清国を打ち破った激戦の全軌跡」（『歴史人』ＫＫベストセラーズ、平成二十六年十一月号所収）
渡部昇一「『坂の上の雲』の時代がわかる！Ｑ＆Ａ日露戦争の真実」（『歴史街道』ＰＨＰ研究所、平成二十年十一月号所収）

渡辺利夫『三国干渉、ロシアの侵略…「独立自尊」に賭けた日本人の戦いはやまず』（『歴史街道』ＰＨＰ研究所、平成二十六年六月号所収）

〔新聞〕
『タイムス』一八九四年八月一日付　『タイムス』一八九四年八月二日付　『タイムス』一八九四年八月三日付
『タイムス』一八九四年八月六日付　『タイムス』一八九四年八月七日付　『タイムス』一八九四年八月二十九日付
『タイムス』一八九四年九月十三日付　『タイムス』一八九五年四月二十三日付　『タイムス』一九〇三年七月十三日付

〔資料〕
浅川俊夫他編『新高等地図』東京書籍、平成十四年
外務省編『小村外交史――明治百年史叢書第七巻』原書房、昭和四十一年
近現代史編纂会『徹底図解!!　日露戦争兵器大事典』洋泉社、平成二十二年
参謀本部編纂『明治二十七八年日清戦史』第一巻、明治三十七年
全国歴史教育研究協議会編『改訂新版　日本史Ｂ　用語集』山川出版、平成十二年
全国歴史教育研究協議会編『新課程　世界史Ｂ　用語集』山川出版、平成十六年
太平洋戦争研究会編『日本海軍がよくわかる事典』ＰＨＰ文庫、平成十四年
太平洋戦争研究会編『日本陸軍がよくわかる事典』ＰＨＰ文庫、平成十五年
中国地图出版社編『中华人民共和国分省地图集』中国地图出版社、一九九五年

原田勝正監修『日露戦争の事典』三省堂、昭和六十一年
原剛・安岡昭男編『日本陸海軍事典』新人物往来社、平成九年
水村光男編『世界史のための人名辞典』山川出版、平成三年

〔その他〕

小森白監督『明治大帝と乃木将軍』（DVD）新東宝、昭和三十四年
佐藤純彌監督『桜田門外の変』（DVD）東映、平成二十二年
並木鏡太郎監督『天皇・皇后と日清戦争』（DVD）新東宝、昭和三十三年
舛田利雄監督『二百三高地』（DVD）東映、昭和五十五年
丸山誠治監督『日本海大海戦』（DVD）東宝、昭和四十四年
渡辺邦男総監督『明治天皇と日露大戦争』（DVD）新東宝、昭和三十二年
NHK制作「はるかなる琉球王国～南の島の失われた記憶」（『歴史ヒストリア』平成二十六年九月十日放送）
NHK制作「反対派を取り込め　阿部正弘」（『先人たちの底力』平成二十七年一月二十日放送）
テレビ東京制作「黒船来襲！　日米の出会い」（『一三七億年の物語』平成二十六年九月六日放送）
テレビ東京制作「サムライ　ブロードウェイを行く」（『一三七億年の物語』平成二十六年九月十三日放送）
テレビ東京制作「日本人が知らないアメリカの素顔」（『一三七億年の物語』平成二十六年九月二十日放送）

◇著者◇
吉本 貞昭（よしもと・さだあき）
国立大学の大学院を修了後、中国留学を経て、現在は大学の研究機関に在籍。専門分野の中国研究の他に、大東亜戦争の、開戦と終戦原因、特攻の戦果、東京裁判と日本国憲法の検閲について研究している。約10年にわたり高等学校で世界史などを担当。昭和20年9月14日に、東京・市ヶ谷台上で割腹自決した陸軍大将吉本貞一は、親類にあたる。著書に『世界が語る大東亜戦争と東京裁判』『世界が語る神風特別攻撃隊』『世界が語る零戦』『東京裁判を批判したマッカーサー元帥の謎と真実』『知られざる日本国憲法の正体』『日本とアジアの大東亜戦争（ジュニア向け）』『教科書が絶対に教えない東京裁判（ジュニア向け）』（ハート出版）がある。
著書のホームページ（http://s-yoshimoto.sakura.ne.jp/）

表画：日露旅順大撃戦之図（延一／明治37年）
朝鮮事件 日清大激戦之図 第壱（小国政／明治27年）

世界史から見た日清・日露大戦争

平成27年4月27日　　第1刷発行

著　者　　吉本貞昭
装　幀　　フロッグキングスタジオ
発行者　　日高裕明
発　行　　株式会社ハート出版
〒171-0014 東京都豊島区池袋3-9-23
TEL03-3590-6077　FAX03-3590-6078
ハート出版ホームページ　http://www.810.co.jp

乱丁、落丁はお取り替えします。その他お気づきの点がございましたら、お知らせください。

ISBN978-4-89295-997-4
印刷・製本 中央精版印刷株式会社

吉本貞昭の本

世界が語る 大東亜戦争と東京裁判
アジア・西欧諸国の指導者・識者たちの名言集
ISBN978-4-89295-910-3　本体 1600 円〈日本図書館協会選定図書〉

世界が語る 神風特別攻撃隊
カミカゼはなぜ世界で尊敬されるのか
ISBN978-4-89295-911-0　本体 1600 円

世界が語る 零戦
「侵略の世界史」を転換させた零戦の真実
ISBN978-4-89295-967-7　本体 1800 円〈日本図書館協会選定図書〉

東京裁判を批判したマッカーサー元帥の謎と真実
GHQの検閲下で報じられた「東京裁判は誤り」の真相
ISBN978-4-89295-924-0　本体 1800 円

知られざる 日本国憲法の正体
マッカーサーはなぜ「帝国憲法」を改正したのか
ISBN978-4-89295-973-8　本体 2100 円〈日本図書館協会選定図書〉

日本とアジアの大東亜戦争 [児童書]
侵略の世界史を変えた大東亜戦争の真実〈ふりがな・解説付〉
ISBN978-4-89295-965-3　本体 1400 円

教科書が絶対に教えない 東京裁判 [児童書]
日本はこうして侵略国家にさせられた〈ふりがな・解説付〉
ISBN978-4-89295-976-9　本体 1400 円